「乗り鉄」教授のとことん鉄道旅

宮村一夫
Kazuo
Miyamura

潮出版社

まえがきにかえて

自己紹介、鉄ちゃんへの道

はじめまして。東京理科大学の宮村です。

今年度からシンジ先生のあとを受けて鉄道の旅について、その魅力を語っていきたいと思います。よろしくお願いします。

今日は大学の入学式でした。私も入学前の三月に高校時代の友達と島根県の松江まで旅行に行ったのを覚えています。岡山から伯備《はくび》線に乗って米子を経て松江に入りました。この旅のあと、今度は大学で知り合った友人と夏休みに紀伊半島を紀勢本線に乗って、和歌山側から名古屋まで鉄道の旅をして本格的にのめりこんだんですね。当時の大学には十月に三週間の秋休みがありましたし、冬休み、夏休みも旅に出ました。二年生になるとバイトや奨学金が入るようになって金銭的にも余裕がでて、休みのたびに休みなく東北や九州へと一人旅に出かけるようになりました。それでもこのころは純粋に観光というか日本を見てまわる旅でしたね。それから高校生のころから郵便局の風景印を集める趣味もありましたので、風景印を取りに行くのが初めのころは目的だったように思います。

鉄道の旅に本格的にはまったきっかけは、はっきりしているのは宮脇俊三さんの『時刻表2万キロ』を読んだことと、それが話題になったことで始まった国鉄時代の「いい旅チャレンジ2万キロ」のキャンペーンです。何とも罪作りなキャンペーンですよ。このキャンペーンが始まったのが昭和五十五年（一九八〇年）ですから、ちょうど大学一年生から二年生になったころ。三年生のころにもっとも激しく全国を旅したように思います。四年生になると研究室での研究が始まりました。意外でしょうが、まじめな学生だったんですよ。でも旅には出ました。そのころは時刻表を毎号取っていて、実験の合間をみて旅の予定を立てていました。それと学会がたいがいは地方であったので、そのときにまっすぐ帰らずに鉄道に乗っていました。

旅の楽しみの一番の思い出は、やはり全線完乗ということになります。JR全線完乗、平成十年（一九九八年）十二月二十二日。なぜ十二月かというと終着駅がガーラ湯沢駅だったからです。季節営業のため、冬場しか運行しないのです。

民鉄全線完乗は、あまり感激しなかったです。これで終わってしまうとの寂しさのほうが大きかったように思います。鳥取県の若桜《わかさ》鉄道が最後になりました。本当は鉄道に乗って行かないといけないのですが、夜行バスで鳥取駅に行って朝一の列車で郡家《こおげ》駅に行き、そこから最後の旅となったのです。

（二〇一四年四月放送）

目次

秋のまねき

冬のあじわい

春のおとずれ

＊本書は、ＮＨＫ「ラジオ深夜便」で二〇一四年四月～二〇二〇年十二月に放送された「大人の旅ガイド」、「旅の達人全国鉄道紀行」の内容を書籍用として加筆修正したものです。本文中のそれぞれの記載事項は放送当時のものです。

夏のいざない

旅の準備、こころがけ

旅の準備についてお話しします。鉄道の旅が自家用車の旅と大きく違うのは、スケジュール管理です。自家用車であれば、いつでも自分の好きな時間に目的の場所に向かうことができます。しかし、鉄道の旅では、鉄道が動いている時間でなければ、行きたくても行けません。とりあえず駅に行って、あてのない旅に出るのもそれなりに楽しいものです。しかし、日程に制約がある場合などは、事前の準備が必要になります。

旅の準備は、時間づくり、旅程づくり、荷づくりの順に進めます。

まず時間づくりですが、「予定を入れてしまう」がキーワードです。遠くに行くにはまとまった時間を確保する必要があります。学生時代はあり余る時間を使って国鉄、いまのＪＲの周遊券、それとユースホステルを活用して貧乏旅行を随分としたものです。ですが、いまやサラリーマン。時間づくりには苦労しています。そこで、まず手帳に旅に出る日程を記載して、そこには極力予定を入れないようにしています。というか、旅を予定してしまいます。旅が最優先というわけにはいきませんが、それなりに効果はあります。旅は細切れの時間では、どうにもなりませんから。

旅の日程、旅程づくりは、旅好きにとってもっとも楽しい作業です。学生時代は時刻表を定期購読していて、旅程を作りながら旅を疑似体験していました。最近は、じっくりと旅程を検討する時間がとれないのが残念です。それにせいぜい三泊程度しかできませんので、行き帰りに飛行機を使う場合が増えています。

旅の日程の作り方には人それぞれに流儀があると思いますが、私は「回遊と帰着」をキーワードにしています。とにかくまず遠くへ行ってから戻るように旅程を組みます。突然東京に帰らなくてはならない事態が生じても、残りの旅は近いところなので、「また次回」とすれば、あきらめもつきます。それから、同じルートを通りたくないので、できるだけ回遊するように組むことにしています。日本は左側通行の国ですので、時計回りにまわるほうが、車窓風景を対向車両に邪魔されないと言われます。しかし、海沿いや山のなかの路線は単線である場合も多いので、あまり気にする必要はないでしょう。山のなかを走る路線では、景勝地がどちら側の車窓になるか、地図などをたよりに事前に調べておくとよいでしょう。

旅程が定まればそれに合わせてきっぷと宿の手配になります。旅行業者にお任せでもいいですが、いまはネットで予約できる時代。自分で手配するのも簡単です。ＪＲのきっぷはできるだけ長い区間にして買うのがコツです。これはＪＲのきっぷが長い区間のほうが割安になるようなルールになっているからです。調べると、面白いですよ。それから、企画もので割安なきっぷもたくさんあります。ＪＲの〝青春18きっぷ〟を使えば、新幹線や特急、急行には乗れませんが、各駅停車や快速列車に一日中乗り降り自由です。「青春」と銘打っていますが、年齢制限はありません。季節限定の発売ですが、夏休みには発売されますので、利用するとよいでしょう。

新幹線や飛行機と宿をセットにしたいわゆる〝出張パック〟も利用価値が高いきっぷです。「出張パック」などで検索をかけて調べることができます。また、鉄道会社によっては、一日中乗り放題のフリーきっぷなどの便利なきっぷが用意されている場合があります。事前にホームページで確認し、現地で購入するようにします。

関西には、複数の鉄道会社が数日間乗り放題の便利なきっぷがあります。二日間乗り放題の〝スルッとKANSAI　2dayチケット〟と三日間乗り放題の〝3dayチケット〟です。とても使い勝手がよいので、利用しない手はありません。ただし、このチケットは現地では買えませんので、近畿地区以外の旅行社などで購入することになります。近畿地方にお住まいの方は残念ですね。東京では羽田空港でも買うことができます。詳しくは「スルッとKANSAI」のホームページで確認してください（現在は廃止されています）。

荷づくりは、旅慣れない人にとっては面倒な作業でしょう。私は着替え以外の必要なものをあらかじめ用意してあり、カバンに詰めるだけの状態にしています。タオルと洗面道具、デジタルカメラと充電池はセットにしておき、直前にカバンに詰めます。ほかには傘、帽子、サングラス、懐中電灯、旅先で使う簡易リュックなどを持っていくようにしています。

着替えは日数に応じて増やしますが、下着は着たまま風呂で洗うなどして最低限しか持っていきません。いざとなれば旅先でも買えますので。百円ショップで買った簡易リュックは旅先から宅配便で衣類やお土産を送り返すときにも重宝します。

持っていくカバンは、リュックサックひとつだけにします。「荷物はひとつ！」、これが基本です。複数持っていくと、管理がおろそかになりますし、旅先でほしいものがあったとき、買って帰ることができなくなります。それから、キャリーバッグは鉄道の旅には向いていません。駅での乗り換えや、駅からの移動のとき、きっぷや地図を持って階段を上下したり、歩きまわったりすることがよくあります。キャリーバッグですと機動的に動くことができません。私は海外出張でも大概、リュックで行きます。「荷物はひとつ！」はＮＨＫの人形劇「ネコジャラ市の一一人」の挿入歌に歌われています。ただし、「命はひとつ！」と言っているという説もあります。その前の歌詞が「重い荷物は積めない、詰めない、捨てて行こう」となっていますので、たぶん、「荷物はひとつ！」が正しいと思います。なお、キャリーバッグは滞在型の旅行や自動車を運転して移動する場合には便利です。

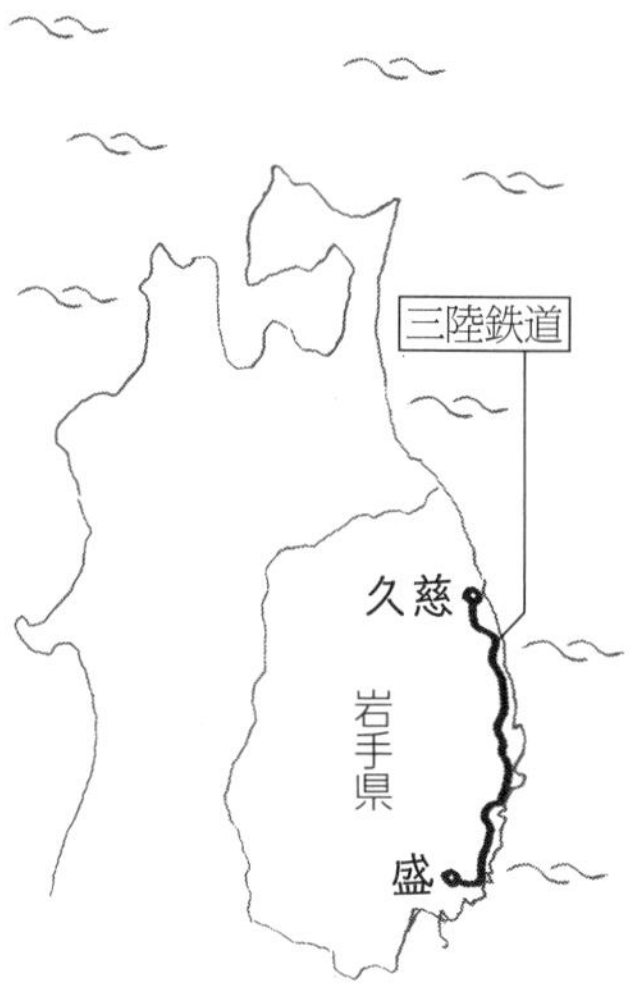

さて、準備が整ったら旅に出ます。いくつか夏のお勧めの旅を紹介します。

まずは、東北の**三陸鉄道**です。夏は三陸を旅したいですね。先ほど話したように、まずは遠くへ行ってから帰着するように旅程を作ります。東京からですと、八戸からスタートして、三陸を南下するといいでしょう。時計回りで海沿いを走りますので、対向車両も邪魔にならないことになります。じつは東日本大震災が起こる数年前に北リアス線に乗ったとき、カメラを車内に忘れたことがあります。電話で問い合わせてみたら、親切に着払いで自宅まで送ってくれました。この場を借りてお礼を言っておきたいと思います。現在の風景と、そのとき撮った写真との比較もしてみたいですね。

もうひとつは、北海道の釧路《くしろ》と網走《あばしり》を結ぶ**釧網本線**《せんもう》。オホーツク海側の網走から知床半島の付け根にある斜里《しゃり》まではオホーツク海や世界遺産の知床《しれとこ》の峰々を堪能できますし、斜里から太平洋側の釧路までは北海道の山々や広大な釧路湿原が見られます。途中下車して摩周湖や川湯温泉に立ち寄るのもよいでしょう。流氷や丹頂鶴《たんちょうづる》が見られる冬場もいいですが、短い北海道の夏の風景も美しいものがあります。

夏は高原を走る路線もいいですね。**小海線**は山梨県の小淵沢《こぶちざわ》と長野県の小諸《こもろ》の駅を結ぶ路線です。その途中、野辺山《のべやま》駅が日本にあるＪＲの駅の最高地点で標高一三四六メートルです。清里《きよさと》駅との間にはＪＲ最高地点もあります。高原の夏は涼しくて快適ですので、訪れてみてください。

ほかにもよい路線がたくさんありますが、夏休みは臨時列車も増発されますので、鉄道の旅は一層便利になります。参考にしていただければ、幸いです。

（二〇一四年七月放送）

高原を走る路線、ケーブルカー

――富良野線、信楽高原鉄道、由利高原鉄道、小海線、阿蘇高原線、えびの高原線、ゆふ高原線

暑い夏は、北国や高原を旅するのによい季節。北海道の内陸を走る路線では、旭川駅と富良野《ふらの》駅を結ぶ**富良野線**がお勧めです。北海道らしい大平原を車窓から眺めることができます。とくに途中駅の美瑛《びえい》周辺は、風景写真にもよく取り上げられるなだらかな丘陵地帯がつづきます。八月中は、観光列車の〝ノロッコ号〟も走ります。乗るのでしたら、時刻表を確認してください。ノロッコ号はトロッコ列車。高原をわたる風を感じながら走ります。最近の車両は、冷房が完備されていますので、乗っているだけで避暑と言えなくもないですが、やはり、高原を走る列車で受ける、爽やかな風は冷房では得られない心地よさがあります。富良野駅の近くでは十勝岳を見ながら走ります。富良野といえばラベンダー畑ですが、七月が見ごろのようです。色とりどりの草原は、一度は目にしておきたい風景です。

本州には、高原と名のつく鉄道が二つ。滋賀県の**信楽《しがらき》高原鉄道**と秋田県の**由利《ゆり》高原鉄道**があります。いずれも旧国鉄から転換した第三セクターの路線です。由利高原鉄道は、秋田県の海側を走る羽越本線の羽後本荘《うごほんじょう》駅から山側に入り、鳥海山《ちょうかいざん》のふもとにある矢島《やしま》駅までを結んでいます。こちら

は鳥海山を目指して走る景色のよい路線。子吉《こよし》川に沿って右に左に蛇行しながら走ります。私が乗車した二〇〇一年は、しし座流星群大出現の翌日。由利高原鉄道の鳥海山が車窓の右に見えたり、左に見えたりするさまとともに、星降る夜の思い出がよみがえります。

JRの路線では、長野県の小諸駅と山梨県の小淵沢駅を結ぶ**小海《こうみ》線**がいいですね。小海線は別名が八ヶ岳高原線。八ヶ岳を間近に見ながら走る路線です。途中駅の野辺山駅はJRの駅としてもっとも標高が高く、一三四六メートル。路線では、野辺山駅から清里駅に向かう途中にある標高一三七五メートルの地点が最高地点になります。小海線に乗っていくと人だかりがしていてカメラを構えている人が大勢見えますし、看板もでていますので、そこが最高地点であることがすぐにわかります。標高が高い野辺山には、国立天文台もあって見学もできます。八月には特別公開がありますので、賑わいが予想されます。

ほかでは、JR九州の熊本駅と大分駅を結ぶ豊肥《ほうひ》本線に**阿蘇高原線**、鹿児島県の吉松《よしまつ》駅と宮崎県の都城《みやこのじょう》駅を結ぶ吉都《きっと》線に**えびの高原線**、大分駅と福岡県の久留米駅を結ぶ久大《きゅうだい》本線に**ゆふ高原線**の愛称があります。JR九州では、クルーズトレイン〝ななつ星〟を運行していますが、ゆふ高原線と阿蘇高原線を、必ず通るように旅程が組まれています。それだけ景色のよい路線だといえます。

鉄道で高いところへといえば、ケーブルカーを忘れるわけにはいきません。ケーブルカーは正式名称が鋼索《こうさく》鉄道（鋼の字は鋼鉄、索は紐の意味です）。れっきとした鉄道です。ケーブルカーの駅の最高地点は、富山県にある黒部ケーブルカーの黒部平駅で標高一八二八メートル。JR最高地点の

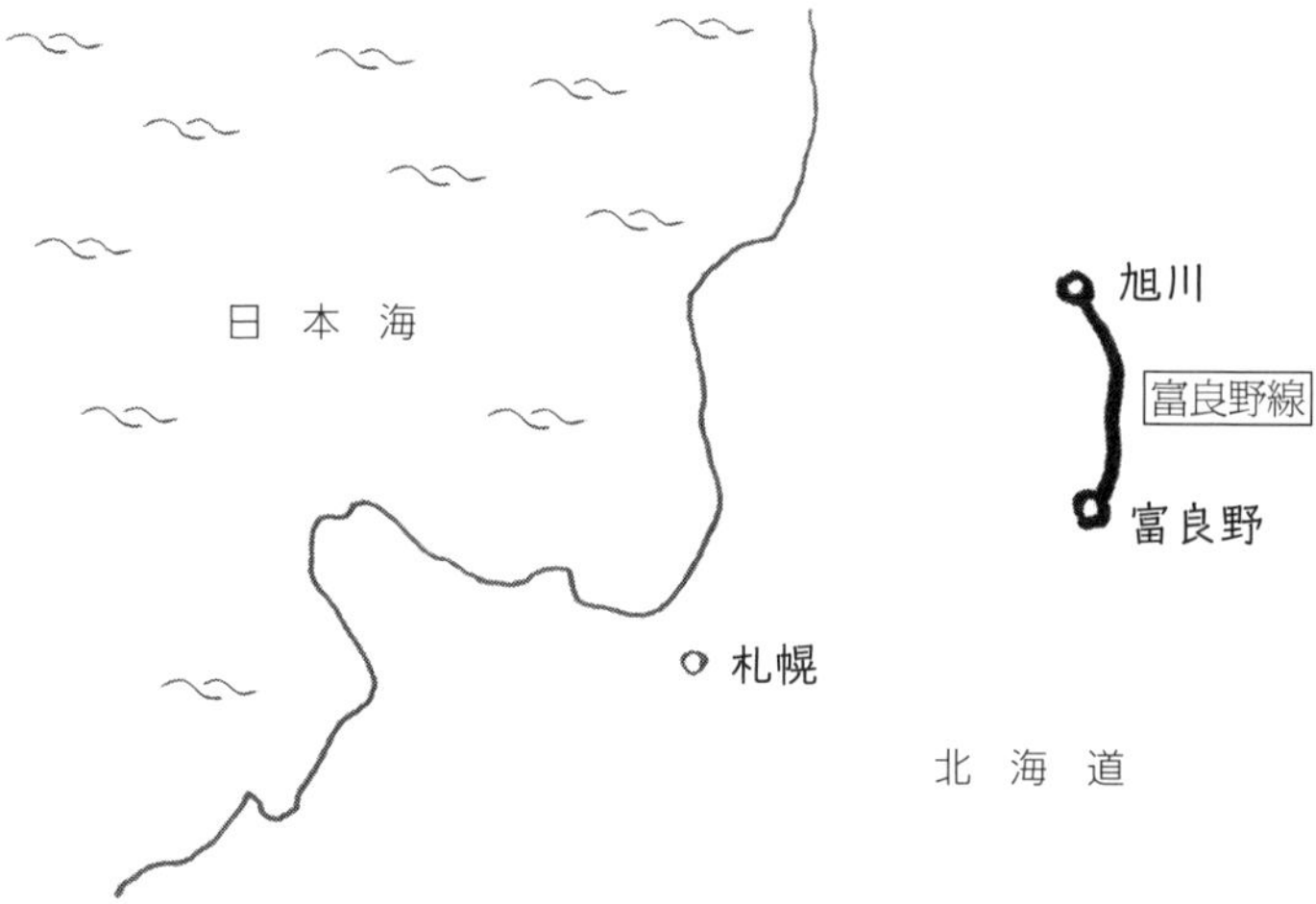

野辺山駅よりも五〇〇メートル近く高いところにあります。ただしこの黒部ケーブル、最初から最後までトンネルのなかを走りますので、車窓風景を楽しむことはできません。同じ立山黒部アルペンルートにあるもうひとつの立山ケーブルカーは、乗り場こそトンネル内ですが、風景を楽しみながら五〇〇メートルをいっきに駆け上がります。

　ちなみに鉄道法上は、トロリーバスも無軌《むき》条《じょう》電車として、鉄道に分類されます。そのため、標高二四三〇メートルにある立山トンネルトロリーバスの室堂《むろどう》駅が、もっとも高いところにある鉄道の駅ということになるのでしょう。さらに鉄道法によって規定されているロープウェイも含めれば、中央アルプスの駒ヶ岳ロープウェイ千畳敷《せんじょうじき》駅が標高二六〇〇メートルですので、ここが日本の最高地点にある駅となります。でも走る鉄の道がありませんので、鉄道と呼ぶのはためらいますね。

ケーブルカーの魅力は、なんと言ってもいっきに標高差をかせぐことができること。登ったところからは、すぐに絶景。これがケーブルカーのだいご味です。ケーブルカーは、ロープウェイのように大きな滑車にかけたケーブルを巻き上げて車両を引き上げます。ふつうケーブルの両端に車両を付けて、片方が上がれば片方が下がるようにし、ツルベ式に二つの車両を交互に上下させます。複線のものもありますが、単線で、ちょうど中央の位置ですれ違うようにしているものがほとんどです。なかには、京都府の鞍馬山《くらま》にあるケーブルカーのように、一方の車両をおもりにかえてバランスを取る方式のものもあります。珍しいものでは、高知県の馬路村《うまじ》にあるケーブルは、山上の駅で湧き水をタンクに給水しておもりとし、その落下する力を利用して車両を持ちあげます。おもりが降りてきたふもと駅で、おもりから水を抜いて軽くし、山上の車両をさげる、水力を利用したケーブルです。海外にはサンフランシスコの路面電車のように、地下を動くケーブルをつかんだり離したりして移動する、ケーブル循環式のケーブルカーもあります。

ケーブルカーは、都会にはない印象がありますが、じつは首都圏、京阪神など、人口の多い地域の近郊にかたよって存在しています。首都圏では、高尾山、筑波山、御岳山《みたけ》、大山《おおやま》、十国峠《じっこく》など。近畿圏では、比叡山、生駒山、六甲山、高野山《こうや》、天橋立、など。いずれも十分に日帰り観光が可能です。週末、ちょいと行ってみてはいかがでしょう。

（二〇一四年八月放送）

急流に沿って走る路線

――陸羽西線、肥薩線、身延線

梅雨に入りますと雨が降って川が増水します。水量が増えて流れも急になり、いつもとは違う風景になります。日本三大急流に沿って走る路線を紹介します。

日本三大急流は、北から山形県の最上《もがみ》川、山梨県から静岡県に向かって流れる富士川、そして熊本県の球磨《くま》川。それぞれ日本海、太平洋、東シナ海と流れくだる先が異なりますが、いずれの川も鉄道が並行して走っています。

山形県を流れる最上川は、山形盆地から北、のち西に向かって山間部を縫うように走り、庄内平野を経て日本海にそそぎます。この間、JR東日本の**陸羽《りくう》西線**が川沿いに走ります。陸羽西線は、山形新幹線の終点・新庄《しんじょう》駅と日本海側にある庄内平野の余目《あまるめ》駅までの四三キロの区間。

最上川は、芭蕉の句「五月雨を集めて早し最上川」で広く知られていて、陸羽西線には〝奥の細道最上川ライン〟の別称あり。川を見るのであれば、日本海に向かって右側の車窓がよい。見どころは、舟くだりのある古口《ふるくち》駅から高屋駅の間の最上峡。川幅も広く、迫力のある流れが見えるので、お勧めです。

九州、球磨川沿いには熊本と鹿児島の内陸を走るＪＲ九州の**肥薩線**《ひさつ》。梅雨どきに九州を訪れる機会が多いので、ＪＲ九州の八代《やつしろ》駅から人吉《ひとよし》駅までの区間、迫力ある球磨川の流れを何回も目にしてきました。人吉に向かって左側の車窓がお勧めです。肥薩線は見どころの多い路線です。人吉駅の次の駅、大畑《おこば》駅にはスイッチバックとループ線。この二つが同時に見られるのはここだけです。その先には、三大車窓に数えられる矢岳《やたけ》の車窓風景もあります。梅雨時は見えない場合が多いのですが、晴れていれば遠く開聞《かいもん》岳まで見えますので、ぜひ乗車してほしい路線です。

最後に、山梨県から静岡県に流れる富士川に沿って、ＪＲ東海の**身延線**《みのぶ》が走っています。さっそく明け方まで雨が降っていた週末に訪ねてみました。身延線は、山梨県の甲府駅と静岡県の富士駅までの八八・四キロの路線。甲府盆地から南下して山間部に入り、下部《しもべ》温泉駅手前のトンネルを抜けると、川幅の広い富士川が左側から登場し、すぐに橋を渡り右側に富士川を見ながら走ります。これ以降、富士川は右側の車窓。身延線は高台を走るので、川を見おろすように走行。富士川は河川敷が広く、身延線からは少し離れて流れているので、ゆったりと流れているように見えますが、よく見ると堰の近くでは泡立つほどの流れ。明け方までの雨で、茶色く濁った濁流となっていました。

終点に近い富士宮《ふじのみや》駅あたりでは、北東側に世界遺産の富士山。身延線は富士山の西側を通っています。甲府から富士市に向かって川に沿ってくだると、まず右側の車窓に富士山。左側の車窓のように思うでしょうが、このあたりは富士山の北西にある高台を、富士宮の市街を巻くように走るた

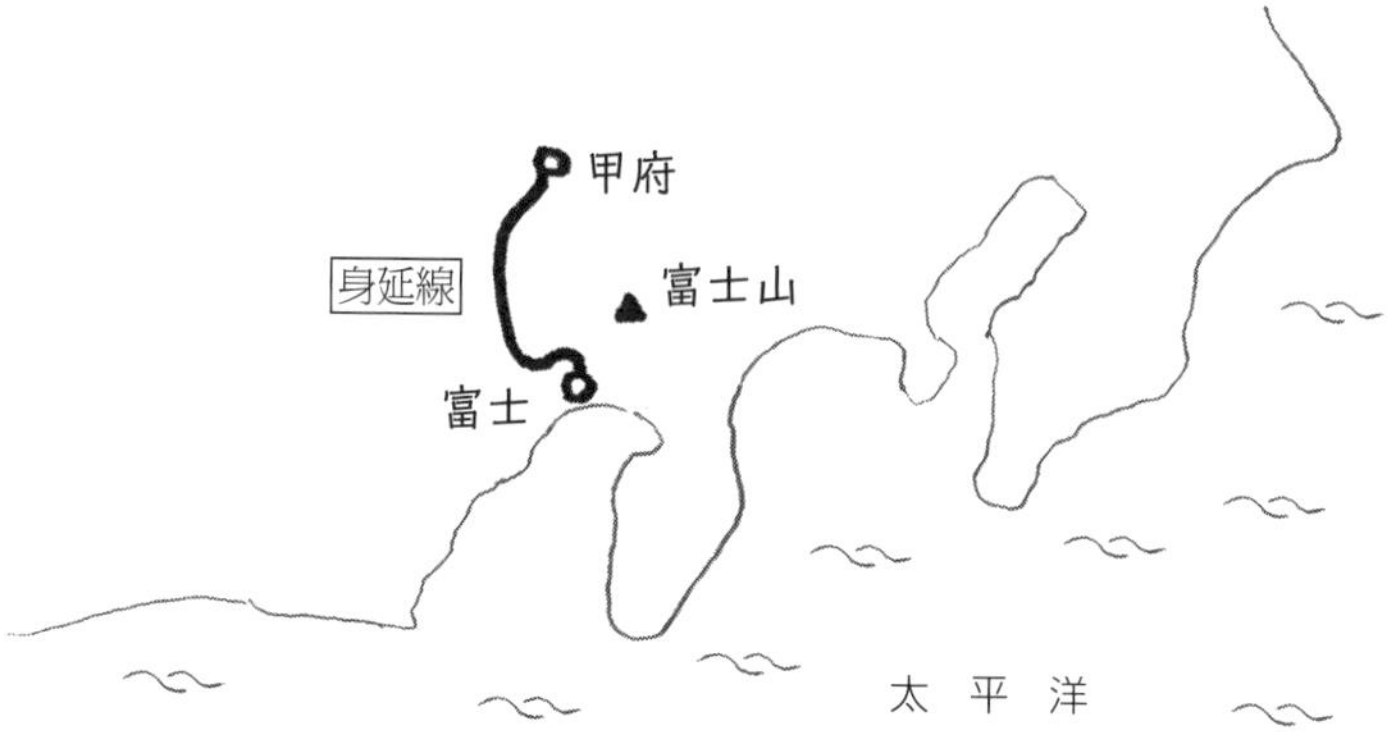

め、右側に見えるんですね。遠景に富士山、そしてその裾野に広がる富士宮の市街を見おろすように走るので、三大車窓にも劣らない車窓風景を見ることができます。晴れていればお勧めのスポットです。

東京からだと、JR東日本の中央本線で甲府駅に出て、身延線に乗り換え、東海道線の富士駅へ。そこから東海道線で戻るルートであれば、日帰りで巡ることが可能です。中央本線が甲府盆地に出る勝沼ブドウ郷あたりの車窓風景は甲府盆地が一望できて絶景ですし、富士市近辺の東海道線でも富士山が見えます。初夏は、お勧めの鉄道の旅です。

新宿―甲府　特急あずさで一時間半、鈍行乗り継ぎで二時間二〇分。

甲府―富士　特急ワイドビューふじかわで二時間弱、鈍行で三時間。

富士―東京　三島で新幹線に乗り換えて一時間半。総行程で六時間程度。

（二〇一五年六月放送）

川の名前がついた鉄道
——大井川鐵道、錦川鉄道、長良川鉄道など

川の名前がついた鉄道を紹介します。まず、静岡県の**大井川鐵道**です。大井川鐵道の「てつ」の字は難しい旧字を使います。金を失うと書く新字を嫌う鉄道会社はほかにもたくさんあります 大井川鐵道は、JR東海道線との乗換駅である金谷《かなや》駅から千頭《せんず》駅まで北上する本線と、その先、千頭駅から井川《いかわ》駅までの井川線、愛称・南アルプスあぷとラインがあります。井川線は、日本で唯一のアプト式鉄道やダム湖周辺の素晴らしい風景が楽しめます。

まず本線ですが、ここは〝SLかわね路号〟が走ります。さらに期間限定で機関車トーマス号とジェームス号にも乗ることができます。運航日がかぎられていて、予約が必要ですので、事前の確認が必要です。SLかわね路号は、金谷駅の次の駅、新金谷駅からの発車ですが、金谷駅から接続列車があるので、大丈夫。

一方、その奥にある井川線は、我が国唯一の〝アプト式鉄道〟です。アプト式鉄道は、車両の下にある歯車と、線路と平行する歯のあるレールとのかみ合わせを利用して、急勾配を登ることができます。アプトいちしろ駅でアプト式機関車を接続するとき、職員がその仕組みを説明してくれま

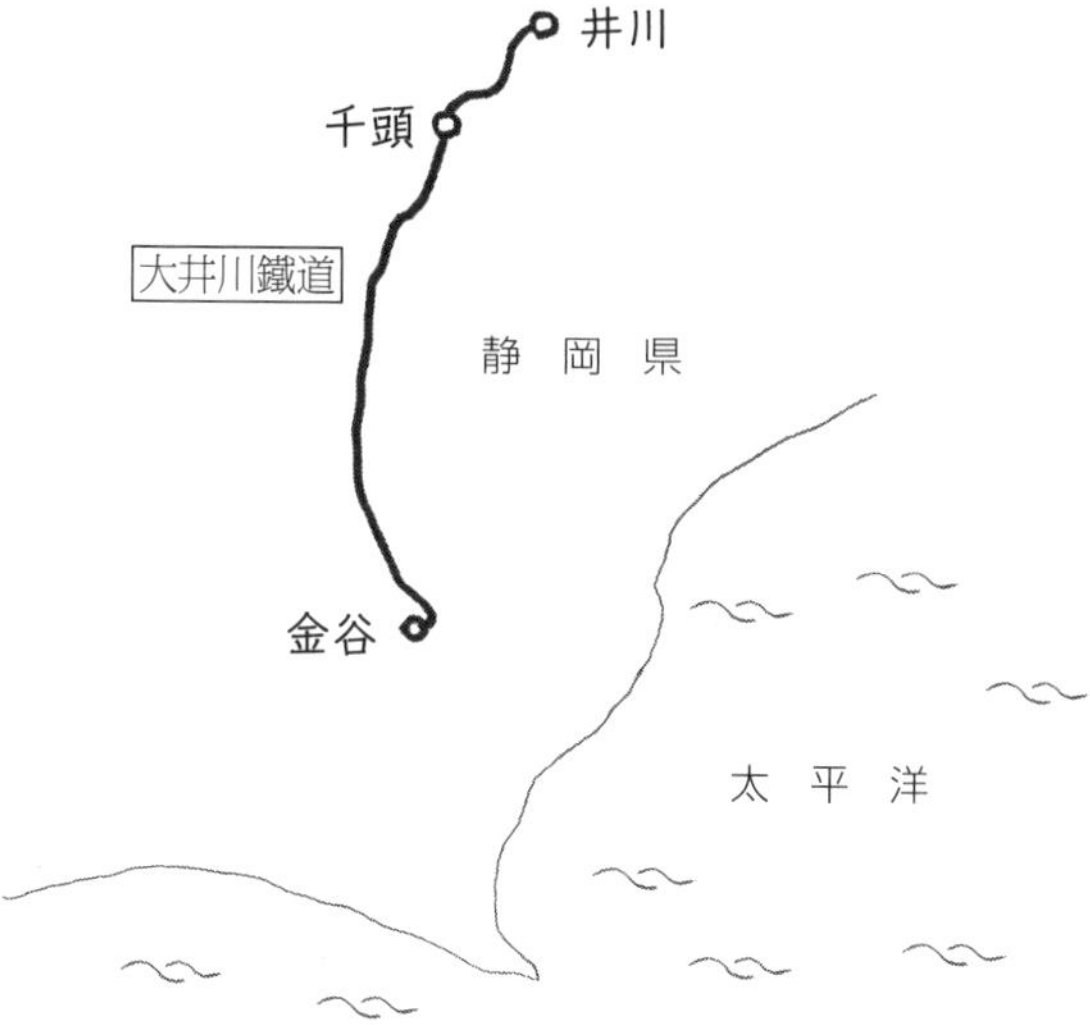

した。ここから長島ダム駅までの区間が、日本の鉄道としては、ケーブルカー以外では、もっとも急な勾配です（一キロで九〇メートル上昇：ダム湖を造ったため、急勾配になったそうです）。長島ダム駅から先は、ダム湖を見ながら走ります。渡る橋が多く、鉄道写真の被写体によく使われることで有名な区間です。車両が蛇行するダム湖とつぎつぎに交差して進むので、とてもきれいですね。とくに、奥大井《おくおおい》湖上《こじょう》駅は、文字どおり、ダム湖にせり出した半島のような陸地の上にあり、その周辺は絶景です。蛇行している川がせき止められてダム湖になり、せり出した山の部分が半島のように残ったので、この絶景が生み出されました。お勧めです。

山口県には、**錦川《にしきがわ》鉄道**があります。錦川鉄道には、JR山陽本線との乗換駅である岩国駅と錦町《にしきちょう》駅を結ぶ錦川清流線と、錦町駅から雙津峡《そうづきょう》温泉駅を結ぶ〝とことこトレイン〟の二つの路線があります。ただ、この〝とことこトレイン〟、トレインと称していますが、実際にはバスです。錦川鉄道がさらに延びる予定だった跡地を利用して平成十四年（二〇〇二年）からバスを走らせています。とことこトレインは観光用で、通常は、土日だけ一日四往復の運行ですが、海の日の七月二十日から八月いっぱいまでは、毎日運航。予約が必要です。夏休みを利用して乗車するとよいでしょう。

岐阜県には、長良川に沿って走る**長良川鉄道**があります。長良川鉄道は、JR高山本線の美濃太田《みのおお た》駅と北濃《ほくのう》駅の間、七二キロ余りを走る比較的長い路線です。この間、長良川を頻繁に渡りながら、川沿いを二時間かけて走ります。長良川鉄道は、JRから分かれた第三セクター。むかしは越《えつ》美南《みなん》線と呼ばれていました。越前の福井県と美濃の岐阜県を結ぶ予定だった路線であることが名前からわかります。

福井県側にはいまもJR越美北線があります。越美北線は、**九頭竜湖線**《くずりゅうこ》という愛称があるように、JR北陸本線の福井駅と九頭竜湖駅の間、五二キロ余りを一時間半かけて走ります。このつながらなかった区間、約三〇キロはバス便がないので、九頭竜湖線、長良川鉄道、どちらも終点まで乗車するともときた鉄道で戻るしかありません。じつは戻るのが嫌だったので、この区間を歩いたことがあります。

昼ごろに到着した越美北線の終点・九頭竜湖駅から歩き始めて、長良川鉄道の終点・北濃駅の三駅手前・美濃白鳥《みのしろとり》を目指しました。ダム湖である九頭竜湖のわきのだらだらとした登り坂。湖上をわたる風を受けながらのハイキング。福井県と岐阜県の県境にある油坂《あぶらざか》峠のトンネルを出たところで日が暮れました。あとは暗闇のなか、急な下り坂をうねってくだり、美濃白鳥の宿に着いたときには午後八時をまわっていましたから、約六時間歩いたことになります。美濃白鳥は、長良川鉄道の終点・北濃駅の三つ手前です。九頭竜湖と美濃白鳥の町の間では、トラックとはずいぶんすれ違いましたが、人とすれ違ったのは車から降りて休んでいた人ひとりだけ。沿線には神社の鳥居とそのとき営業していなかったキャンプ場があった以外、民家らしきものは見えませんでした。人が住んでいないのか、住まなくなったのか、それで、やはりこの区間をつなぐことはできなかったんだなと実感しました。

川の名前がつく路線はほかにも、東武鉄道の**鬼怒川線**《きぬがわ》や、球磨川の上流の**くま川鉄道**などがあります。川沿いの鉄橋や滝なども見えますし、変化に富んだ風景が楽しめます。ご参考に、川の名前ではありませんが、富山県の**黒部峡谷鉄道**や群馬県と栃木県を結ぶ**わたらせ渓谷鐵道**のように、川沿いに走っていることが名前からすぐにわかる路線もあります。出かけてみてはいかがでしょうか。

（二〇一五年七月放送）

富山周辺の旅

――富山ライトレール、コミュニティバス、万葉線

富山駅から富山ライトレール、コミュニティバス、そして高岡市の路面電車、万葉線を使って高岡駅に至るルートに乗ってきましたので、詳しく紹介したいと思います。

二〇一五年の北陸新幹線開業で富山駅は、現在、鉄道路線がいくつも発着する拠点駅になっています。まず、富山地方鉄道の本線が黒部峡谷鉄道につながる宇奈月温泉駅まで、立山線が立山黒部アルペンルートにつながる立山駅まで延びています。また、路面電車の市内線も三系統あります。JRも北陸新幹線のほか、高山を経由して名古屋方面に抜ける高山本線があります。新幹線の開業に伴って、富山県内の北陸本線は、第三セクターの〝あいの風とやま鉄道〟に衣替えしました。こちらは新潟方面と金沢方面を結んでいます。

紹介する**富山ライトレール**は富山駅の北側から日本海に向かって北上する岩瀬浜駅までの路線です。所用時間は約三〇分ですが、料金が全線二一〇円、ICカードですと一八〇円と格安です。じつは宮村家のルーツは富山の岩瀬浜。何代も前に東京に出てきてしまいましたが、親近感がありま
す。

富山ライトレールになる前、国鉄時代の富山港線に初めて乗ったのが昭和五十八年（一九八三年）の春休みですので、三〇年以上前。記憶のなかの岩瀬浜駅前には、ぽつんと缶飲料の自動販売機。缶飲料を買ったところ、何と番号くじで当たりを引きました。ところが、すでに折り返し列車の発車のベルが鳴り響いていて、大急ぎでおまけの缶飲料を選んでから飛び乗った思い出があります。きっとご先祖さまが、歓迎してくれたんだと思います。あるいは引き留めようとしたのかもしれませんが……。車両も駅もきれいになりましたが、沿線の感じは当時のまま。懐かしかったですね。ほとんどは専用軌道を通りますが、富山駅周辺は路面電車です。低床型の車両で市街地を滑るように進みます（残念ながら今回、駅前にくじ付きの自販機はありませんでした）。

岩瀬浜の駅周辺は整備された海水浴場と観光施設があり、むかしのひなびた感じとはずいぶん違っていました。岩瀬浜の駅からは、射水《いみず》市の**コミュニティバス**が海王丸パークを経由して万葉線の終点越ノ潟《こしのかた》駅近くの新湊大橋西桟橋口《しんみなとおおはしにしさんばしぐち》まで週末のみですが運行しています。

海王丸パークは係留されている帆船の海王丸を中心とした遊技場。私が行った週末はヨットレースのタモリカップが開催されていて大賑わいでしたが、とくにお話ししたいのは、新湊大橋です。コミュニティバスの終点はこの橋のすぐ下です。高さ五〇メートルほどもあるばかりでなく、橋の下から無料のエレベーターで上がると「あいの風プロムナード」という通路があって、歩行者が対岸まで歩いて渡ることができます。このプロムナードからは眼下に海王丸パークが見えますし、富山湾を一望できる、お勧めのスポットです。対岸にはフェリーの乗り場があって越ノ潟駅のすぐわきまで戻ることができますので、海王丸パークとあわせて一日楽しむことができます。

越ノ潟駅からは、路面電車の**万葉線**がでており、一時間弱で高岡駅に出られます（料金は三五〇円）。こちらも高岡駅に近づくと専用軌道を離れて自動車道路を走る路面電車になります。万葉線の特徴は、駅が高くなっていないところがいくつかあることです。道路が狭いこともあるのでしょう。車道に線を書いて駅にしています。車内には落語家・立川志の輔師匠のナレーションが流れ、周辺の観光案内を聴くことができました。

高岡駅からは東西に走る〝あいの風とやま鉄道〟で富山に戻るもよし、IRいしかわ鉄道に乗り継いで金沢に出るもよし、JR氷見《ひみ》線で氷見方面に行くもよしです。高岡駅から北上する氷見線は富山湾のきわを走り、晴れていれば対岸に立山連峰を見ることができる景色のよいお勧めの路線です。一方、南下するJR城端《じょうはな》線に乗ってひと駅の新高岡駅からは、北陸新幹線に乗ることもできます。

北陸新幹線の開業に合わせて整備された富山、高岡周辺の交通は本当に便利になりました。立山黒部に代表される山の方ばかりでなく海側にもよい場所がありますので、ぜひ足を運んでいただきたいです。

（二〇一五年八月放送）

東日本大震災から復旧した四年目の路線

――仙石線、仙石東北ライン、石巻線

宮城県の海沿いを走る、石巻線《いしのまきせん》と仙石線《せんせきせん》は、二〇一五年三月二十一日に石巻線が女川《おながわ》駅まで全線復旧。そして、五月三十日には、仙台と石巻の間を走る仙石線が全線復旧しました。さらに、東北本線の塩釜《しおがま》駅の先から石巻線に入る仙石東北ラインも新たに開業しましたので、その年の夏休みを利用して、乗りに行ってきました。

ご存知のように、二〇一一年の東日本大震災で、東北の太平洋沿岸地域は壊滅的な被害を受けました。JR東日本の**仙石線**も長い間、高城町《たかぎまち》駅から先、陸前小野《りくぜんおの》駅までの間が不通となっていました。ちょうどその夏、私も仙台駅から高城町駅まで仙石線に乗車しました。当時はまだ震災の爪痕があちらこちらに残っていました。とくに、記憶に残っているのが、地面から浮き出たマンホール。地震によって土地が沈み込み、マンホールだけが浮きあがってしまったんですね。海に近いところは水没しているところもありました。高城町駅のひとつ手前の松島海岸駅まで歩く間にも、被害を受けた建物をいくつも目にしました。そのような建物には、ここまで津波が押し寄せたと示してあったのも記憶しています。当時は、松島海岸駅から陸前小野駅まで行くにはバスに乗り換える

必要がありました。丘をいくつか越えて、東松島市側に出ると、息をのむような光景。あちこちらにボートが散乱していますし、途中目にする線路はぐにゃぐにゃになってめくれあがっていました。

　あれから四年目。仙台を出発した**仙石東北ライン**は、塩釜の駅を過ぎ、松島駅の手前でいよいよ仙石線に入るところまでやってきました。ここでは、東北本線と仙石線の線路が並行して走っています。乗車した四両編成の快速列車は、アクセス線の手前でいったん停車します。そこから、まず東北本線の対向車線に入り、仙石線の仙台方面行きの列車が通過するのを待って、さらに単線の仙石線の線路に入りました。高城町駅を出ると、快速列車はスピードを上げ、つぎつぎと駅を飛ばしていきます。車窓には田園風景が広がっており、真新しい建屋をいくつも目にしました。復興が進んでいる様子です（落ち着いた雰囲気ですが、どうしても以前よりも人が少ない印象を持ってしまいます）。途中の陸前大塚《りくぜんおおつか》駅と陸前小野駅の間は、従来あった位置よりも高台に移し替えられたそうです。行き違い列車と待ち合わせた、東名《とうな》駅と、高城町を出て最初の停車駅である野蒜《のびる》駅のふた駅が新たに高台に移された駅になります。どちらも新しい駅舎ですので、きれいですし、駅周辺も少しずつ整備されてきている印象でした。

　石巻駅には、仙台駅を出てから一時間弱で到着。仙石東北ラインの開業によって、震災前よりも一〇分以上短縮されたそうです。石巻の街には、この町出身の石ノ森章太郎さんの漫画のキャラクターがあちらこちらにあるので、私らの世代は散歩が楽しめます。サイボーグ００９や、仮面ライダーの面々が出迎えてくれます。時間があったので、石巻駅から**石巻線**で女川駅まで三〇分弱、足を延ばしました。石巻線も浦宿《うらしゅく》駅と女川駅の間が二〇一五年三月まで不通になっていました。
　石巻駅を出た車両は旧北上川を渡り、しばらく行ってから海に沿って走ります。とくに沢田駅と浦宿駅の間は海のきわを走ります。湾になっているので、海がとてもきれいに見えますが、気になったのは、海の高さ。ところによっては、線路の高さと大差がないように感じられました。護岸工事が進められていましたが、このあたりも震災で地盤沈下が激しかったのかもしれません。しかし、車窓風景としては、絶景といっていいでしょう。

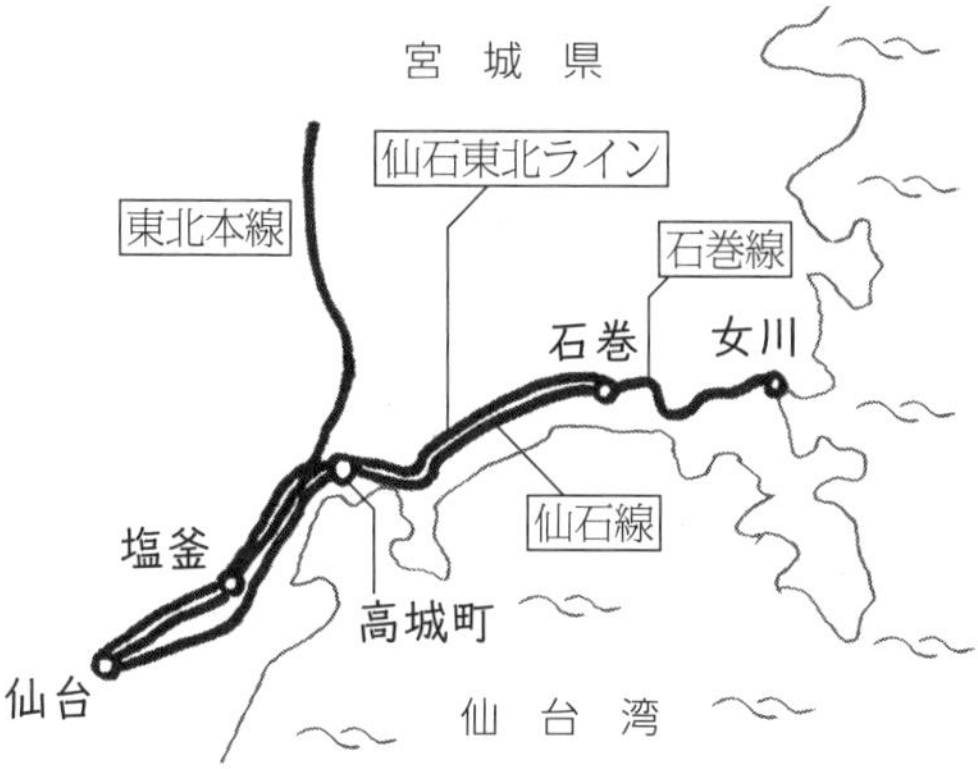

　トンネルを抜けると、終点の女川駅。女川駅は真新しい駅舎で、「ゆぽっぽ」という温泉施設もありますし、駅舎を出ると正面に海が見えます。女川からの帰りは、石巻線で東北本線の小牛田《こごた》駅に出てもいいですが、今回は石巻駅で乗り換えて、仙石線の各駅停車で一時間半かけて仙台に戻りました。
　じつはこの旅、東京から日帰りでした。鉄道がつながったからこそできた旅といっていいでしょう。震災からの復興を肌で感じることができた旅でした。

（二〇一五年十月放送）

空港へのアクセス線

――東京モノレール、大阪モノレール、沖縄ゆいレール、境港線

空港とのアクセス線についてのお話です。飛行機は高速鉄道である新幹線と競合する関係にありますが、じつは利用者の多い空港ベストテンのうち、九つの空港には、鉄道が乗り入れています。

ご参考：二〇一八年年間乗降客数ランキングと空港アクセス線

1　羽田（八五三二万人）　京浜急行、東京モノレール
2　成田（四二四六万人）　JR東日本、京成電鉄
3　関西（三一七九万人）　JR西日本、南海電鉄
4　福岡（二四六八万人）　市営地下鉄
5　新千歳（二四六〇万人）　JR北海道
6　那覇（二一七五万人）　ゆいレール
7　伊丹（一六五〇万人）　大阪モノレール
8　中部（一三四五万人）　名古屋鉄道
9　鹿児島（六〇七万人）

10　仙台（三八五万人）　仙台空港アクセス線

飛行機のほうが速いのですが、空港から各都市の中心部までのアクセスに時間がかかるのが問題です。そのため、利用者の多い空港には鉄道が乗り入れているのです。

利用者数がずばぬけて多い羽田空港には、京浜急行線のほかに、**東京モノレール**が乗り入れています。東京モノレールは、ちょうど前回の東京オリンピックの開催に合わせて昭和三十九年（一九六四年）に開業し、海外から来日する外国人の輸送を担いました。現在は当時とくらべ、海外からの渡航者数は一〇〇倍に増えていますので、それに合わせて輸送力が増強されています。東京モノレールは四分おきに東京都心の浜松町駅を発着しています。駅に到着してから乗客を降ろし、そして新しい乗客を乗せて、空港に向けて発車。その後、空港からの車両が入線してワンサイクルが完了するので、これだけの作業を

たったの四分で完了させていることになります。見ていて、これは日本でなければできないだろうなと思います。

快速で空港まで二〇分弱。東京モノレールを浜松町から昼に乗車すると、多彩な風景が楽しめます。東京タワーをあとにして、ビルの谷間を抜け、東京湾沿いに進み、レインボーブリッジを間近に見ることができます。競馬場や倉庫群が眼下に見え、やがて空港に近づくと、遠景に富士山や東京スカイツリーが見えます。とくにお勧めなのが夜の風景。空港を彩るライトがとてもきれいですし、東京シティ競馬が開催されていると、ライトアップされた競馬場を車窓から見ることができます。海外からの観光客は、富士山やスカイツリーを見て日本に来たことを実感するようです。

大阪と兵庫の境にある伊丹空港と沖縄の那覇空港もモノレールが乗り入れています。伊丹空港に乗り入れている**大阪モノレール**は、大阪市の郊外を巻くようにして走る路線です。そのため、都心に向かう乗客は、伊丹空港からひと駅の蛍池《ほたるがいけ》駅で阪急電鉄宝塚線に乗り換える場合が多いです。しかし、高台を走る景色のよい路線ですので、ぜひ千里中央駅まで足を延ばしてほしいですね。蛍池駅から柴原駅、少路《しょうじ》駅を経由して千里中央に至る区間には、遠景に大阪の都心を見渡せる絶景が待っています。ここも夜景が美しいので、夜乗車するのもよいでしょう。千里中央駅からは、北大阪急行線を経由して新大阪駅、梅田駅、なんば駅に行くことができます。

沖縄の**ゆいレール**は、那覇空港から那覇の中心部を経て、世界遺産の首里城がある首里駅までを結んでいます。高いところを走るのですが、ほとんど海は見えません。

鉄道が乗り入れていない空港でも、鉄道駅まで歩ける空港がいくつかあります。山口宇部空港は、ＪＲ宇部線の草江駅が目の前にあります。ただし、本数が少ないうえに、まったく飛行機の到着時間との接続は考慮されていませんので、利用は難しいです。

鳥取県の米子空港のそばを通るＪＲ境港線《さかいみなとせん》には、米子空港駅があります。こちらは、比較的本数が多いので、乗車するとよいでしょう。二〇一五年に亡くなった、漫画『ゲゲゲの鬼太郎』の作者、水木しげるさんが境港市の出身であったことから、ＪＲ境港線は、妖怪の路線として知られています。各駅には妖怪名の別称があり、米子空港駅は別名べとべとさん駅です。米子空港も米子鬼太郎空港の愛称があります。駅名票に妖怪の絵が描かれていますので、見ながら旅するのも楽しい路線です。

ほかには、ＪＲ小松駅から小松空港、函館の市電の湯の川駅から函館空港まで歩いたことがあります。函館の市電を空港まで延ばせば、海外からの旅行者にとってたいへん便利になるように思います。

とにかく、日本の各地に来日する外国人が増えていますので、空港とのアクセス線の重要性は増していくように思います。

（二〇一六年一月放送）

鹿児島から熊本の旅
――肥薩線、ループ線とスイッチバック

鉄道のアクセス線が乗り入れていない空港が鹿児島にあります。鹿児島空港を地図で見ると近くに熊本と鹿児島を結ぶＪＲ九州**肥薩**《ひさつ》**線**の嘉例川《かれいがわ》駅があります。そこで、歩けないものかどうか、調べてみようと思い、出かけてきました。

羽田8時05分発の便で少し遅れて鹿児島に到着。10時05分に空港内の観光案内で嘉例川駅までの時間を聞いたら、歩いて一時間弱とのこと。地図で確認したときもだいたい四キロくらいでしたので、10時59分発の肥薩線の列車に乗るには微妙な時間ですが、歩くことにしました。駅まではほぼ一本道で、滑走路に並行して走る道を空港の敷地の端まで歩き、右折して山道をくだれば駅に出ます。高低差が心配でしたがくだりでしたので問題なし。ですが、道が曲がりくねっており、見通しも悪く、頻繁に行きかう車に注意が必要でした。結果、嘉例川駅到着が9時57分で発車二分前。駅弁を購入して飛び乗りました。

嘉例川駅は、築後百年以上経過した木造の駅舎で、国の登録有形文化財。趣《おもむき》のある駅舎でしたが、じっくり見る時間がなかったのが残念でした。やはりバスを使うのが正解。嘉例川駅の三つ先

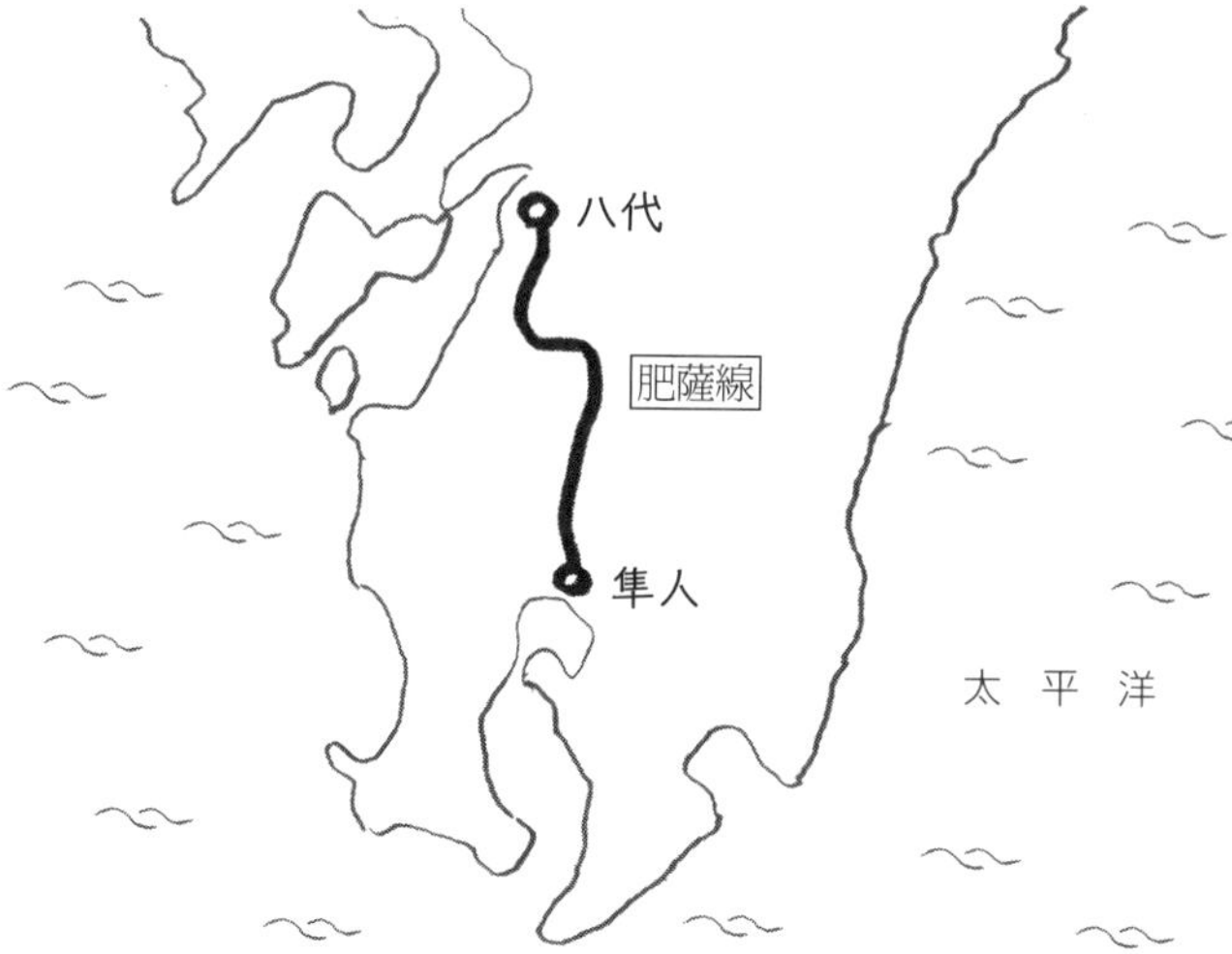

にある大隅横川駅《おおすみよこかわ》の駅舎も嘉例川駅と同様、国の登録有形文化財。停車したちょうど目の前に、太平洋戦争で機銃掃射を受けたあとが見えました。さらにふた駅先が吉都線《きっと》との乗換駅である吉松駅《よしまつ》です。ここまでが鹿児島県の区間になります。

吉松駅で車両を乗り換えて、さらに肥薩線を北上。この先には、真幸《まさき》の〝スイッチバック〟、日本三大車窓の矢岳《やたけ》、そして、日本で唯一〝ループ線〟と〝スイッチバック〟が共存する大畑《おこば》と駅ごとに見どころがあります。

吉松駅を出ると、高度を上げていき、まず真幸駅に到着。肥後と薩摩を結ぶ肥薩線のなかで、唯一真幸駅だけが宮崎県になります。駅にはミッキーマウスの手袋をつけた年配のお姉さんをはじめ四、五人のかたがたが出迎えてくれました。肥薩線では、主な駅に地元のかたがた輪番制で来られて、地元の産品や弁当を販売しています。真幸駅のお姉さんはそのなかでもとくに目立っていました。真幸の漢字は、「真に幸せ」と書きます。駅のホームには駅名にあやかって幸せの鐘があり、幸せな人は一回、もっと幸せを願う人は二回、とても幸せな人は三回鳴らすんだそうです。まずは旅の無事を願って一回鳴らしました。真幸駅では五分ほど停車し、その後、駅のすぐ上にある線路に向けてスイッチバックに入ります。

スイッチバックというのは、まず引き込み線に直進したあと、ポイントを切り替えて、もと来た線路よりも高さの違う線路に向かって逆走する仕組みです。九十九折《つづらおり》の鉄道バージョンと言えばわかりやすいでしょうか。急勾配を登って行くときに見られる工夫です。車内にはピンクのランニングウエアを着た年配のお兄さんがいて、観光案内を兼ねて説明してくれました。

次は三大車窓の矢岳です。数分ですが、見どころでは、車両が停車してくれて、解説のアナウンスが入りました。あいにくの曇り空でしたが、雄大な車窓風景を見わたすことができました。晴れていれば、遠く桜島も見えるそうです。

そして大畑。大畑の駅が見える高台で車両はいったん止まり、ループ線とスイッチバックの解説が入りました。ループ線というのは螺旋《らせん》階段のようにまわりながら少しずつ高度を変えていく仕組みです。大畑の駅はそのなかにあるだけではなく、駅を出てスイッチバックでも高度を変える、日本ではここにしかない構造の駅になっています。今回は高台から大畑までまわり込むようにして高度をさげ、そしてスイッチバックを経て大畑駅に到着しました。ここで下車して周辺を散策。ピンクのお兄さんもここで下車して、駅舎内のかたがたと歓談していいます（大畑の方だったようです）。駅舎の待合所をうろうろしていたら、なかに入れてくれてお茶をご馳走してくれました。帰りの列車が二〇分ほど遅れましたが、楽しい時間を過ごすことができました。

ふたたび来たルートを戻り、矢岳の車窓、真幸のスイッチバックを逆にたどりました。真幸駅ではふたたびミッキーのお姉さんがお出迎え。三個一〇〇円のゆで玉子を購入し、三回、感謝の意を込めて鐘を鳴らしました。

（二〇一六年七月放送）

さいたま市鉄道博物館と上野駅

鉄道博物館に行ってきました。二〇一六年春オープンの京都鉄道博物館ではなく、今回訪ねたのは埼玉県にある鉄道博物館、通称「てっぱく」です。こちらはすでに開業（二〇〇七年十月十四日オープン）から、二〇一六年で九年目ですが、私にとっては、この年が初めての訪問でした。少しは空《す》いているのではと考えての訪問でしたが、親子連れで一杯でした。埼玉に移転する前、秋葉原に近い神田須田町にあった交通博物館は歩いて行けたので何回も足を運びましたが、鉄ちゃんにとっては中途半端に遠いので、なかなか訪れる機会がありませんでした。

このときはお得なきっぷ〝新幹線&鉄道博物館きっぷ〟を使いました。これは東京―大宮間の新幹線の自由席特急券と運賃、大宮駅から鉄道博物館駅までのニューシャトルの往復運賃、そして鉄道博物館への入場料金がセットで三五八〇円。私が乗車した上野からですと、新幹線を使わなければ往復運賃一三二〇円と博物館入場料の一〇〇〇円をあわせて二三二〇円なので一〇〇〇円以上割高ですが、新幹線料金を入れればお得です（すべて当時の料金）。時間は片道一〇分ほどの違いですので、判断が難しいところですが、特典として全国鉄道路線図がもらえるので、鉄ちゃんとしては、まあいいかといったところです。なおこの鉄道路線図、経路を塗りつぶせるようになっていますので、鉄道全線を乗ることを考えている人にとっては、便利です。というか、もらってしまうと、乗り鉄の道まっしぐらといったところでしょう。

乗車したのが八月十三日でしたので、新幹線は帰省客でものすごい混雑でした。大宮でニューシャトルに乗り換えて鉄道博物館駅の改札を出ると、歩道に各新幹線開業当時の時刻表が描かれていて、たどって行くと自然に博物館に誘導されるようになっています。神田須田町時代の交通博物館にくらべ、広くてきれいで機能的にできている印象でした。

懐かしい車両の展示のほかに、園内の乗り物ミニシャトル、転車台の回転実演、ミニ運転列車や運転シミュレーターもありますし、ラーニングゾーンでは鉄道の仕組みに関する展示や体験施設があり、一日中楽しめる施設です。なお、ミニ運転列車と運転シミュレーターは予約制ですので、早めにいって整理券を手に入れておく必要があります。

車両が展示されている広場は、薄暗くて天井が高く、二階からも見おろせるようになっています。これを見ていて来るときに乗車した上野駅を思い出しました。じつは、今回の旅で気になったのは、乗車した上野駅の様子です。少し寂れた印象でした。

上野駅の中央改札の周辺は、蒸気機関車が発着していたころの名残で天井が高くなっている趣のある駅舎です。中央改札を入った正面には、常磐《じょうばん》線、東北本線、高崎線の特急列車の発車ホームがあり、高い天井の一部は二階部分となっていて、常磐線や高崎線の普通列車のホームになっています。夏の季節、むかしは帰省客でこのあたりはごった返していました。

夏休みに北へ旅に出るときは、いつも上野駅のここから発車する夜行列車を使っていました。「津軽海峡冬景色」の歌の世界ですね。日が暮れて、改札口側から北の方向を見ると、線路がいくつも延びていて、高い天井の下に広がる闇のなかへと溶け込んでいます。懐かしい気持ちになりました。寝台車は料金が高く乗れなかったので、もっぱら学割で買った周遊券で乗れる夜行の急行で東北や北陸へと向かったものですが、いまは夜行の定期便は姿を消してしまいました（急行の八甲田〈東北本線〉、十和田〈常磐線〉、津軽〈奥羽《おうう》本線〉、能登〈上越線〉、越前〈信越本線〉など）。

帰省客の喧騒もいまはなく、まるで博物館のように静かです。子供のころの上野駅は、東京の北の玄関口として乗降客数でトップ5にランキングされていた記憶がありますが、いまはベストテンにも入らないそうです。上野駅始発であった常磐線は上野東京ラインが開通したことによって、上野駅よりも南の東京駅や品川駅を結ぶようになり、通過駅に変わりました。東北本線や高崎線にいたっては、山手線の西側を通る湘南新宿ラインが結ぶようになり、上野駅を通らない列車が増えました。すっかり上野駅のターミナル駅としての機能が失われたようで、ちょいと残念です。

そんな上野駅ですが、この年の夏、久々に朗報が届きました。上野にある国立西洋美術館が七月に世界文化遺産に登録されたんです。もともと上野駅周辺には、美術館や博物館が集積しています。上野（恩賜）公園、上野動物園、寛永寺、上野東照宮と見どころ満載です。お時間があれば、上野駅周辺を散策するのもよいでしょう。成田空港からはスカイライナーで四一分のアクセスですし、外国人に人気の観光地、浅草やスカイツリーへのアクセスも便利です。
むかしのにぎわいを取り戻してほしいと願うのは私だけではないでしょう。

（二〇一六年八月放送）

岡山の鉄道
――岡山電気軌道、吉備線、伯備線、赤穂線

二〇一七年六月、土曜日の午後に岡山市で仕事がありましたので、その前後に岡山電気軌道やJR吉備《きび》線などに乗ってきました。岡山駅には新幹線で行くのが〝鉄ちゃん〟の務めですが、今回は、少しでも早く岡山駅に着くために、飛行機を使ってしまいました。でも、その甲斐あって、午前十時ごろには岡山駅に到着し、仕事の前に、路面電車である岡山電気軌道に乗車することができました。

岡山電気軌道、通称〝おかでん〟には、岡山駅前から東に向かう二系統の路線があります。ひとつは、東山《ひがしやま》駅まで行く東山線、もうひとつは、清輝橋《せいきばし》駅までの清輝橋線です。二つの路線は、岡山駅前から二つ目の柳川駅まで共通の線路上を通り、そこで分岐します。

午前中に二路線を乗車する予定でしたが、岡山駅前に着くと何やらにぎやかなイベントが開催されていました。じつは、当日は路面電車の日。インターネット上の百科事典によれば、平成七年（一九九五年）の全国路面電車サミットで制定されたそうです。六月十日の、6と10で「ろてん」になるので、ごろ合わせで六月十日が路面電車の日に定められたそうです。そのため、今年も全国

の路面電車がある街でイベントが開催されました。岡山駅前で開催された第二二回（二〇一七年）、路面電車まつりの会場にはステージが設けられていて、地元のバンドの演奏があり、周辺には鉄道関連の展示のほか、飲み物、食品、グッズ類の販売ブースもあって、盛りあがりを見せていました。

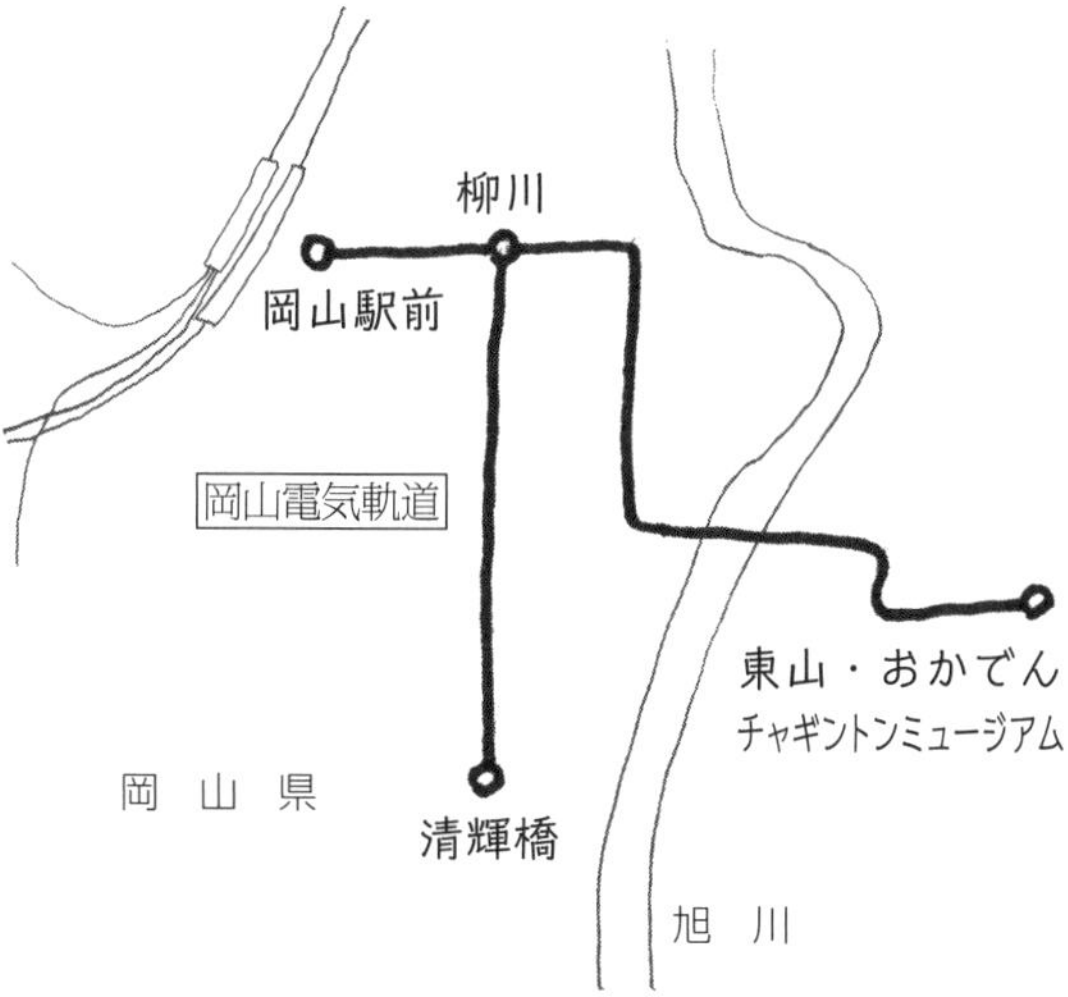

岡山電気軌道の新型車両〝ＭＯＭＯ〟のミニチュアである〝ミニＭＯＭＯ〟も、駅前の特設ループ線で運行されていました。残念ながら小学生以下が対象ですので、乗ることはできませんでした。年齢制限があるところでは、乗り鉄は悔しい思いをしますね。しばし楽しんだあと、少し離れたところにあるおかでんの岡山駅前駅まで行き、まずは東山線に乗って終点の東山駅まで乗車しました。

運よく新型車両のＭＯＭＯに乗車できました。車両内で、四〇〇円の一日乗車券を購入。二つある路線の岡山駅前—東山間も岡山駅前—清輝橋間も片道一四〇円です。三回乗ればもとが取れる計算です。今回は両者を往復しましたので、細かいようですが、一六〇円得しました。なお、一日乗車券は車内で購入できますが、枚数にかぎりがあるので、停車中、早めに運転手に声をかけて購入するようにしましょう。

終点の東山駅には、「おかでんミュージアム」があります。入場料は一〇〇〇円と少し高いのですが、写真や古い車両などが展示されています（時間がなかったので、今回は入場しませんでした）。当日は、東山駅周辺でも路面電車の日のイベントが開催されていました。ここでは、「路面電車ちょこっと運転体験」で、ほんものの電車を運転することができます。ただし、ここも参加者は小学生限定でした。こちらの会場も地元の中高生のボランティアもあって、盛りあがっていました。ここから路面電車で岡山駅前に戻り、仕事を片づけてから、今度は清輝橋まで往復しました。イベントは午後四時終了ですので、駅前はそのころには静けさを取り戻していました。

JR岡山駅は、東西に山陽新幹線とJR山陽本線、東にはJR**赤穂線**《あこう》、南はJR瀬戸大橋線とJR宇野線、北に向かうJR伯備線、JR津山線、そして北西に向かうJR吉備線の乗換駅。交通の要衝であり、四国や山陰への玄関口となっています。夏至近くで、まだまだ明るい状況でしたので、JR吉備線で終点の総社《そうじゃ》駅を経由して倉敷駅に向かいました。

吉備線の愛称は「桃太郎線」。沿線は田園風景で約一時間で終点総社駅に到着。総社駅からは井原鉄道もでていますが、今回はJR**伯備線**で倉敷駅へ。この間で日没となり、倉敷駅に着いたころには夕闇に包まれました。古い町並みのある美観地区の夜は灯りが少なく、幻想的です。外国人も多いのですが、昼の喧騒とは違い、静かでした。中心部にはホタルが生息している場所があり、緑の発光が点滅するさまも見ることができました。

翌日の午後には東となりの兵庫県、尼崎市で同様の仕事があったので、岡山駅からＪＲ赤穂線を経由して東に向かいました。赤穂線は、山陽本線よりも海側を通るのですが、まだ海までは遠く、ほとんど海は見えません。所要時間も二〇分ほど余計にかかります。のどかな田園地帯を車両はゆっくりと進み、新幹線の高架が見えてきたら、兵庫県の相生《あいおい》駅。そこでＪＲ山陽本線と合流し、世界遺産の姫路城の最寄駅である姫路駅でＪＲ西日本が誇る高速電車、新快速に乗り換えました。この新快速、本当に速いですね。姫路—尼崎間八〇キロが、途中数回停車したのに、たったの一時間でした。

山陽本線の明石駅付近で明石城の櫓《やぐら》が見えるころ、瀬戸内海の東側のはずれにある淡路島との間にかかる明石海峡大橋が海側に見えてきます。このあたりの海の風景はむかしも今も美しく、大好きです。

神戸に入ると風景は一転して市街地に変わり、芦屋、西宮を経て尼崎に到着。仕事にかこつけたミニ旅行は終わりを告げました。尼崎での仕事のあとは、阪神なんば線、地下鉄御堂筋線を乗り継いで新大阪に出て、新幹線で帰りました。

この年は、路面電車の日が週末の土曜日であったこと、そこに路面電車のある岡山市への出張が重なるという幸運に恵まれました（料金はすべて当時のものです）。

（二〇一七年六月放送）

岡山県動態保存会の車両運行
——同和鉱業片上鉄道

二〇一七年六月に仕事で岡山に行きました。その際、廃線になった鉄道を地元の保存会が動態保存していることを参加者からうかがいました。鉄ちゃんとしては鉄道が運行されているのであれば、乗らないわけにはいきません。今回は、その情報をもとに、岡山をふたたび訪れました。

動態保存されている鉄道は、岡山県の東部、備前《びぜん》市の旧片上駅から旧柵原《やなはら》駅までを南北に走っていた、**同和鉱業片上鉄道**です。その北側の終点の駅からひとつ手前の駅、吉ヶ原《きちがはら》駅周辺で動態保存された車両が運行されています。毎月第一日曜日に約四〇〇メートルの区間をディーゼル車両が運行されているそうです。七月の第一日曜日、七月二日に吉ヶ原駅を訪れました。

片上鉄道の北の終点は、鉱山から出る磁鉄鉱の積み出しをおこなっていた柵原駅でした。磁鉄鉱は、工業用硫酸の原料として我が国の近代化に大きく貢献しました。しかし、現在は石油の脱硫プロセスから得られる硫酸に置き換わってしまいました。役割を終えた鉱山が閉鎖された平成三年（一九九一年）に、片上鉄道も廃線となりました。岡山県では、瀬戸内の臨海工業地帯、水島に石油コンビナートができました。そちらに仕事が奪われたかたちになります。

吉ヶ原駅に行くルートは、片上鉄道保存会のホームページに詳しく掲載されています。とても遠いというのが印象です。鉄道が廃線になっていなければ、楽ちんなんですがね。日曜日の早朝、岡山駅東口7時21分発のバスに乗車し、バスを二つ乗り継いで、吉井川のたもとにある高下《こうげ》のバス停に約一時間半かけて8時42分に到着。そこからは、バス便もありますが、時間に余裕があったので、吉ヶ原駅まで約一時間歩きました。吉ヶ原駅周辺は、川幅の広い吉井川が流れており、のどかな農村風景がつづきます。川に沿って歩いて行くと、何やら喧騒が聞こえてきました。そこが目的地の吉ヶ原駅。

片上鉄道の運行は10時からです。始発列車に間に合うように行きましたが、すでに鉄道マニアたちが集結している様子。こちらが到着してからしばらくして、吉ヶ原駅から、始発列車が発車しました。四〇〇メートルの短い区間ですが、踏切も分岐線もある立派な鉄道です。ボランティアのかたがたがきっぷを売ったり、踏切のところで交通整理をしたりしていました。

終点の黄福柵原《こうふくやなはら》駅にはものの数分で到着。このあたりの美咲町《みさきちょう》は鶏卵が名産だそうで、その黄色から、黄色い幸福で「黄福」柵原と称しています。吉ヶ原の「吉」と黄福柵原の「福」と縁起のいい字をもつ駅の間を動態保存されている車両は行き来しています。到着した黄福柵原駅から振り返ると、目線の先には吉ヶ原駅が見えています。五分ほどすると同じ線路を戻って吉が原駅の出発したホームに戻りました。

この鉄道に乗るためには、きっぷ売り場で一日乗車券を三〇〇円で購入する必要があります。一日乗り放題ですので、もう一度乗車することにしました。というのも、一回目の往復と違い、二回目は、吉ヶ原駅の別のホームに入線し、その後、吉ヶ原駅を通り過ぎて、引き込み線に入り、折り返してもとのホームに入線するからです。乗り鉄は、この引き込み線も見逃しません。折り返す際に、運転手は車両のなかを反対側に移動します。ものの五分で、吉ヶ原駅のもとのホームに戻ることができましたが、その間、写真を撮るのが趣味である鉄ちゃん、撮り鉄たちは、写真を撮りまくっていました。

これで、片上鉄道線の乗車は完了。ホームに着いてベンチのわきを見ると、猫の駅長勤務中との小さな看板がありました。すぐには見つからなかったのですが、よく見ると、ベンチの下で駅長の猫が寝ていました。たぶん、二代目駅長の「ホトフ」だと思いますが、ベンチの下から出てくることはありませんでした。猫の駅長としては、和歌山電鉄の「たま駅長」が有名です。和歌山電鉄は、岡山電鉄を運営する両備グループの企業が運営しているので、岡山とのつながりがあります。路面電車である岡山電鉄の車両には、たま電車も走っています。

吉ヶ原駅では運行日だけですが、地元のボランティアのかたがたが、各三〇〇円のうどん、カレー、菓子パン、果物などの売店を運営していました。じつは情報をくださったのは、ここで、菓子パンの売店を運営している方でした。教えていただいてありがとうございます。応援するために、うどんもカレーも食べましたし、果物や菓子パンも購入しました。

吉ヶ原駅の近くには、鉱山資料館があります。入館料は五〇〇円。坑道の様子も復元されている立派な資料館でした。

吉ヶ原駅からの帰りは、岡山までバス便で戻ることもできますが、九月までは、岡山県北部の町、津山市にある「津山まなびの鉄道館」までの無料のバス便、レトロリレーバスが列車の運行日に三往復運行されているので、こちらを利用することにしました。ほかに、津山駅前までの有料の路線バスも三往復あります。整理券を受け取り、吉ヶ原駅前11時40分発のバスに乗車。約三〇分の乗車時間の間、地元の女子大生が、バスガイドを務めていました。放送研究会の部員が六名交代で務めているそうです。地元のラジオ局にも出演しているそうで、とてもお上手で、楽しめました。

バスは津山駅前では止まらず、徒歩一〇分ほど離れたところにある、鉄道博物館である「津山まなびの鉄道館」まで行きます。津山まなびの鉄道館には、我が国に現存する、「扇型機関車庫《せんけいきかんしゃこ》」として二番目の規模を誇る「旧津山扇型機関車庫」が展示されていました。こちらの入場料は三〇〇円。SLを含む一三両が車両の向きを変える転車台の周囲の車庫に保存されています。ちなみにもっとも大きなものは、京都鉄道博物館にある「梅小路《うめこうじ》扇型機関車庫」だそうです。

津山駅まで歩き、津山線に乗って、帰途につきました。片上鉄道と津山の扇型機関車庫を効率よく見ることができる旅でした。

（二〇一七年七月放送）

信州上高地、姨捨の旅
――松本電鉄上高地線、篠ノ井線

信州松本に行き、松本電鉄（アルピコ交通）上高地《かみこうち》線に乗ってきました。

二〇一七年七月の週末、土曜日に甲府市、日曜日に長野市で仕事がありました。いまは新幹線の時代。甲府からいったん自宅に戻り、翌日、新幹線で長野に行って仕事をすることもできないことではありませんが、同じルートを行き来するのは、鉄ちゃんとしては採用したくありません。せっかく甲府に来たら、地元の郷土料理に舌鼓《したつづみ》を打ちたいところです。甲府から長野への移動は、東京へ戻らず、ＪＲ中央本線と篠ノ井線を経由して向かうことにしました。篠ノ井線には、日本三大車窓で知られる姨捨《おばすて》駅もありますので、途中の松本市で一泊することにしました。

甲府で仕事を終え、地元のかたがたと夕食をともにしたあと、ＪＲ中央本線で松本に向かいました。山梨はホウトウが有名ですが、今回はＢ級グルメ選手権で優勝した「鳥もつ煮」をいただきました。鳥のもつを甘辛く煮たもので、とてもおいしかったですね。居酒屋風の店でしたが、そば屋です。また、ワインを飲みながら鳥もつを食すのが、甲府らしいところです。

松本で一泊することにしたのは、姨捨駅以外にも、**松本電鉄上高地線**に乗車しようと思ったため

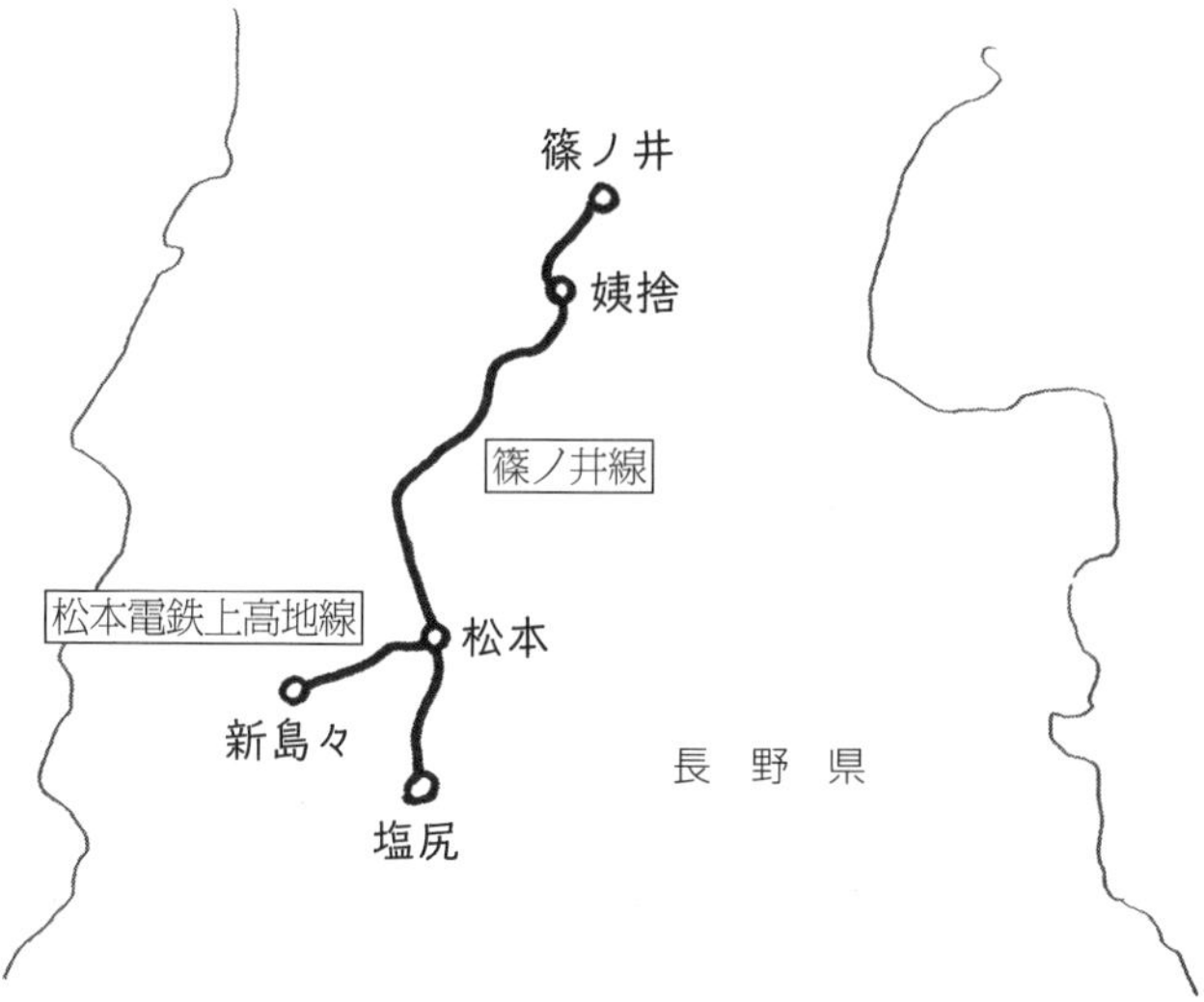

です。

翌朝、まず松本駅前にある松本バスターミナルに行き、松本電鉄の一日フリー乗車券を一〇〇〇円で購入。松本駅と終点新島々《しんしましま》駅の片道の乗車賃が七〇〇円なので、とてもお得です（料金は当時のもの）。しかし、このきっぷ、松本駅では売っておらず、少し離れたバスターミナルでしか売っていません。また、そのバスターミナルは朝六時から夜八時までしか営業していないので、前日の夜に行ったときには買えませんでした。バスターミナルでは、これ以外にも新島々駅からのバスのフリー区間を組み合わせた〝上高地・乗鞍2デーフリーパスポート〟など、お得なきっぷが多数用意されています。山登りをする方は、事前に松本電鉄のホームページで確認するとよいでしょう。

松本駅の松本電鉄の改札は、ＪＲ線と共通ですが、松本電鉄ではＩＣ乗車券が使えません。購入した一日フリー乗車券を使って、午前8時ちょうど発の、松本電鉄新島々駅行きの車両に乗り込みました。日曜日の朝の松本電鉄上高地線は、立つ人がちらほらいるくらいで、そんなには混んでいませんでした。首都圏から夜行列車で来た登山客は、すでに早朝の乗継便で上高地へと向かったあとですので、登山客は宿泊したかたがたのみで、もっと早い時間の便で向かった人も多いでしょう。

松本から新島々までは、松本盆地の田園地帯を約三〇分走ります。幸い、晴れていたので、遠景に北アルプスが進行方向に見えました。こういった風景を、ぼうっと眺めているのが好きですね。徐々に山が近づいてきて、終点新島々駅に8時33分到着。ちょうど平野部が終わるところに駅があり、駅前に新島々のバスターミナルがあります。ここから中部山岳国立公園の上高地や乗鞍岳《のりくらだけ》へとバス便が接続しています。新島々の駅では、改札に長蛇の列ができ、また、バスも満員になっていました。こちらはバスには興味がありませんので、停車時間七分で折り返す列車に乗って、松本駅に戻りました。

松本からは、もうひとつのお楽しみである、姨捨駅に向かいます。松本から長野に抜ける、ＪＲ**篠ノ井線**の途中にある姨捨駅は、日本三大車窓のひとつとして有名な駅です。松本から千曲川《ちくま》が流れる信濃平《しなのだいら》側にトンネルを抜けたところに姨捨の駅があります。南から北の日本海に向かって流れる千曲川の流域に広がる広大な平野部を南側の高台から眺めるかたちになります。三大車窓はほかに、ＪＲ九州肥薩線の矢岳《やたけ》駅付近と北海道根室本線新内《しんない》駅付近となっていましたが、北海道では根室本線の線路の付け替えで廃線となり、現在は見られません。

今回の長野行の列車は、姨捨駅の山側の一番線ホームに停車しました。絶景をカメラに収めるためには、駅のなかにある陸橋を渡って、反対側の二番線ホームに走る必要がありました。停車時間は五分間。あわてましたね。いつも長野から松本行の列車で姨捨駅を訪れていたので、違うホームに着くことに気がつきませんでした。停車時間によっては、せっかくの車窓風景を見られないかもしれませんので、姨捨駅を訪れるときは、長野から松本に向かうように乗車したほうがよさそうです。なお、特急列車は姨捨駅に入線しません。駅のすぐ下の直通の線路を通るため、姨捨駅の雄大な車窓風景を見ることはできません。かならず、普通列車に乗りましょう。またこの駅は、夜の風景もよいそうですので、天候の安定する秋の夜に訪れるのもいいでしょう（まだ見ていませんが……）。姨捨駅を発車した列車は、いったん逆走し、スイッチバックにて本線に戻ります。さらに次の稲荷山《いなりやま》駅もスイッチバックの駅ですので、乗り鉄としては大満足の路線ですね。

長野では、仕事を終えたあと、善光寺にお参りに行きました。午後五時をまわっていましたが、お盆の期間中だったため、遅くまで開いていて、無事お参りすることができました。関東地方と同様、七月にお盆をするそうです。なお、月遅れ盆の八月にも縁日がでるそうです。訪れてみてはいかがでしょうか。

（二〇一七年八月放送）

山口県岩国清流の旅
──錦川鉄道、山陽本線、岩徳線

山口県に行って、錦川鉄道と〝とことこトレイン〟に乗ってきました。

錦川鉄道は、JRの岩日《がんにち》線が、第三セクターに転換してできた鉄道です。もともとは山口県の東部、広島県との県境にある瀬戸内海に面した町、岩国市の岩国駅から山口県内を北西に向かい、JR山口線の日原《にちはら》駅までをつなぐ計画でした。しかし、途中にある錦町《にしきちょう》駅から先はトンネルなどを整備したものの、開業することはありませんでした。そのトンネルなどを利用して、錦川鉄道が〝とことこトレイン〟を週末や、夏休みと春休みの期間に走らせています。

今回は、新幹線で新岩国駅まで行きました。新岩国駅は、錦川鉄道の清流新岩国駅に接続しています。新幹線の新岩国駅から見える、「清流新岩国駅」と書かれた大きな看板に向かって専用通路を歩いて一〇分弱。隠れて見えにくいのですが、「清流新岩国駅」の駅舎には、かつての駅名である御庄《みしょう》駅の看板がありました。約五分の待ち合わせで、錦町行きの列車が到着。錦川鉄道錦川清流線の名前どおり、錦川の清流を東側に見ながら北上するととても景色のよい路線です。

週末は観光路線になるため、見どころでアナウンスが入り、徐行しながら進むので、存分に風景

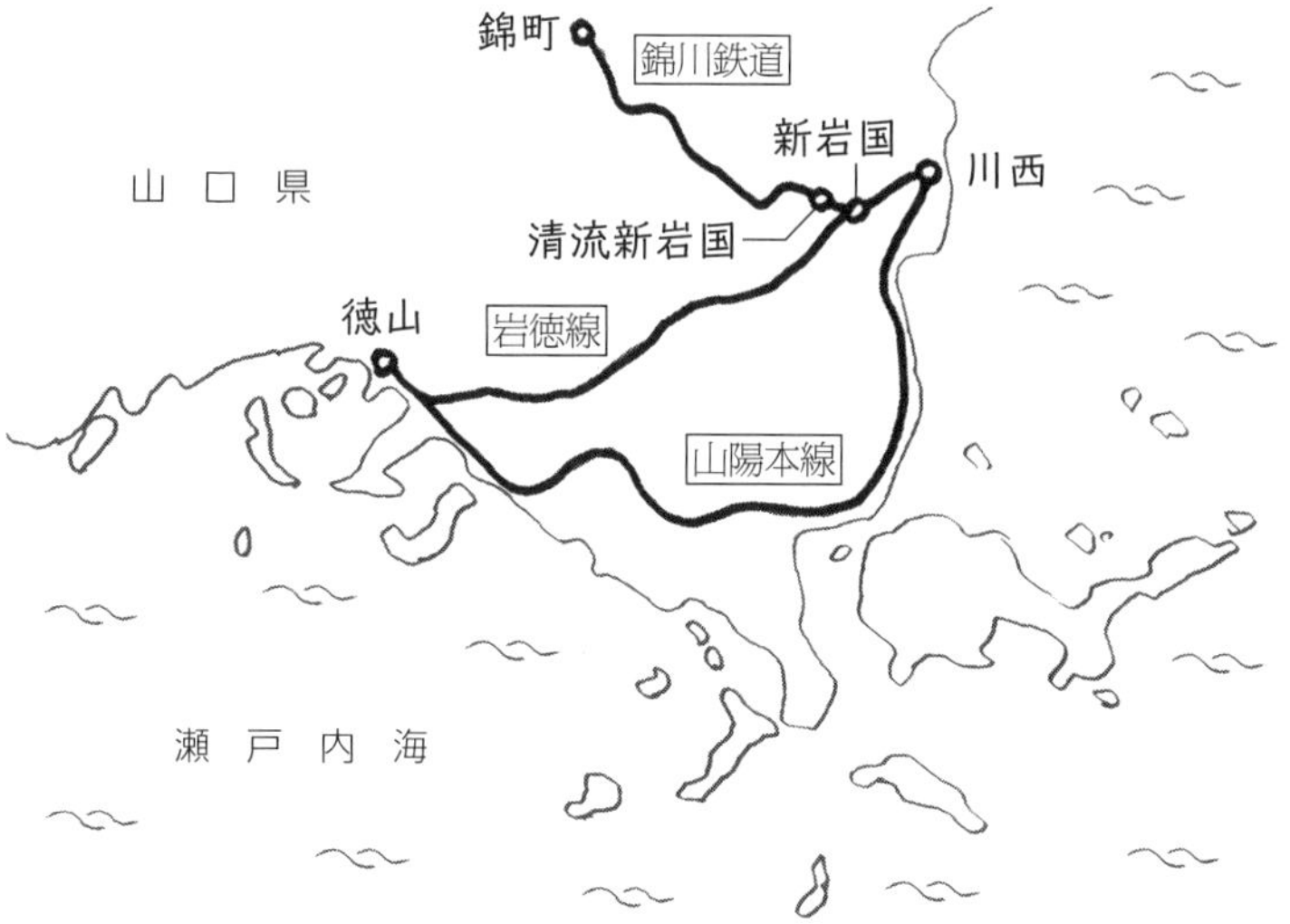

が楽しめます。鉄道は錦川の西側斜面の高台を走るので、東側の風景がいいのですが、反対側の西側にも、斜面を流れくだる滝（清流の滝、かじかの滝）がいくつかあって、そのたびにアナウンスが入ります。この滝のところではとくにゆっくりと走るので、写真を撮ることができます。

なお、南桑《なぐわ》駅と根笠《ねかさ》駅の間にも滝があり、そこに清流みはらし駅が開業予定でした。すでにホームの土台ができているのですが、この駅に至る道路などは見当たらないので、鉄道でしか行けない秘境駅になるようです（二〇一八年七月の豪雨災害のため翌年三月十九日に開業記念式典を実施）。

終点の錦町駅には約五〇分で到着。駅を降りたところに観光案内所を兼ねた駅の事務所があり、そこで、〝とことこトレイン〟の予約ができます。〝とことこトレイン〟は錦町駅から雙津峡《そうづきょう》温泉駅までの六キロを走る、トロッコ遊覧車です。テントウムシを模したデザインの電気自動車が二両のトロッコ車両をけん引して、鉄道跡地を走ります。実際に乗ってみると、路面が荒れていて上下動が激しく、乗り心地はお世辞にもよいとは言えません。でも、逆にトロッコ感がよくでているとも言えます。途中で止まりながら、六キロを四〇分かけて走りますが、これ以上のスピードアップは無理かもしれません。線路の上を走る鉄道の快適さを再認識しました。

さて、とことこトレインは、錦町の駅を出るとすぐにトンネルに入り、しばらく行ったところで止まります。ここで灯りが落ちて漆黒の闇のなかに蛍光色の壁画が浮かびあがります。「きらら夢トンネル」といわれています。ブラックライトの照射で六色（赤、青、黄、緑、白、桃）の蛍光を発する石が、トンネルの壁にちりばめられていて、六〇〇メートルにわたってトンネルの上下左右に描かれた、さまざまな絵が光り輝く幻想的な世界を、楽しむことができます。トンネル内の二か所で停車するので、降りて写真撮影もできます。

トンネルを抜けるとすぐに川を渡り、短いトンネルをいくつかくぐると、終点の雙津峡温泉駅。温泉宿があるので、宿泊できます。私は鉄道にしか興味がないので、一〇分ほどで折り返す〝とことこトレイン〟で錦町駅に戻り、錦川鉄道にふたたび乗車しました。錦川鉄道の南側の終点は、行きに乗車した清流新岩国駅のひとつ先にある、ＪＲ岩徳線《がんとくせん》との乗換駅である川西駅。ここからは歩いて一五分ほどで有名な錦帯橋《きんたいきょう》があります。

錦帯橋には以前、行ったことがありましたので、今回は、川西駅で下車せずに、さらに車両が乗り入れているＪＲ岩徳線で、ふた駅先のＪＲ岩国駅まで行き、行きは瀬戸内海沿いを走る山陽本線、帰りは内陸を走る岩徳線を利用して、徳山駅まで行って帰ってくることにしました。こうすれば、違う路線に乗れるうえに、海と山の両方の車窓風景が楽しめるんです。

海沿いを走るＪＲ**山陽本線**は、瀬戸内海の島々が車窓から見える景色のよい路線。とくに、岩国駅をでてしばらくしたところから、柳井港駅までは海の際を走るので、車窓風景が楽しめます。徳山駅までは七〇分ほど。岩国駅と徳山駅の間は、山陽本線（六八・八キロ）を経由しても、短い岩徳線（四七・一キロ）を経由したものとみなす、特例運賃制度があるので、どちらでも九七〇円（当時のもの）です。

帰りの**岩徳線**は距離が短いのですが、一〇分余計にかかりました。山陽本線は電化されていて、平坦な海沿いを電車が走るのに対して、岩徳線は内陸の丘陵地帯を越えるディーゼル車両であることも原因でしょう。ゆっくり走る分、里山の風景も結構楽しめます。往復三時間弱の小旅行になりました。

岩国市には、米軍と航空自衛隊の基地があり、隣接して岩国錦帯橋空港があります。バスも飛行機の時刻に合わせて岩国駅から出ていますが、岩国駅から空港までは歩いて四〇分ほど。川を渡り、ぶらぶらと散策しながら空港に向かい、最終便で東京に帰りました。

（二〇一八年六月放送）

埼玉県川越市の小江戸へ
――西武新宿線、川越線、東武東上線

埼玉県の川越市に行ってきました。川越市は、江戸から上州に抜ける川越街道に沿って古い町並みが残る、首都圏では日帰りの観光地として人気のスポットです。江戸の風情が残っていることから小さな江戸、小江戸と言われています。

東京から川越へは、鉄道の路線が三つ乗り入れています。まずもっとも西側を走るのが、新宿駅を起点とする西武新宿線で、本川越駅まで乗り入れています。一方、もっとも東側を走るのが、JR東北本線の大宮駅を起点とするJR川越線です。そして二つの路線の真ん中、川越街道に沿って、池袋駅を起点とする東武東上線が通っています。JR川越線と東武東上線は、川越駅で乗り換えられますが、西武新宿線の本川越駅は、徒歩一〇分ほど北西に離れたところにあります。人気の観光スポットには、本川越駅のほうが近いようです。

今回は、西武新宿線に乗って本川越駅まで行って観光したあと、川越駅から都心に出るのにもっとも時間がかからない東武東上線で池袋駅まで戻る予定をたてました。

西武新宿線の起点、西武新宿駅は、JRの新宿駅から少し北に離れたところにあります。そこか

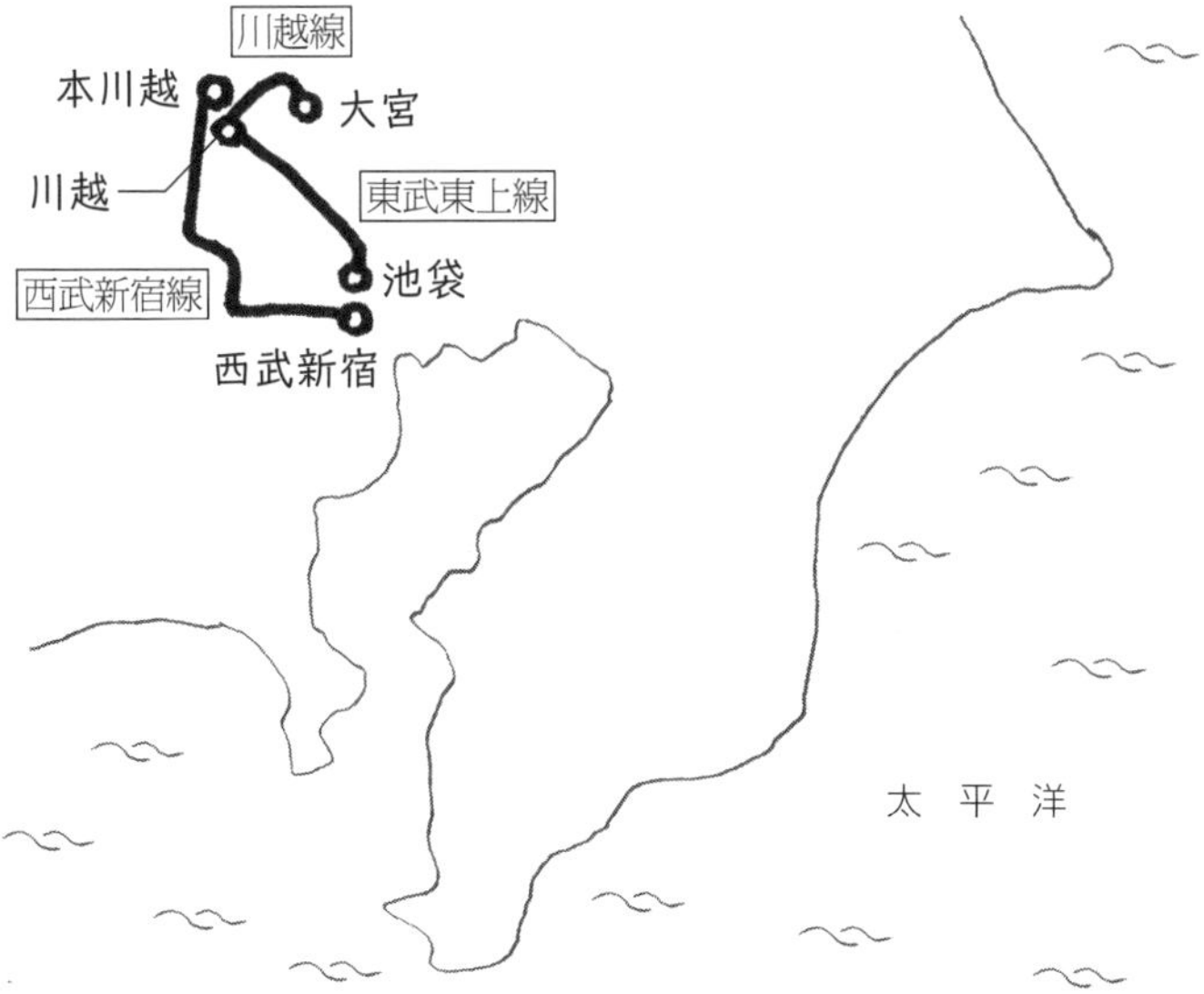

ら三〇分おきに、本川越駅行き特急レッドアロー号、小江戸が出ています。所要時間は五〇分。リクライニングシートで全席指定の快適な車両ですが、今回は特急料金を倹約して急行列車を使いました。あいにく、本川越駅行きの急行が出たばかり。そこで、拝島駅行きの急行に乗り、拝島線との分岐駅小平駅と、埼玉県の新所沢駅で普通列車を乗り継いで行ったのですが、いずれの駅も向かい側のホームに乗り継ぎ列車が待機していました。乗り継ぎが思いのほかスムースで、本川越駅に一時間ちょっとで着きました。

西武新宿線が走る、東京都西部の多摩地区は、沿線の宅地開発がすすみ、どこまで行っても家並みが途切れません。同じく多摩地区を走るほかの路線、ＪＲ中央線、京王線、小田急線とくらべると、西武新宿線は地下や高架の区間が少なく、町なかを進む印象でした（踏切も多いことになります）。埼玉県に入る所沢駅あたりから、緑が増える印象はありますが、それでも家並みが終点の本川越駅までほぼつづいていました。

本川越駅に着いて、駅周辺の地図を見ると、東武東上線の川越市駅が徒歩五分ほどのところにあります。観光もいいのですが、せっかくなので川越市駅まで歩き、そこから川越駅までひと駅ですが、乗りました。まあ、川越駅まで歩いたほうがよかったですね。

川越駅は、ＪＲ川越線との乗換駅で、本川越駅よりも人が多く、駅前からはバスもたくさん出ていました。観光して、東武東上線で帰ったのでは、ＪＲ川越線がせっかくそこにあるのに、乗らないことになってしまいます。大宮駅まで片道約二〇分ですので、食事がてら、往復することにしました。

ＪＲ**川越線**は、ほかの路線とくらべて緑の多い田園地帯を走ります。視野がひらけていて、車窓風景は一番楽しめました。ただし、川越―大宮間は単線区間なので、行き違い列車待ちがあります。東北、上越、北陸の新幹線、東北本線と高崎線が分岐する大宮駅は、埼玉県最大のターミナル駅。その手前にある、ものすごい数の線路が並行して走るなかほどに合流したところで、右側に鉄道博物館が見えてきました。二〇一八年七月に新館がオープンし、本館もリニューアルしました。川越線の車窓からは、鉄道博物館の構内を走る鉄道〝てっぱくライン〟と〝ミニ運転列車〟が見えます。鉄道博物館を過ぎると地下に潜り、大宮駅に到着。遅い昼食をとったあと、川越に戻りました。川越駅周辺を散策したのち、**東武東上線**で、池袋駅に向かいました。

東上線の「上」は、上州の「上」だそうで、川越街道から児玉街道に沿って群馬県まで延ばす予定だったそうですが、現在は埼玉県の北部にある秩父鉄道線との乗換駅である寄居《よりい》駅までです。池袋駅までは急行で三〇分。途中駅の和光駅からは、東京メトロの有楽町線に乗り換えて都心に向かうこともできますが、地下に入ってしまいます。沿線は完全に宅地化されていて、家並みがつづく、通勤・通学が中心の路線です。川越から通う研究室の学生によると、都心に出るときは、東上線を使い、ＪＲ川越線は新幹線を利用するときや埼玉アリーナでのイベントの際に使い、西武線は時間がかかるので、近くの施設に行くときに使うそうです。

川越は、東京近郊では珍しく三つの路線が都心と結んでいます。小江戸と呼ばれるだけあって、落ち着いた街並みを観光するのもいいですが、往復に違う路線が使えますので（そういう趣味があればですが……）、週末の鉄道旅行に訪れてみてはいかがでしょうか。

（二〇一八年七月放送）

東京から太平洋側を北上
――常磐線

二〇一八年、JR東日本の常磐線に乗ってきました。常磐線は、東京から北東に向かう路線で、千葉県の北部から茨城県を縦断し、福島県の太平洋側を北上します。二〇一一年の東日本大震災の津波によって線路が寸断されただけではなく、福島の原子力発電所の事故によって放出された放射能の影響で、行った年は代行バスが走る不通区間が残っていました（現在は全線開通）。

まず上野駅から特急ひたち号で福島県のいわき駅まで乗車。ちなみに、沿線である東京都のはずれに位置する金町駅付近で、私の所属する理科大の葛飾キャンパスが見えます。千葉県を抜けるまでは、街並みがずっとつづきますが、茨城県に入ると少しずつ、田園風景が増えてきます。牛久《うしく》駅の手前で左側に牛久沼、そして土浦駅付近で右側に日本第二の面積をもつ湖、霞ヶ浦《かすみがうら》が見えます。日本三名園のひとつ、偕楽園《かいらくえん》が左手に、右側には千波湖《せんばこ》が見えたら、間もなく茨城県庁のある水戸駅に到着します。ご参考に沼、浦、湖と違う呼称になっていますが、湖は霞ヶ浦だけで、ほかの二つは水深が五メートル以下なので、沼だそうです。

ひたちなか海浜鉄道湊線との乗換駅の勝田駅を過ぎると、田園風景のなか、太平洋に徐々に近づ

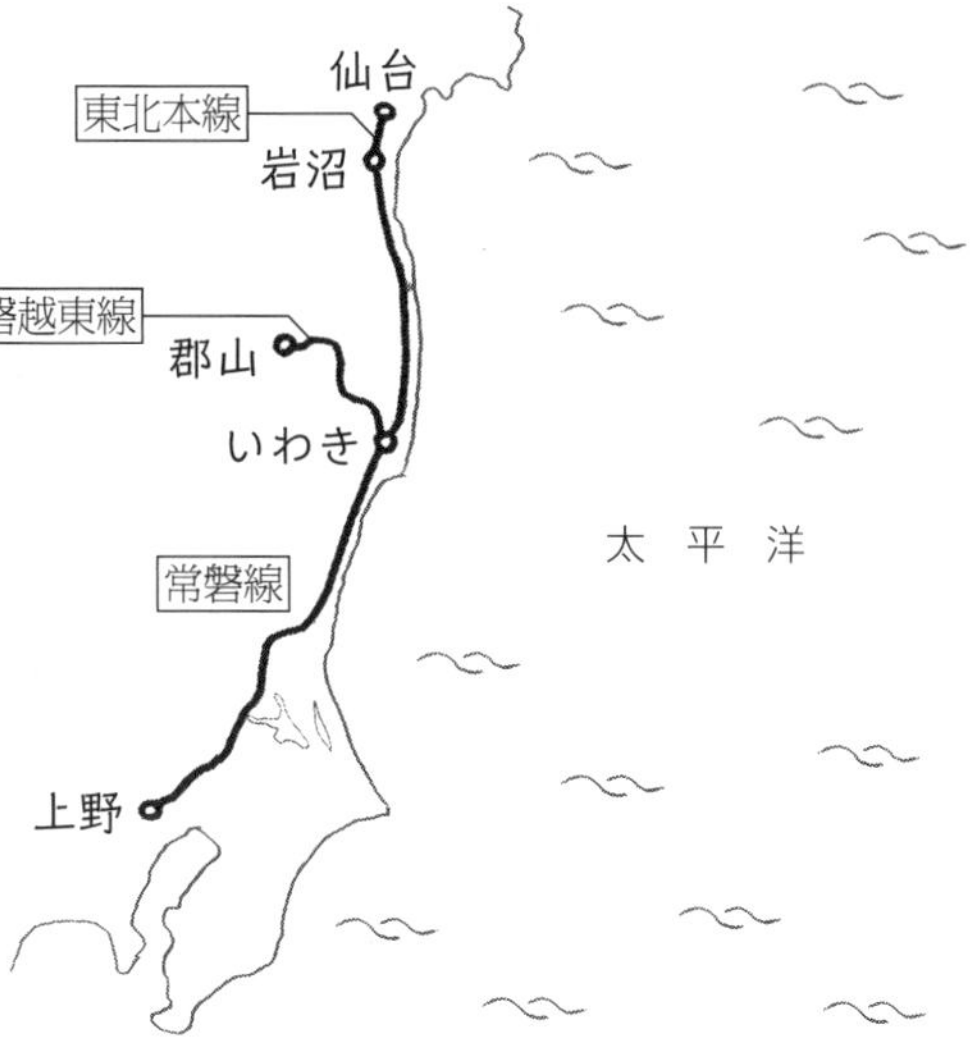

いていきます。日立駅あたりから遠くに太平洋が見えるようになり、大津港駅を過ぎて福島県に入ると、すぐに東北への関所である勿《な》来《こそ》の関のある勿来。海水浴場の勿来海岸の際を走ったあと、いわき駅に到着。上野駅から二時間二〇分かかりました。いわき駅からは、内陸の郡山に向かう磐越東線《ばんえつとう》が分岐しています（阿武隈洞や夏井の千本桜など見どころの多い路線です）。

今回は四分の待ち合わせで発車する列車で、常磐線の富岡駅に向かいました。いわき駅から富岡駅までの区間は、広野《ひろの》の巨大な火力発電所の煙突や太平洋が見え隠れします。その風景が一変するのは、竜田《たった》駅を過ぎたあたりから。おびただしい数の、黒いビニールの覆いがかぶせられた、放射能に汚染された土の入った巨大な土嚢《どのう》が、見えてきます。いわき駅から四〇分で富岡駅に到着。

ご参考に、除染が進んだ結果、二〇一六年から復旧に向けた工事を開始して、常磐線の北側は二〇一七年の四月に浪江駅まで、そして十月に南側も富岡駅まで開通しました。放射線量が高い帰還困難区域でしたが、代行バスが下り六便と上り五便、運行され、浪江駅まで三〇分で行くことができました。ここから先、浪江駅までの二〇キロ余りの区間が、放射能が高い帰還困難区域となっていて、鉄道は通っていませんでしたが、二〇二〇年三月全線開通。なお、代行バス区間は環境基準（一ミリシーベルト／年）よりも数倍高い空間放射線量ですが、三〇分で被ばくする放射線量は、胸部X線診断で被ばくする放射線量（〇・六ミリシーベルト）の一〇〇〇分の一程度ですので、心配はいりません（X線CTでは、一回の診断で平均一〇ミリシーベルト被ばくしますので、環境基準に照らすと一〇年分を被ばくすることになります。なお、放射線業務従事者は、五年間で一〇〇ミリシーベルトで五〇ミリシーベルト／年が被ばく線量の規制値になっています）。

当時の代行バスの車窓から見える風景は異様でした。国道六号線を走りますが、道路わきは柵が設置されていて、帰還困難区域には入れないようになっています。沿道に建屋がいくつもありますが、いずれも人の気配はなく、繁茂する草木に覆われているんです。一方、国道は結構交通量が多く、とくに工事車両でしょうか、大型トラックがひっきりなしに走っていました。巡回のパトカーや小型自動車も走っています。ゴーストタウンのように、ひっそり静まり返っているのではなく、むしろ喧騒のなかにある印象です。時おり信号機の上などに空間放射線量の数字が表示されていますが、やはり環境基準よりは数倍高い値でした。

浪江町に入ると真新しい家が立ち並ぶ一角があり、普通の町並みでした。浪江駅からは、一〇分ほどの連絡で、南相馬市の中心である原ノ町駅行きの列車に乗車。田園風景が広がります。さらに連絡する列車で、常磐線の終点、岩沼駅を経由して東北本線に入り、仙台駅に浪江駅から一時間四〇分で到着しました。

上野から仙台までは新幹線に乗れば、たったの一時間半ですが、このときは、六時間二〇分かかりました。困難な復旧作業の現場を見ることができ、鉄ちゃんにとっては内容の濃い鉄道の旅になりました。

（二〇一八年八月放送）

仙台から山形へ

――仙山線、左沢線、山形鉄道

仙台から山形県をまわってきました。二〇一八年は、かかわる分野の学会すべて、国際会議一つ、国内学会三つが仙台での開催でした。

宮城県の仙台駅から山形駅までは、JR東日本の仙山《せんざん》線で快速列車でも七〇分かかります。電化されていますが、単線なので行き違い列車との待ち合わせがあり、これ以上速くするのは難しそうです。なお、仙山線は日本で初めて交流電化された路線です（二〇一八年は交流電化五〇周年を迎えました）。仙台―山形間には高速バス路線があり、こちらも所要時間が七〇分。競合していることがわかります（仙山線経由だと一一四〇円かかるのに、バスだと九三〇円。当時の料金）。山形出身の学生に聞くと、運行本数も多いので、JRの駅沿線から乗車する場合や、途中駅で下車する場合以外は、バスを利用することが多いそうです。

仙山線の仙台駅から愛子《あやし》駅までは仙台近郊の住宅地がつづきますが、愛子駅を過ぎて山寺《やまでら》駅までは、川沿いに山のなかを走るので、美しい車窓風景が楽しめます。とくに作並駅から山寺駅にかけては、高台を走り、川を挟んだ対岸の山々がきれいに見えます。紅葉の季節だともっときれいでしょう。

山寺駅を過ぎると、山形の広い平野部に出て、羽前千歳《うぜんちとせ》駅で奥羽本線と合流。ここまでが仙山線の区間です。その次の北山形駅で下車して、ＪＲ東日本の**左沢《あてらざわ》線**に乗り換えました。

左沢線の愛称は〝フルーツライン左沢〟。各駅には、少し色あせていますが、フルーツをかたどった駅名標があります。北山形駅から北西に向かって走る左沢線の、沿線の風景は田んぼが中心。山形県はコメどころでもあります。遠景には、広い平野を囲むように山々がそびえ、秋には紅葉します。左沢線は平野部から西に向きを変え、山の際までくると終点の左沢。所要時間は四〇分です。ところどころ、果樹園が見えますが、残念ながら旅したこの年の八月には、フルーツらしきものは見あたりませんでした。これからは梨やリンゴが熟すでしょう。山形の有名なサクランボは、六月ごろが旬です。

山形県には、ＪＲ以外の鉄道がひとつあります。それが、**山形鉄道**の〝フラワー長井〟線です。こちらは、山形駅から奥羽本線で南に三〇分のところにある赤湯駅が起点。フラワー長井線は、ここからいったん西へ向かったあと、ＪＲ米坂線との乗換駅、今泉駅を過ぎたあたりから最上川に沿って北上し、約一時間で終点の荒砥《あらと》駅までを結んでいます。

沿線には花の名所が多いのですが、旅した八月にはほとんど咲いていません。花から実へと変わる季節でしょう。のどかな田園風景の真っただ中を走る路線ですが、車両には、名古屋からの団体客が乗車していて、とてもにぎやかな雰囲気。山形鉄道の社員さんが沿線のガイドをしていましたので、ちゃっかり便乗しました。紅葉の季節や雪の季節がとくに美しいとのことでした。とても話が面白く、話のなかで「経営が厳しい（たぶん自虐ネタ）ので、助けるつもりで、グッズを買ってほしい」とのことでしたので、ガイド料のつもりでひとつ購入。沿線の宮内駅にいる、うさぎ駅長「モッチィ」のタオルと絵葉書のセットで千円でした。フラワー長井線の沿線には白兎駅《しろうさぎ》があるので、あやかってうさぎ駅長を置いているそうです（時間がなかったので、見にはいっていません）。

仙台から山形の鉄道の旅のもうひとつの楽しみが、駅弁です。コメどころですし、山形にはエース級の米沢牛の弁当がたくさんあります。いずれもとてもおいしいので、強くお勧めします。牛肉の味が格別です。仙台にも、牛タンや仙台牛のほか、三陸の海産物を使った、カキめしやウニ飯の弁当があって、どれも個性的でおいしいですね。朝、仙台駅に寄って、弁当を購入して、学会場で食べる朝食と昼食にしました。米沢牛の牛肉弁当三種、牛タン＋仙台牛のステーキ弁当二種、カキめし、ウニ飯の弁当を食べました。米沢牛のカルビ焼肉弁当と仙台のカキめしは絶品でした。

東北の秋は、食べ物がおいしいですし、車窓から見える里や山々が紅葉した風景は絶景です。車両のなかで座って駅弁をほおばりながら、車窓風景を眺める旅は格別です。ぜひお出かけください。

（二〇一八年九月放送）

山口津和野SLの旅

——山陰本線

JR西日本の山陰本線とSL山口号に乗車してきました。二〇一九年六月初めの週末に予定されていた出張が取りやめになったため、ぽっかりと予定が空きました。久しぶりに山陰本線をのんびり旅することにしました。中国地方の日本海側を走る、JR西日本の山陰本線は、日本海の際《きわ》を走る区間が多く、海の風景が楽しめる路線です。なかでも本州の西の端に位置する山口県。その日本海側の車窓風景は、入り江や島がたくさんあって、とくにお勧めです。海に浮かぶ島の風景といえば、瀬戸内海が思い浮かびますが、このあたりの日本海の風景は、似たところがあります。

羽田発の午前便で萩・石見《いわみ》空港に降り立ち、島根県の益田駅に出て山陰本線に乗って、山口県の下関に向かいました。萩・石見空港には12時15分着。空港バスでJR西日本の益田駅には13時ごろの到着。そして益田駅発13時28分長門市駅行きのJR西日本の山陰本線で下関に向かいましたが、この列車を逃すと、次は17時47分発。四時間以上待つことになるうえ、途中で日が暮れてしまいます。本線ですが、一日八往復しか走っていない路線です。

山陰本線で西に向かい、七五分で萩駅に到着。観光地としても有名な萩までの間は平野部が狭く、海の際を走る区間がとても多いのです。とくに萩駅の近くは、島が点在して見える景色のいい区間です。さらに三五分で終点の長門市駅に到着。ここでは、ひと駅だけの山陰本線の支線で仙崎駅に行くこともできますし、山口県の内陸部を南下する美祢《みね》線に乗り換えることもできます。ですが、今回は海にこだわって、さらに山陰本線の小串《こぐし》駅行きの列車に乗り換えて西に向かいました。

小串駅までの七五分は、西にひらけた海岸線を南下するため、夕日がきれいな区間。点在する島が浮かぶ風景に西日が重なると海が輝いて見えて格別です。このときは夏至《げし》も近く、まだ日が高かったので、残念ながらそのきらめく風景は見られませんでした。学生のころに旅したなかで、目にした車窓風景では、私のなかでトップ3のひとつとして、記憶に残っています。ちなみに、その三つは、ここ山陰本線の夕日のほか、冬の五能《ごのう》線、そして大糸《おおいと》線の朝日です。

小串駅から下関までは、町なかを走るためか、運行本数も増え、また車内の乗客も増えます。JR線の本州最西端の駅、梅ケ峠《うめがとう》駅を過ぎ、吉見駅を過ぎてしばらく海の際を走ったあと、関門海峡の本州側の街、下関に四五分で到着。時間はすでに一七時をまわっていました。

ここからは関門トンネルを経由して、鉄道で九州に渡れます。じつはこのあと、下関駅17時35分発山陽本線で厚狭《あさ》駅に行き、18時13分発美祢線に乗り換えて、長門市駅に19時15分に戻って一泊。翌日早朝、仙崎駅まで山陰本線の支線に乗りに行き、折り返して美祢線経由で厚狭駅に9時01分着。山陽本線に乗り換えて、新山口駅に9時57分着で行き、SL山口号の発車時刻、10時50分に間に合わせましたが、放送ではこれは省略。どうしても美祢線と支線にも乗りたかったからですが、

ワイルド過ぎますよね。まあ、乗り鉄の生態はこんなもんですが。

話をもとに戻します。山口県内で一泊し、翌日は、新山口駅からでるSL山口号に乗車しました。SL山口号は、毎週末の土曜日と日曜日に、山陽本線の新幹線停車駅である、新山口駅を10時50分に出発し、島根県の津和野駅まで二時間と少しかけて運行していま す。発車まで少し時間があったので、となりのホームに行ったり、車両の前後を行ったり来たりしながら、写真を撮りまくりました。汽笛の響きのあと、乗車した列車は、津和野駅に向けて発車。

県庁所在地の山口市までは町なかを走りますが、山口駅を過ぎてしばらくすると、トンネルをいくつか経由して山のなかを走るようになります。SLは石炭を燃やして走りますので、トンネルに入るときには窓を確実に閉める必要があります。でも漏れてくる煙の臭《にお》いがいいんですよね。対向する列車との行き違いのため、停車時間が長い駅もありますが、一時間半ほどして停車する地福《じふく》駅では一〇分以上停車するので、写真撮影などでホームに人があふれかえります。SLでの旅では、乗車していてもSLが見えませんので、汽笛や車輪の独特の音を楽しむことになります。

平成の大合併で、山口市は大きく拡大したため、島根県との県境までSL山口号はずっと山口市内を走ります。県境のトンネルを抜けると終点の津和野駅に到着。駅で弁当を買って、すぐに線路沿いに北上し、ベンチが設置された広場に向かいましょう。ここからは、転車台が間近に見え、いま乗ってきたSLが方向を変えて車庫に収まり、水を補給するのをつぶさに観察できます。15時45分に上り列車となって、新山口駅までの帰途につくまで、SL山口号はここでしばし休憩をとることになります。津和野の街を散策したあと、ふたたびSLで新山口駅に戻って新幹線に乗ってもいいですし、さらにJR山口線で北上して、終点の益田駅から萩・石見空港に行き、羽田空港に戻る便にも間に合います。

強行軍になりますが、風景が楽しめる旅ですので、参考にしていただければと思います。

（二〇一九年七月放送）

日帰り富山地方鉄道市内線

――富山港線と市内電車接続

新型コロナウイルスの感染拡大による、東京都からの都県境を越えた移動制限が解除された二〇二〇年六月末、かねてから乗りたかった富山県の富山地方鉄道市内線に乗車してきました。コロナ禍のさなかの三月二十一日、富山地方鉄道では、富山駅の北側を走る富山港線と南部を走る市内電車が富山駅構内で接続され、南北直通運転を開始していました。この新たに設置された線路に乗車しに行った次第。

鉄ちゃんなので、このわずかな部分でも乗車せずにはいられないんです。ちなみに、二〇一九年三月末に横浜シーサイドラインの終点、金沢八景駅が一五〇メートルほど延長されて、京浜急行の金沢八景駅と直結。乗り換えがとても便利になったのですが、その一五〇メートルも気になったのでわざわざ乗りに行きました。

富山駅に午後三時ごろに着き、まず、富山地方鉄道市内線の富山港線に乗車して、北に向かいました。富山駅構内の一階にあるホームから、新たに設置された線路が北に延びています。南側から来た三両連結の新型車両がそのまま、北に向かって進んでいきます。富山市のビジネス街や繁華街は、富山駅の南側にありますが、北側の地域と乗り換えなしで、行き来できるようになったことがわかります。路面電車らしく、一般道を少し走ったあと、専用軌道に入り、ほぼまっすぐ北上します。住宅が切れ目なくつづくなか、沿線にところどころ植えられたアジサイが鮮やかな青や紫に咲き誇っているのが、印象的でした。単線の線路上を約三〇分走り、終点の岩瀬浜駅に到着。

岩瀬浜駅からは、明治期に建てられた廻船問屋の古い町並みが残る岩瀬の町まで一五分ほど歩きました。北前船《きたまえぶね》の寄港地として繁栄した往時をしのぶことができます。太平洋側に住んでいると、北側に海があるという感覚がなかなか受け入れられません。なお、富山港は、隣接する伏木《ふしき》地区、新港地区の港と合わせ、ロシアとの貿易は日本一多いそうですので、現在も頑張っている港湾施設です。二〇一一年には国際拠点港湾となり、日本海側の「総合的拠点港」などに指定されています。

また、富山港の近くには無料で見学できる富山港展望台もあります。こちらは二五メートルほどの高さしかありませんが、登ると眼下に富山港が見え、東側には立山連峰の峰々、北側には海の向こうに能登半島まで一望できるので、お勧めの観光スポットです。

岩瀬の町の近くには、岩瀬浜駅のふたつ富山駅寄りの東岩瀬駅があるので、そちらから富山港線にふたたび乗車して、今度は南側の終点、南富山駅に向かいました。富山駅を通り過ぎて、富山駅前を左に曲がり、富山地方鉄道本線の富山駅の前を通り、少し行ったところを右折して富山市内の市街地を南下。切れ目なく街並みがつづくなか、富山駅から約二〇分で富山地方鉄道本線との乗換駅、南富山駅前に到着。市内線の運賃は均一料金で、東岩瀬から南富山駅まで乗車しても二一〇円でした。すぐに折り返す、富山大学前行きの車両に乗って終点まで乗車。

富山地方鉄道の市内線は四路線。富山駅構内の富山駅を中心に、北に向かう富山港線、南に向かう南富山駅行き、南西に向かう富山大学前行き、そして中心部を巡る環状線があります。富山大学前行きの車両は一度、富山駅まで戻り富山駅構内に車両が入ったあと、向きを変えて富山大学前駅に向かいます。南富山駅から富山大学までの乗車も二一〇円。折り返しの車両でふたたび富山駅に戻り、もうひとつの路線、環状線に乗車して富山市内を一周して富山駅に戻りました。

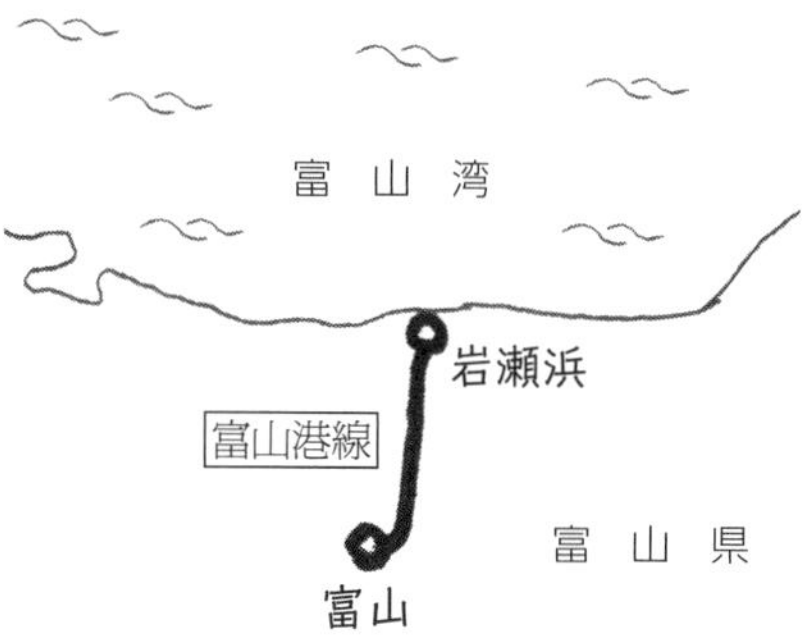

なお、マスのすしや甘味《かんみ》をセットにしたお得な一日乗車券もあるので、時間に余裕があれば、こちらを使うともっと楽しめそうです。食事クーポン二枚付一〇〇〇円、五枚付一五〇〇円。

これで市内線は全線完乗！　この間、岩瀬の街を歩いた以外は、ほぼ乗り詰めです。久しぶりに鉄道の旅を満喫しました。夏至のころで、最後まで明るかったのは幸いでした。帰りの新幹線の時間（19時37分）も迫りましたので、駅で富山湾名物白エビのかき揚げ丼をかきこみ、土産のマスずしを買い込んで、北陸新幹線のかがやき五一六号で東京に戻りました。

コロナ禍が、早期に終息してくれることを祈るばかりです。

（二〇二〇年七月放送）

東京北部の新交通システム
——日暮里・舎人ライナー

コロナ禍の感染拡大でふたたび東京都民の他県への移動が自粛となりました。そこで、東京から出ない路線として、新交通システムの日暮里《にっぽり》・舎人《とねり》ライナーに乗ってきました。

ちなみに「日暮里」も「舎人」も東京の難読地名の代表格。「にっぽり」は、日暮れ里と書きますが、もともとは新しい堀と書いて「にっぽり」だったのに、日が暮れるまでいたい里なので、「日暮里」の漢字をあてたそうです。高台で見晴らしがよく、遠く富士山もよく見えていましたが、いまは間にマンションが建って見えません。「とねり」は、駅舎の舎の字に人と書き、皇族や貴族の警備などに当たる役職を指します。地名自体は、むかしからこう呼ばれていたようで、たぶん、利根川が流れていたからだろうという説があるそうです。徳川幕府が川の付け替えをおこなったため、現在の利根川は遠く離れています。

東京の環状線、JR山手線の日暮里駅は、上野駅のふた駅北にあり、成田空港に行く京成スカイライナーの乗換駅として、外国人も多く利用する駅です。日暮里・舎人ライナーはここからまっすぐ北上し、埼玉県との県境の見沼代親水公園《みぬまだいしんすいこうえん》駅までの九・七キロを東京都交通局が運行していま

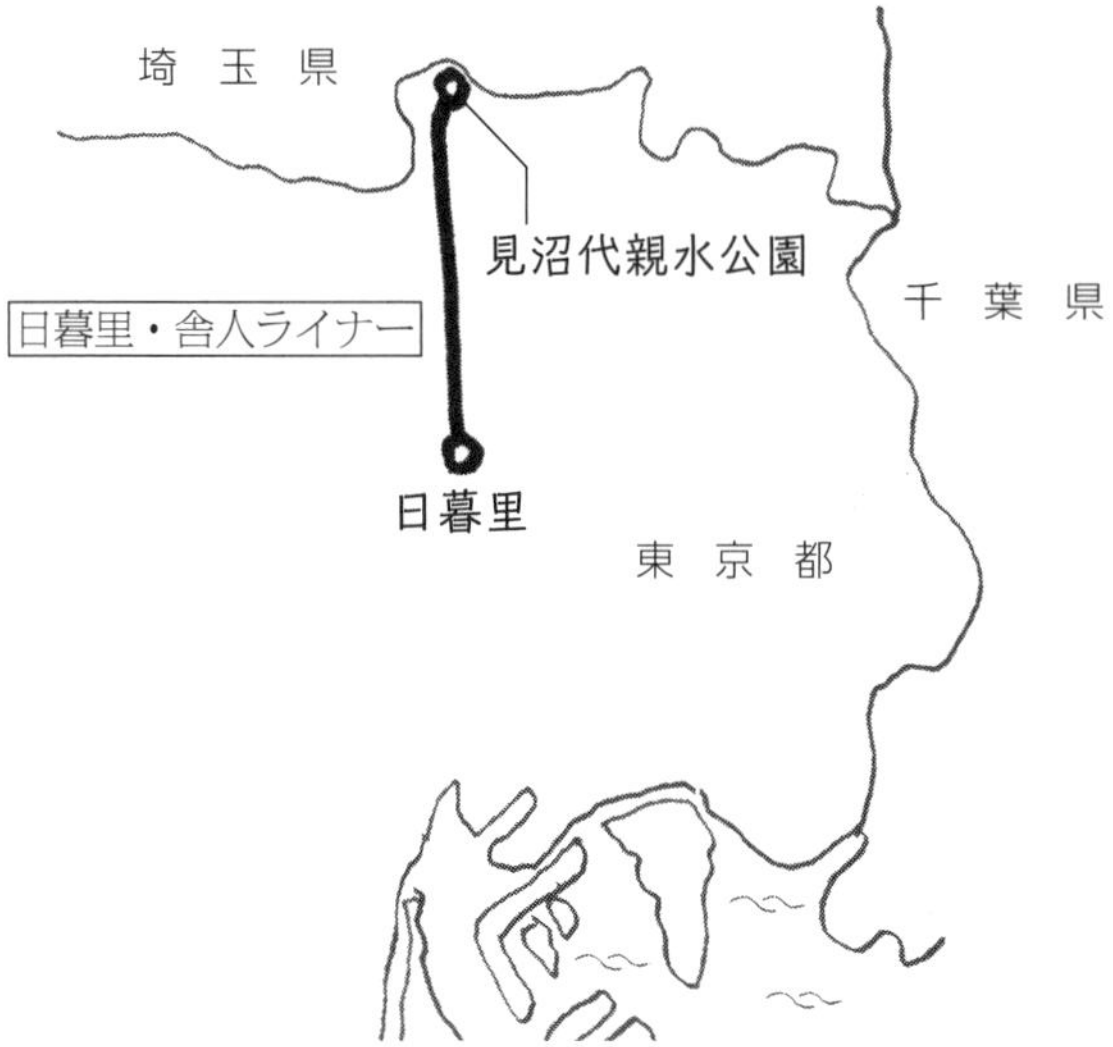

す。新交通システムなので、線路はなくタイヤで走る五両編成の車両が高架の専用軌道を無人で運行しています。短い路線ですが、ずっと高架を走るので、とにかく車窓から見える景色が素晴らしい路線です。

　日暮里駅の東側、ビル三階に相当する高さから日暮里・舎人ライナーは発車します。地下鉄千代田線との乗換駅の西日暮里駅まで山手線とほぼ並行して走ったあと、都電荒川線との乗換駅である、三駅目の熊野前《くまのまえ》駅までは、高いビルの間をかすめるように進みます。この後、隅田川を渡ると、周囲の景色が見渡せるようになって、足立小台《あだちおだい》駅。さらに大河である荒川を渡って扇大橋《おうぎおおはし》駅。ここは高速道路の高架のさらに上を通るため、眼下に荒川や隅田川、東後方には東京スカイツリー、東前方に筑波山、そして西には秩父連山が遠くに見えます。晴れていれば富士山もよく見えるそうですが、残念ながら少しかすんでいて、見ることはできませんでした。

なお、荒川区と足立区の区界は隅田川なので、荒川区は荒川に接していません。これは、少し上流の岩淵にある水門で、荒川から隅田川が分岐した後、このあたりでは荒川と隅田川がほぼ並行して流れているため。このあたりの隅田川をむかしは荒川と呼んでいたためだそうです。

沿線にはいくつもマンションが建っていますが、舎人公園駅のわきに、造成中の広大な舎人公園が眼下に見えたら、ふた駅で終点の見沼代親水公園駅に到着。乗車時間は二〇分です。九・七キロの間に一三駅ありますので、駅間隔は短いですし、時速に換算すると三〇キロ弱なので、ゆっくりと車窓風景が楽しめました。

終点の見沼代親水公園駅には、一二〇〇年創建の舎人氷川神社があります。ぜひお参りしようと思い、日暮里・舎人ライナーの下を戻るように歩いたところ、一〇〇メートルくらいのところに舎人氷川神社の交差点があり、そこに小さな黄色い看板で入谷氷川神社まで五〇〇メートルの標識が立っていました。これが舎人氷川神社なのかと思い、歩いて行ったら、入谷氷川神社と記された石柱が立っていて参道がありました。ここは、古墳の上に小さなお社《やしろ》がある、珍しい神社でした。ここから、小川の流れる親水公園に出て、小川に沿って弧を描くように歩いて行くと見沼代親水公園駅に戻りました。

帰るときは、列車の最前列に座ることができました。無人の新交通システムですので、目の前がフロントガラスの特等席です。夕焼けの空を右に、そして左前方に東京スカイツリーを眺めながら、日暮里駅まで戻りました。

さて、問題はここからです。ネットで調べると、入谷氷川神社と舎人氷川神社はまったくの別ものでした。神社に対してリベンジというのも変ですが、とにかく再度、訪ねなければと思い、五日後に始発列車に乗って、見沼代親水公園駅に向かいました。朝日に輝く隅田川や荒川もきれいでしたが、驚いたのは運転席に乗務員がいたことです。おそらく始発列車なので機器や路線に問題がないか、目視で確認するためでしょう。

終点の見沼代親水公園駅から、前回と同様に舎人氷川神社の交差点まで行ってわかったのは、交差点のわずか手前に右後方に戻るように舎人氷川神社への参道があったことです。少し奥に立派な鳥居もたっているのですが、入谷氷川神社の黄色い看板に気を取られて後方に参道があることに気づかなかったんですね。うかつでした。舎人氷川神社のお社は入谷氷川神社よりも一〇倍くらい立派でした。また、境内が広く、いくつも祠《ほこら》が立っていました。

今回は、失敗をしましたが、結果的には朝焼けと夕焼けのなか、開けた車窓風景が楽しめましたし、二つの対照的な氷川神社にお参りすることができました。親水公園も小川が流れていて、散歩コースとしても楽しめましたので、ぜひ出かけられることをお勧めします。

もうひとつ、都内を走る路線である都電荒川線を紹介します（これなら東京を出ないので大丈夫ですから)。都電荒川線は、都内にあった路面電車が次々と地下鉄に転換されるなか、専用軌道部分が多かったため転換をまぬがれた路線です。東京の北部、荒川区、北区、豊島区、新宿区を円弧状に三分の一周ほど巡ります。

都電荒川線は〝さくらトラム〟の別名があって、沿線に桜の木が多く、バラの花も荒川区沿線を中心に大量に植えられていて、花の路線として有名です。しかし、今年はコロナ禍の影響で桜の季節も、バラの花の見ごろである五月中旬も、移動が制限されてしまいました。東側の起点、三ノ輪橋から荒川区を西に向かう区間は、すぐ近くを自動車が並走する路面電車らしい区間。駅の周辺には数十本のバラの木があり、そこからの沿線にもほぼ切れ目なくバラが植えられているのですが、さすがに八月ともなると、ほとんど咲いていませんでした。目立つ真っ赤なバラがいくつかありましたが、まったく楽しめませんでした。残念。

(二〇二〇年八月放送)

秋のまねき

ケーブルカーの話
――ラクテンチケーブルカー、馬路村のケーブルカー、竜飛斜坑線、関西電力のインクライン

前章でケーブルカーは首都圏や近畿圏の近郊に偏っているとお話ししました。確かに大都市からの日帰り観光に便利なところに多いのですが、もちろん、ほかにもケーブルカーはあります。高知県の馬路《うまじ》村には、水力を動力とするケーブルカーがありますし、富山県と長野県の県境にある立山黒部アルペンルートには、北アルプスの立山を挟んで、富山側に立山ケーブルカー、そして長野側に黒部ケーブルカーがあります。ケーブルカーは普通、運転手が車両ではなく、山の上にいます。車両に乗っているのは、車掌です。山の上に運転台があって、そこにいる運転手がケーブルカーの動きを見ながら、ケーブルを巻きあげるモーターを動かしています。じつは私は一度だけですが、運転台に登ったことがあります。

大分県の別府市の高台にラクテンチという遊園地があります。カタカナでラクテンチと書きます。市街地からその遊園地までを結ぶのが**ラクテンチケーブルカー**です。このケーブルカーに乗りに行ったのは、二〇一四年秋の学会前後の平日、それも午後三時過ぎでした。閉園時間が午後四時ですので、この時間から遊園地まで登る人などまずいません。しかも夏休みが終わったシーズンオ

フの平日の閉園間際です。遊園地にも客の姿はほとんどありません。山の上で所在なげにしていたら不憫に思ったのでしょう、近くにいた係員がケーブルカーの運転台を見学させてあげると言ってくれました。たぶん、「鉄道マニアです」と顔に書いてあったんだと思いますね。おかげで折り返しのケーブルカーが発車する時間まで、至福のときを過ごすことができました。見学させていただいた運転台やケーブルを巻きあげるモーターは、思ったよりもコンパクト。立たせてもらった運転台からは、眼下にケーブルカーとその行先のふもと駅、そして市街地までも、見渡すことができます。もちろん、運転はさせてもらえませんでしたが、とても楽しい経験でした。鉄ちゃんはいつも、少年ですから。

馬路村のケーブルカーは、インクラインと呼ばれています。インクラインとは産業用に傾斜地に設けられた鉄道のこと。馬路村のインクラインのように、山から切り出した木材の運搬に使われたり、神奈川県の宮ヶ瀬ダムにあるインクラインのように、ダムへの資材を運ぶために使われたりしました。

アルペンルートにあるケーブルカーも資材を運ぶための荷台が設置されていて、黒部ダムの建設資材の運搬に活用されました。このようにケーブルカーは高低差を一気に稼ぐことができるため、高いところへ資材を運搬するために設置されます。しかし、インクラインには、資材を高いところへ運ぶものだけではなく、低いところへ運ぶものもあります。青森県の竜飛《たっぴ》岬《みさき》にある青函《せいかん》トンネル記念館には、二〇一四年三月に廃止されたJR竜飛海底駅まで降りることができたケーブルカーがあります。**竜飛斜坑線**と呼ばれていて、地上にある「青函トンネル記念館」駅と海面から一四〇メートル下にある「体験坑道」駅までの七七八メートルを結んでいます。青函トンネル掘削時には、このインクラインが資材の運搬に活躍しました。JRの竜飛海底駅は廃止されましたが、ケーブルカーは現在も運行をつづけており、坑道を見学できます。このケーブルカーは単線で、終点まで地下を通り、すれ違う車両はありません。地上駅でケーブルを操作して車両を上下させています。

最後にあまり知られていないケーブルカーについて、お話ししましょう。立山黒部アルペンルートのなかほどにある、黒部ダム。東洋のスイスと称《たた》えられる見事な眺望が魅力ですが、そこには知る人ぞ知る、第三のケーブルカーへの入り口があります。発電所への資材運搬を目的に設置された**関西電力のインクライン**です。営業運転はしていませんが、関西電力が、毎年三〇回程度、三〇名限定の見学ツアーを開催しています。インターネットで「関西電力、黒部ルート見学会」で検索をすれば、応募方法を知ることができます。

この黒部ルート見学会は、さながら地底探検です。黒部ダムにある秘密の通路を抜けて、まず、トロリーバスに乗車。そこからインクライン、鉄道、エレベーター、トロッコ列車を乗り継いで、富山県の黒部峡谷鉄道欅平《けやきだいら》駅まで抜ける全長二〇キロにおよぶ見学ルートです。ちょうどこの逆ルートも募集していますが、逆ルートのほうが応募倍率は高いようです。黒部湖からのルートでは、10時30分に黒部湖に集合。まず地底をトロリーバスで四〇分。猛烈な湿気で前方に靄《もや》がかかったようななかを走ります。途中、剣岳《つるぎだけ》が見える展望台で休憩があります。終点で乗り換えるインクラインは地底から地底へと八一五メートルを約二〇分かけて降りていきます。終点は黒部川第四発電所。黒部ダムの通称、クロヨンダムの語源となった発電所ですし、その開発は、映画にもなったことで有名です。また、二〇〇二年の紅白歌合戦で、歌手の中島みゆきさんが「プロジェクトX」の主題歌、「地上の星」を歌ったトンネルや実際に滞在した部屋なども発電所とともに見学できます。発電所はさすがに巨大で、そのスケール感には圧倒されます。持参した昼食で小一時間過ごしたあと、専用の鉄道に乗り込みます。この鉄道は車高が低く、作りも作業員や資材の運搬を目的に作られたもののようです。六・五キロの区間の途中には、高架橋や、高熱隧道《ずいどう》という、トンネル全体が高温になっているところを通ります。よくこんなところに鉄道を通したな、と感心しますね。必要があったとはいえ、クロヨンダムのプロジェクトがいかに大変な事業だったかがよくわかります。この鉄道の終点ではエレベーターで降りて、欅平に向かうトロッコ列車に乗り換えて全行程四時間弱の見学会が終了します。

秋は紅葉がきれいな季節。ケーブルカー、そして鉄道に乗るのにうってつけの季節です。ぜひ楽しんでください。

(二〇一四年九月放送)

名瀑めぐり

――東武日光線、紀勢本線、水郡線

秋の長雨によって、大気中のちりが洗い流され、空気が澄む秋は、心を清めるにもよい機会です。ここでは秋にこそお勧めの旅として、滝めぐり、とくに日本三名瀑《めいばく》をめぐる鉄道の旅をご紹介しましょう。台風や秋の長雨によって水量が豊富となった滝は、いずれも立派な姿を見せてくれます。

まずは、栃木県日光の華厳《けごん》の滝。世界遺産の日光東照宮、いろは坂や戦場ヶ原の紅葉が有名ですが、日光は滝の多い場所としても知られています。華厳の滝は、中禅寺湖から約一〇〇メートルをまっすぐ落下するその姿の美しさから、日本三名瀑のひとつに数えられています。さらに、少し足を延ばせば、奥日光から中禅寺湖へと流れくだる竜頭《りゅうず》の滝。こちらは、「竜の頭」と書いて竜頭の滝です。その名のとおり、斜面を二〇〇メートルにわたって蛇行しながら流れます。水量の豊富な秋に見ると圧巻です。さらにその奥には湯滝があり、併せて奥日光三名瀑と呼ばれています。

日光へは、栃木県の宇都宮へ新幹線、そしてＪＲ日光線を利用するのも速くてよいのですが、私のお気に入りは**東武日光線**。稲が刈り取られた田園地帯をわたる秋風を、窓を開けてその独特の野

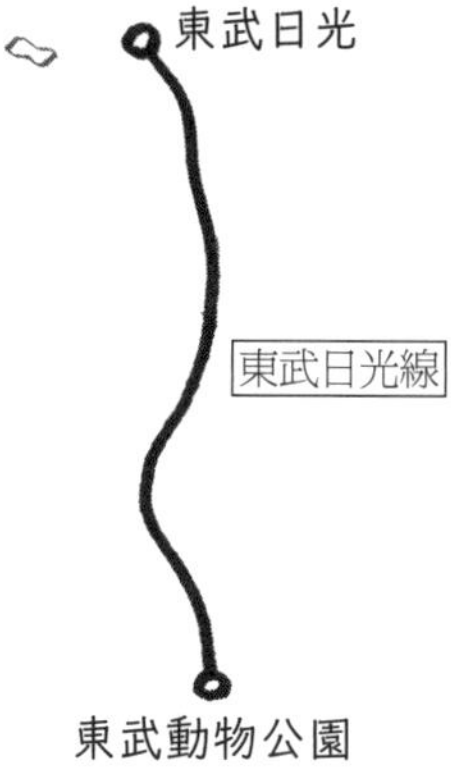

焼きや土の香りを楽しみたいものです。暑さが和らぎ、さほど寒くない秋は、窓を開けることができるのがいいですね。夕闇のなか、パンタグラフが発する閃光に照らしだされる北関東の広大な平野は、私が大好きな車窓風景のひとつです。

　三名瀑の二つ目は、和歌山県の熊野にある那智の大滝。華厳の滝以上の落差を誇ります。周辺の霊場とともに、滝そのものも世界文化遺産に登録されています。那智の滝へは、**紀勢本線**に乗って和歌山県の紀伊勝浦駅へ行き、さらにバスで約三〇分の行程です。紀勢本線は、紀伊半島の海沿いを走る路線。和歌山駅から本州最南端の潮岬《しおのみさき》のある串本を通り越したその先に、紀伊勝浦駅はあります。秋の海を満喫し、そして世界文化遺産にも触れることができる旅になります。

三名瀑のもうひとつ、茨城県にある袋田の滝は、ほかの二つのような、ずどんと落ちる、直線的な美しさとは、まったく違います。高さは一二〇メートルですが、四段に分かれていて、水が途中でジャンプして激流となって間近に迫ってきます。幅が七〇メートルと広く、とくに水量が多い秋はその迫力に圧倒されます。一方、冬場になると水量が落ち、気温の低下とともに中央部分から氷結して滝全体が凍ります。陽の光のなかで輝く氷結した滝は他では見られない美しさ。このように四季折々で違った顔を見せることから、袋田の滝は四度の滝とも称されています。私はこの滝が大好きで、時折ひとりで訪れて、じっと滝を見つめることにしています。いまは夕方になると閉鎖されてしまうようですが、三〇年前は日が暮れたあと、観瀑台《かんばくだい》に入り、月明かりに照らされた滝をじっと眺めることができました。時折ひとりで訪れては、小一時間、じっと滝に見入って疲れをいやす。私にとって、袋田の滝はそんないやしのスポットでした。観光協会には申し訳ないのですが、やはり、ここは一人旅で訪れたい場所だと思っています。袋田の滝は、常磐線の水戸駅と東北本線の郡山駅を結ぶ**水郡線**のほぼ中間にある袋田駅から徒歩四〇分ほどです。首都圏からですと、日帰り観光も十分に可能です。水郡線は、久慈川に沿って渓谷を縫うように走りますので、山が色づく秋は、渓谷美も楽しめます。三名瀑への鉄道は、関東平野、太平洋、そして久慈川の渓谷と三者三様の車窓風景が楽しめます。

三名瀑以外にも、各地に有名な滝がたくさんありますので、水量が豊富なこの季節、訪れてみてはいかがでしょう。

最後に、一人旅の思い出をひとつ。

鉄道では、思わぬ人と不思議な再会をすることがあります。旅先の博多駅で再会した後輩もいますし、教え子に大阪の地下鉄で声をかけられたこともあります。

とりわけ忘れられないのは、二〇一四年一月、研究室の合宿に向かう飯山線の車内での再会です。所用のため、学生たちに同行せず、ひとりで長野駅まで新幹線に乗って、飯山線に乗り換えました。席に着くと、斜め前に見知った顔が。二〇一四年九月末に急死された、東京都市大学の学長、北澤宏一先生でした。じつは再会の一六年前、私は北澤先生のもとで研究をおこなうことになっていました。しかし、その直前、現在の職場に急きょ採用が決まったため、大変ご迷惑をおかけした過去があります。何しろ急な移籍で、きちんと挨拶もしないままであったことを申し訳なく思っていましたので、この機会にそのときの失礼をお詫びしたいと思い、声をおかけしました。

北澤先生は私のことを覚えていてくれたばかりでなく、嫌な顔ひとつせずに、飯山駅までの小一時間、さまざまな話をしてくださいました。東京都市大学の学長として、同じように私学で働く私に、学科構成や運営の様子を確認するなど、相変わらずの仕事ぶりでした。先生は飯山のご出身。当日は、北陸新幹線の駅が故郷にできるので、その壮行会でスピーチをするために向かう途中だとのことでした。時間はあっという間に過ぎ、一面の雪景色のなか、新幹線の高架と立派な駅舎が見え、飯山駅に到着。新幹線開業を控えて、地元の盛りあがりぶりをお話しになる先生のお顔は満面の笑みでした。その後も食事に誘っていただくなど、一六年のときを経て再開したお付き合いが、一年もたたずに終わってしまうとは思いもよりませんでした。北陸新幹線の開業は二〇一五年春。目前にしてお亡くなりになったこと、さぞかし心残りだったろうと思います。ご冥福をお祈りします。

さわがしかった夏が過ぎ、冬籠もりの準備。秋は読書もいいですが、鉄道に乗って物思いにふける旅に出かけるのもよいでしょう。思いがけない出会いもあるかもしれません。

（二〇一四年十月放送）

東京近郊休日おでかけパス

——鶴見線、中央・総武線、京葉線

鉄道会社によってさまざまなフリー乗車券が発売されています。JR東日本には、週末の旅に利用できるお得なきっぷが三つもあります。まずは〝三連休乗車券〟。これは三連休の間、一万三三九〇円でJR東日本の路線が乗り放題のきっぷです。それから、〝週末パス〟。こちらはエリアが狭くなりますが、八七三〇円で週末の二日間、宮城県と山形県から南にあるJR東日本の路線が乗り放題です（料金は当時のもの）。どちらのきっぷも特急券を購入すれば新幹線にも乗れますので、泊まりがけの旅行に重宝します。

そして、今回の話はもうひとつのきっぷ、〝休日おでかけパス〟を便利に使うことができる旅です。こちらは、東京近郊区間をフリーエリアとし、土曜日または休日の一日のみですが二六七〇円で乗り放題（料金は当時のもの）。たとえば、神奈川県の臨海部を走る鶴見線では週末に乗車する鉄道ファンの大半がこのきっぷを利用しています。**鶴見線**は短い区間の支線がたくさんあるので、すべて乗車しようとすると、行ったり来たりしなければなりませんし、そのたびに料金がかかってしまいます。〝休日おでかけパス〟は、ここを旅するにはうってつけのきっぷなんです。

なお、鶴見線には、改札を出られない駅として知られる海芝浦《うみしばうら》駅があります。ここは大手電機メーカーの構内に駅があるため、関係者以外は駅を出ることができません。そんな駅なので、鉄道ファンが集まります。出られなくても大丈夫。すぐ近くにミニ公園が設置されているので、折り返しの発車時間まで海を眺めてすごせます。乗務員も心得ていて、週末のお客さんには「おでかけパスですね」と声をかけてきます。

この〝休日おでかけパス〟を利用すると便利な、早朝便の旅。始発列車から社会が活動を始める前の時間帯を走る鉄道の旅を紹介しましょう。

友達にゴルフに誘われました。調べたら早朝便に乗っても間に合う時間だったので、都心の我が家から中央本線を利用して、ゴルフ場の最寄り駅である山梨県の石和《いさわ》温泉駅まで乗車しました。間に合う時間といっても、早朝五時の乗車。まだ暗い星空のなか、まず**中央・総武線**の電車で都心から東京の西、高尾山のふもとにある高尾駅に向かいました。早朝の車内は人もまばらと思いきや、ほぼ満席。朝帰りの客と登山客が混在する不思議な車内風景です。鉄道がいいのは眠れること。朝帰りの乗客とともにうつらうつらしながらの旅となりました。徐々に白みはじめる空。新宿駅を過ぎ、高架になった杉並あたりで夜明けを迎えました。大都会の反対側から昇る朝日と朝焼けは、予想以上に美しいものでした。

東京から高尾までの中央線沿線は東京のベッドタウン。途中から高架になっていて、駅周辺以外には高いビルもなく、昇る朝日を車窓からしっかりと見ることができます。朝焼けのなか、仕事帰りの人びとが一人また一人と降りていきますが、気がつくと正面に座っている人が眠りこけています。その人は新宿駅で友人と別れ際に、乗り過ごすなよと声をかけられていましたので、少し心配になりました。立川駅あたりでまだ寝ているようならば起こしてあげようかとも思いましたが、不覚にもこちらも眠ってしまい気がついたら終点高尾駅接近のアナウンスが流れていました。もちろん、向かいに座っている彼はそのまま。終点で起こされ、あわてて都心に向かうホームへと向かっていました。土曜日の朝帰りは、出勤を気にすることもありません。朝帰りはまさしく大人の旅と言ってよいでしょう。それを楽しめるかどうかはわかりませんが、土曜日の早朝便に乗れば、乗り過ごす人びとがあわてる姿をあちこちで見ることができます。なお、〝休日おでかけパス〟では、さらにここから先、山梨県の大月《おおつき》駅まで乗車できます（不幸を見ることが好きな人にはお勧め？　でも、どの顔も疲れが解消されてすっきりという表情でした）。

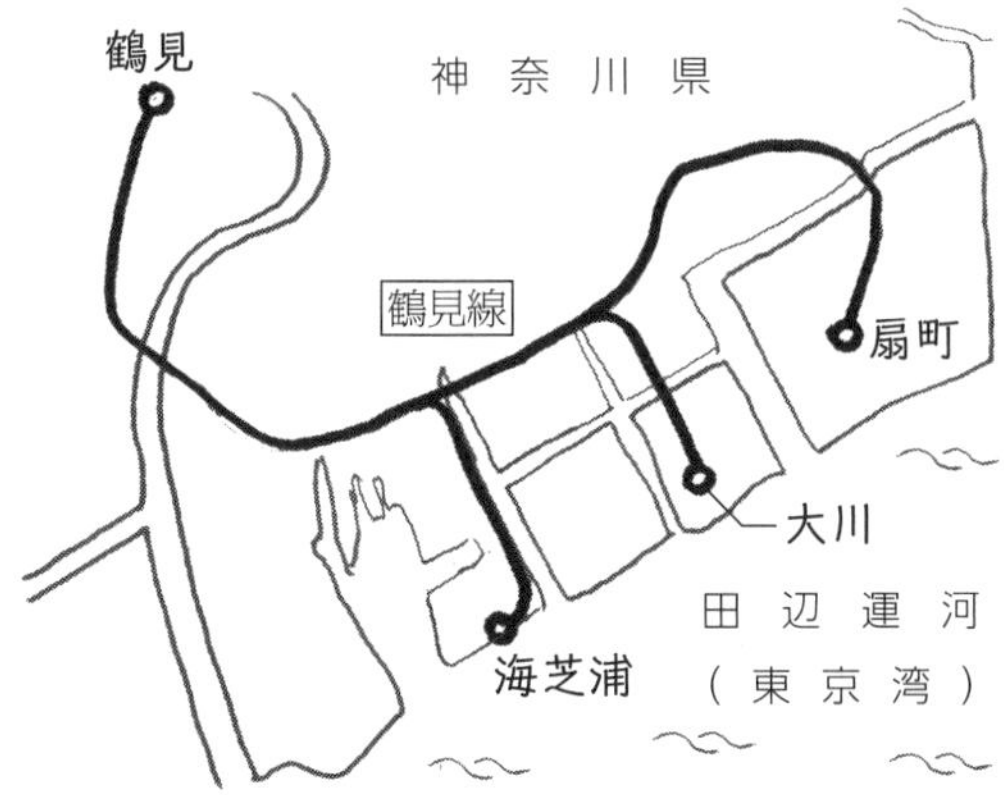

　中央線から見る日の出の風景も悪くはないのですが、朝日から遠ざかるように走るのが何ともさみしい感じがしました。人間も光に向かう習性があるのでしょうか。

ひょっとすると都市が西に向かって成長するのもこのせいかもしれませんね。朝は朝日に向かって出勤し、午後は夕日に向かって帰宅することになりますから。

そこで、次は朝日に向かう早朝便にも乗車してきました。早朝五時台に東京駅地下の**京葉線**《けいよう》ホームから、東京の東側、千葉県の蘇我駅までの一時間弱の旅です。東京駅を出てしばらくは地下を進みますが、潮見駅の手前で地上へ。まだ暗い星空のなか、海に向かい、りんかい線や地下鉄有楽町線との乗換駅の新木場駅。ここから先、京葉線は終点の蘇我駅まで海沿いの高架上をひた走ります。少しずつ白みはじめる空。そして沿線にある葛西臨海公園の大観覧車や東京ディズニーランドのシンデレラ城。いつも賑わうディズニーランドの最寄駅、舞浜駅でひとけはありませんが、ディズニーの音楽が出迎えてくれました。その少し先でご来光。そして、蘇我駅まではひたすら朝日に向かって進みました。やはり朝日に向かうほうがいいですね。

蘇我駅からは、内房線、総武線を乗り継いで、都心に戻ってきました。自宅には午前八時前に着きましたので、都心に住んでいれば、平日でも出勤前に「早朝ご来光ツアー」が可能です。じつはこの旅、大都市区間を交差せずに乗車するので、ＪＲのルールでは料金がほとんどかかりません。たとえば東京駅からふた駅の御茶ノ水駅で降りれば、東京駅から御茶ノ水駅までの料金、一四〇円となります。〝休日おでかけパス〟の発売がない平日でも格安でツアーに参加できます。早朝便を利用した、こんなツアーもいかがでしょうか。

（二〇一四年十一月放送）

福島SLばんえつ物語

——磐越西線、現美新幹線

二〇一六年八月最後の週末に、思い立って〝SLばんえつ物語〟に乗ってきました。SLばんえつ物語は、新潟駅と福島県の会津若松駅の間を結ぶ**磐越西線**《ばんえつさいせん》を約四時間かけて走ります。水量が豊富な阿賀野川《あがのがわ》沿いの渓谷を走るとても景色のよい路線です。SLばんえつ物語に乗りに新潟駅に行く際、当時評判になっていた現美《げんび》新幹線（二〇二〇年十二月終了）にも、ちょいとだけ乗ってきました。

SLばんえつ物語は、新潟駅9時30分発の会津若松行きと、折り返しの会津若松駅15時25分発の新潟駅行きの一往復が運行。ちょうど現美新幹線のもっとも早い列車が新潟駅9時14分着ですので、ばんえつ物語の発車時刻に間に合います。

現美新幹線の「現美」は現代美術の略です。パンフレットには「世界最速の芸術鑑賞」「走る美術館」などの文字が躍っています。六両の新幹線車両には現代アートのアーティスト七名が、この車両のために制作した現代アートを展示しているほか、外装も写真のアート作品です。車両自体がアートですので、とにかく目立っていて、停車駅では写真を撮る人たちにすぐ取り囲まれていました。週末の土日と祝日に一日三往復、新潟県内の上越新幹線、越後湯沢駅と新潟駅の間を運行していましたが、今回は燕三条《つばめさんじょう》駅から新潟駅までのひと駅分だけ乗車しました。五両ある自由席車両のうち四両には車内の片側一面に車窓がなく、そこに作品が掲示され、作品に向き合うように椅子《いす》が設置されていました。もう一両の自由席車両は、カフェスペースとキッズスペースになっていて、鉄道模型が置いてありました。指定席車両は一両で、通常の新幹線と同様の椅子の配置ですが、シートの生地まで内装が凝ったアートになっていました。新幹線の自由席特急券で乗車できるからでしょう、車内はとても混み合っていて、ひっきりなしに人が通ります。個人的には、やはり車窓風景を眺めるほうが好きですね。

新潟駅でSLばんえつ物語に乗り換えて発車を待っていたところ、沿線で人身事故が発生したとのアナウンス。そのため一時間以上、新潟駅のホームで待つことになりました。

時間をもてあますかと思いきや、たまたま当日は、SLが走る沿線にある新潟市立亀田中学校の吹奏楽部による車内演奏会が予定されていたのですが、それとは別に、急きょ練習のかたちで演奏会が始まりました。車内演奏会は、この日にだけ実施され、今回が初めての試みなんだそうです。乗り合わせたのも幸運でしたが、さらに列車が遅れたため、乗客は本演奏と合わせて演奏会を二回聴くことができました。新潟市立亀田中学校の吹奏楽部はホームページによると新潟県の大会で金賞を獲得しています。本演奏は、新津駅を出たところで金管、野沢駅を出たところで木管による演奏です。この日だけの演奏を間近で聴けたのは幸運でした。なお、演奏の合間にも、じゃんけん大

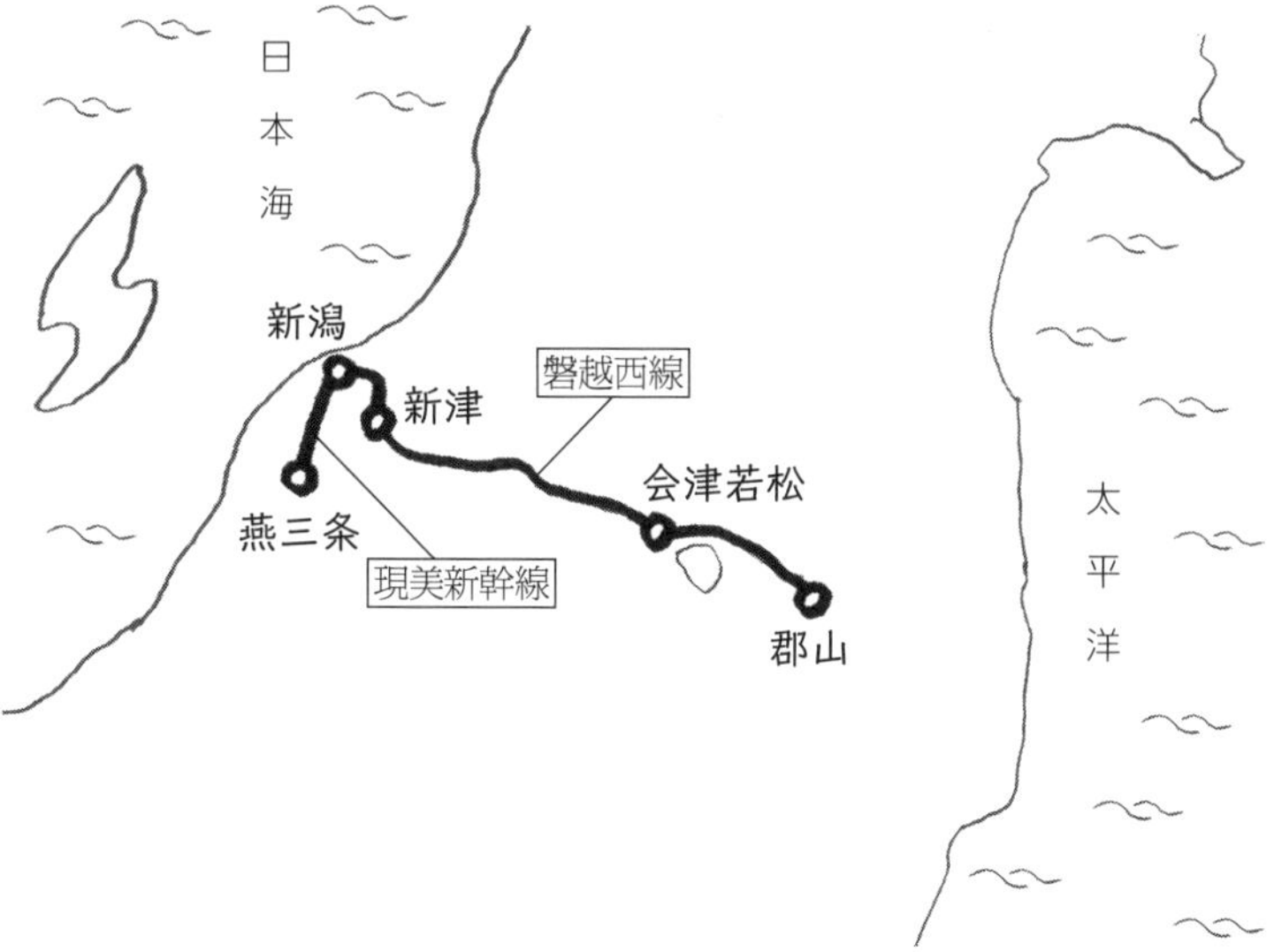

会などのイベントもあって、楽しめました。

結局、ＳＬが発車したのは定刻から七〇分遅れの10時40分。しばらく走ったところで、亀田中学校のすぐわきを通りますが、生徒さんたちが手を振って出迎えてくれました。この縁があって、演奏会の企画が持ち上がったそうです。生徒さんたちにとっては一生の思い出でしょう。今後もつづくといいですね。

新潟平野を抜けて阿賀野川の渓谷に分け入ると、すぐわきを水量が豊富な阿賀野川を縫うように走るので、きれいな車窓風景を楽しむことができます。この年は台風九号が襲来した直後でしたので、怖いくらいの水量でした。十月から十一月にかけては紅葉のシーズンになりますので、その時期がとくにお勧めの路線です。蒸気機関車ですので、途中の津《つ》川《がわ》駅で給水のため三〇分ほど停車。このあたりから野沢駅までの間の渓谷美がとくに見どころです。結局五七分の遅れで会津若松駅に到着しました。

会津若松駅からは企画列車の〝フルーティアふくしま号〟に乗り換えて、東北新幹線と接続する郡山駅まで出ることができます。接続時間が九〇分ですので、今回の遅れでも十分に間に合いました。こちらは、猪苗代湖《いなわしろこ》の風景と福島県産のフルーツを使ったスイーツやジュースを楽しめます。

列車の遅れというトラブルはありましたが、SL、演奏、渓谷美と盛りだくさんの旅になりました。フルーティアふくしま号と合わせて、紅葉のシーズンに訪れてみてはいかがでしょう。

（二〇一六年九月放送）

ノロッコ号、ラベンダー畑を走る

――富良野線

北海道の中央部、旭川駅と富良野駅を南北に結ぶＪＲ北海道の富良野線を走る〝ノロッコ号〟に乗ってきました。

二〇一六年九月に札幌で学会があった週末に、どこかまわろうと考えていました。学会に行くまでは、この年の十二月四日に廃線になるＪＲ北海道留萌《るもい》本線の留萌―増毛《ましけ》間を乗りに行くつもりでいました。これは北海道の日本海側を走る路線の海が見える区間です。ところが、学会に参加していた外国人が、発表のあと、ラベンダー畑に行くと言うのです。ラベンダーは六月から七月が見ごろと記憶していたので「この季節には花は咲いていないですよ」と言ったのですが、「いや、花を見に行きます」と言うのです。行くつもりだった留萌―増毛間の廃線までに、まだ日があるので、では、こちらもラベンダー畑を見に行こうと予定を変更しました。

北海道のラベンダー畑といえば、富良野が有名です。今回は北海道の中央にある旭川で一泊して、ＪＲ北海道の**富良野線**で富良野駅まで南下しました。乗車したのは観光列車である〝ノロッコ号〟。ノロッコ号はのろのろ走るトロッコ列車で、観光の見どころに差し掛かると、徐行運転で観光案内が車内放送で入ります。富良野線のほかに釧路と網走を結ぶ釧網本線にもノロッコ号（二〇一七年より流氷物語）が走ってましたし、釧路から南側を走る「くしろ湿原ノロッコ号」もありますが、今回は〝富良野・美瑛《びえい》ノロッコ号〟に乗車しました。

北海道中央部を南北に走る富良野線は、旭川の市街地を抜けると丘陵地帯を走ります。窓を開けると秋の風が入ってきました。窓を開けるにはちょいとコツがあります（形容しがたい……）。三〇分ほど走ると美瑛駅に到着。美瑛駅周辺はなだらかな丘がつづく丘陵地帯。北海道の大自然を感じる車窓風景がつづきます。誰でも写真で見たことがある風景ではないでしょうか。色とりどりの花で彩られた丘にオブジェのように小さな家がぽつんと見える風景ですが、残念ながら、この季節には花は咲いていません。地球温暖化とはいっても、さすがに花の季節ではないようです。しかし、緑のじゅうたんのなかにとんがり屋根の家がぽつりぽつりと見えてぼうっと眺めていてもあきません。

上富良野駅あたりまで来ると今度は広大な田園地帯が広がり、遠景に十勝岳が見える雄大な風景に変わります。しばらくして、ラベンダー畑駅に到着。ラベンダー畑駅はノロッコ号の臨時駅。ラベンダーの季節には観光客でにぎわいますが、九月には花も咲いていませんし、観光客はいないと思っていましたが、ノロッコ号に乗っていた外国人のほとんどがこの駅で降りました。見ていると丘の上にある農園に向けて歩いていきます。どうやら、ラベンダーの花ではなく、この農園がお目当てのようでした。あとで調べてみるとこの農園には、秋の花畑があり、ハウスでラベンダーも見

ることができるのだそうです。外国人には知名度が高いんですね。外国人にとっては、「ラベンダー畑」というのは畑ではなくて地名なのかもしれません。

ノロッコ号がさらに南下して富良野の町に入る直前、ひまわりの花が満開の一角が目に入りました。いくつものひまわりの花が同じ方向を向いている景色は映画のなかのシーンのようで、とてもきれいでした。ようやく花に出会えてほっとしましたね。富良野駅に向かう列車の車窓からは、収穫を終えた畑のなかに円筒状のオブジェがいくつも置かれているのも見えました。

この年の北海道は台風が上陸し、大きな被害が出ました。富良野駅からは、根室本線に乗り換える予定でしたが、不通区間があるため大幅にダイヤが乱れています。線路の土台が流された写真が富良野駅に貼ってありました。そのため、富良野駅まで乗ってきたノロッコ号の折り返し列車で美瑛駅を経由して、旭川に戻りました。

旭川では、ちょうど収穫祭である「北の恵み、食べマルシェ」が開催されていました。これは旭川駅前から、数キロ先にある常盤公園までの間の大通り沿いに露店が軒を連ねて、収穫されたばかりのジャガイモなどの農産物や海産物を売っています。旭川に戻ってから飛行機の時間まで、北の恵みを堪能しました。やはり「花より団子」ですね。

ちなみに、同じ場所が、二月には「旭川冬まつり」として、雪像などで飾られ、常盤公園でイベントが開催されます。旭川は季節ごとに楽しめるいい街ですので、ぜひ足を延ばしてみてはいかがでしょう。

参考資料：ノロッコ号は観光列車で、その名のとおり、ノロノロ走るトロッコ列車のイメージ。実際にはトロッコ列車ではない。ＪＲ北海道が運行している。

富良野・美瑛ノロッコ号（旭川—富良野間　富良野線）

くしろ湿原ノロッコ号（釧路—川湯温泉間　釧網本線）夏・秋

夕陽ノロッコ号（釧路—塘路間　釧網本線）二〇二〇年九月〜

＊流氷ノロッコ号（網走—知床斜里間　釧網本線）二〇一六年二月終了。二〇一七年一月より〝流氷物語〟開始

＊増毛ノロッコ号（増毛—留萌間）二〇一六年十二月廃止

（二〇一六年十月放送）

北海道の廃線区間、弾丸旅行
──留萌本線

二〇一六年十二月四日の営業をもって廃線になる、JR北海道留萌《るもい》本線の、留萌─増毛《ましけ》間に、その年の秋に乗ってきました。

留萌本線は、札幌と旭川の間にある深川駅から西に向かい、日本海側の留萌駅を経由して増毛駅までを結ぶ路線です。深川から留萌までの間は内陸を走りますが、留萌から増毛までの間は日本海の海岸線に沿って南下します。廃線になるこの区間は海が間近に見える景色のよい路線です。

前に乗車したのは学生のころ、三〇年以上もむかしなので、廃線になる前に乗りたいと思い、日帰りのいわゆる弾丸旅行を計画しました。同じように乗っておきたいと思う鉄ちゃんもいるでしょうから、参考にしていただけるかもしれませんね。鉄ちゃんとしては、東京から北海道新幹線を利用したいところですが、さすがに日帰りは無理ですので、旭川までは飛行機での往復です。

羽田発午前7時台の便で旭川空港到着は9時20分の予定。空港からのバス便は三〇分後の9時50分発で、旭川駅到着は10時20分。約二〇分後に10時41分発の特急スーパー宗谷二号に乗れば、留萌本線の始発駅、深川駅に11時到着ですので、八分後に発車する11時08分発の留萌本線増毛行きに間に合います。弾丸旅行らしい、綱渡りの行程が連続します。

旭川空港到着は定刻どおりでしたが、留萌本線の普通列車が混雑することを考えて、深川駅到着を早めるため、旭川駅まではタクシーを使いました。バス便ですと六二〇円ですが、四〇〇〇円かかりましたので、大名旅行です（料金は当時のもの）。今回は弾丸旅行ですので、仕方ないと割り切りました。でも、このおかげで旭川駅に9時55分到着。予定より四〇分早い、旭川駅10時発の特急スーパーカムイ一六号に飛び乗りました。

深川駅には10時20分に到着。北海道の中央部は一面、銀世界。旭川空港から乗車したタクシーの運転手さんが今年の雪は例年よりも早くて、いまの時期に根雪になっているのは珍しいと言っていました。そして予想どおりお仲間でしょうね、深川駅には留萌本線の乗車待ちの方が大勢いました。

深川駅では、ＪＲ北海道の留萌本線フリーパスを購入しました。これは、留萌本線内がフリー区間になった、一日乗り放題のフリーきっぷで、この年の十一月一日分から留萌—増毛間の営業最終日である十二月四日分までの期間限定販売。フリー区間全体の深川—増毛間の運賃が片道一四五〇円ですので、往復するだけで二九〇〇円かかります。二六〇〇円の留萌本線フリーパスはそれだけでもお得なのですが、このきっぷには廃線になる留萌—増毛間の全駅が印字されているのがマニアとしてはたまりません（料金は当時のもの）。また、きっぷを入れるパスケースと、そのパスケースを首からつるすネックストラップが付いています。ネックストラップには同じく廃線区間の全駅が印字されているんです。こちらのパスケース付きネックストラップは、準備された数がなくなり次

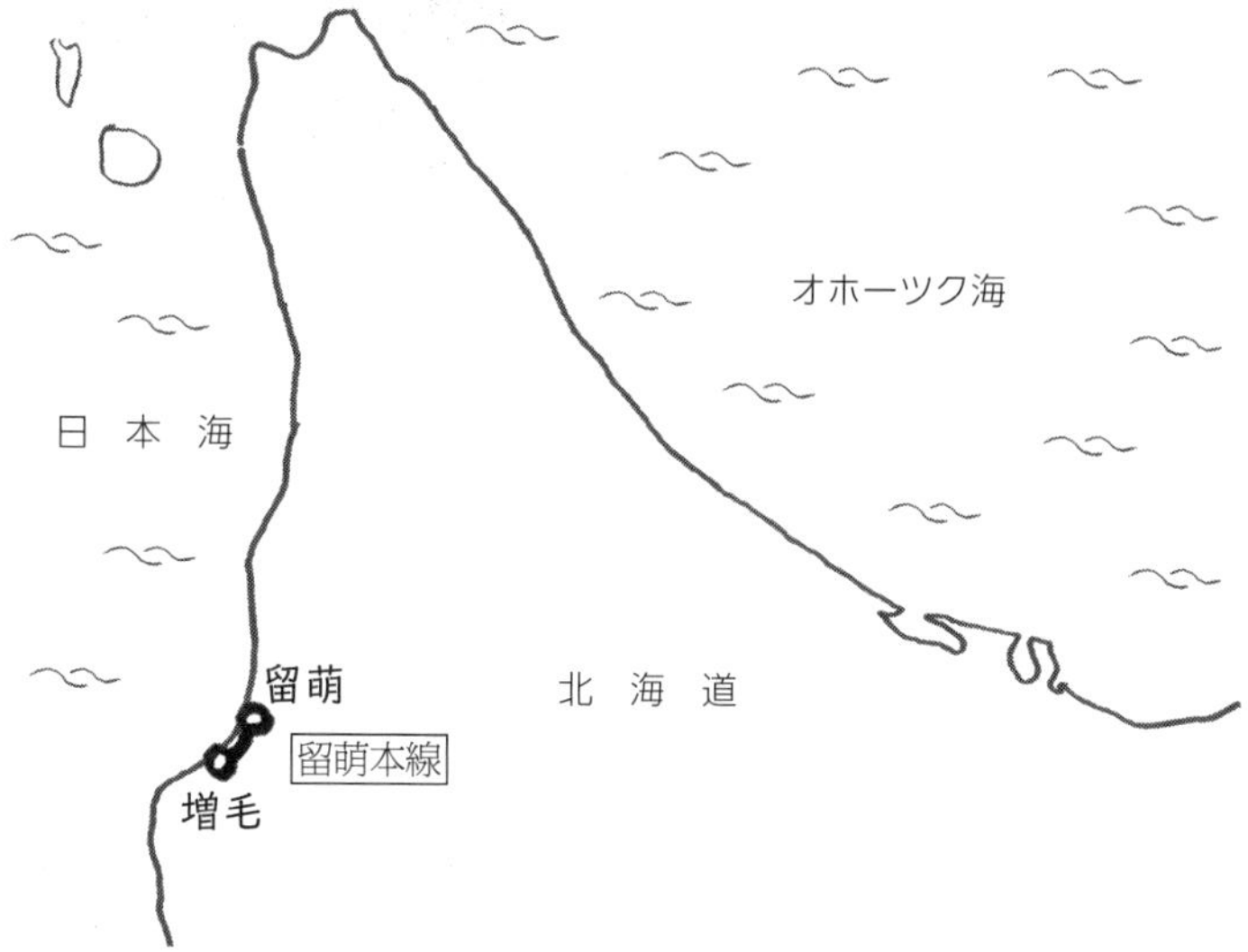

第配布終了とのことでしたが、入手できて幸せでした。

留萌本線の乗客は、明らかに鉄ちゃん、それも写真を撮る撮り鉄が多いのですが、私くらいの年齢の夫婦連れも目立ちました。この年の二年半前に廃線になった、JR北海道江差線の江差《えさし》―木古内《きこない》間でも同じ光景が見られました。鉄ちゃんというと四十代くらいまでの、私よりもずっと若い世代をイメージするかもしれませんが、景色を楽しむ乗り鉄は年齢を問わず、結構いるようです。

深川を出てすぐの秩父別《ちっぷべつ》周辺は、しばらくの間、平坦部で一面の銀世界。あいにくの雨模様ですが、視界はそれほど悪くありませんでした。さらに進み、恵比島《えびしま》駅を過ぎると山のなかへ。恵比島駅はNHKの連続テレビ小説「すずらん」の舞台となった場所だそうです。番組のなかでは、明日萌《あしもい》駅として使われたため、いまも明日萌駅の駅舎が残っています。

留萌駅までは約一時間。留萌駅を過ぎて増毛駅までが十二月に廃止される区間です。ここは日本海沿岸を走るとても景色のよい路線。西側が開けているので、夕日がきれいでしょうが、残念ながら雨模様ですし、そもそも弾丸旅行では時間の余裕がなく、見ることはかないません。それでも海を眺めていますと、あと二週間ほどで、この車窓風景ともお別れかと思うとさびしい気持ちになりました。

増毛駅には12時47分着。廃線区間は約三〇分の乗車時間でした。深川駅から留萌駅までは、四両編成でしたが、留萌駅で二両切り離されて二両編成に変わります。そのため、廃線区間の車内は、その前にもまして混雑していました。増毛駅からの折り返し列車は、一〇分ほどで発車ですが、列車に遅れがでていたため、短めの停車になりました。

調べがたりなかったのですが、十一月の週末と十二月になって廃線までは、一時間後の13時53分に旭川行きの臨時列車が運行しています。この臨時列車は、留萌駅と深川駅にしか止まらないで、旭川まで行く弾丸列車。あまり知られていないらしく、こちらはがらがらでした。この列車で旭川に戻りましたので、深川—旭川間の特急券は必要ありませんでした。

一時間ほど、時間ができたので、増毛の町を散策。高台にある増毛灯台や町なかの古民家などをめぐることができました。灯台はこの時間にも明かりがともっていて、増毛駅のホームからも見あげることができます。増毛の町はそんなに大きくありませんので、一時間で十分に見てまわることができました。駅のなかで売っていた「たこざんぎ」は絶品でしたね。「たこざんぎ」は軟らかく煮た、タコのぶつぎりを薄いころもをつけて揚げたものですが、甘辛い味つけが絶妙でした。

行きに三〇分かかった廃線区間を、帰りの臨時列車はノンストップで二〇分弱で通過。留萌駅からあとも深川駅にしか停車しませんので、弾丸旅行にはもってこいでした。恵比島駅を過ぎたあたりで、天候も回復し、北の空に虹がかかりました。車内に歓声が起こり、私も雪景色のなかにかかる虹を写真に収めました。

最近は、余裕をもって日程がとれないため、弾丸旅行になることが多いのですが、タクシーと臨時列車のおかげで、ほんの少しだけですが余裕ができました。歳をとったら、こんな旅もいいのかもしれません。

（二〇一六年十一月放送）

下北半島の動態保存路線

——大畑線

本州の最北端、青森県の下北半島に行ってきました。前章で廃線になった岡山県の同和鉱業片上鉄道が、動態保存されていることをお話ししました。インターネットで調べていたところ、下北半島にも廃線になった路線が動態保存されているのを見つけました。二〇〇一年に廃線となった、下北交通**大畑線**《おおはた》の終着駅、大畑駅です。二〇一七年十月までの第三日曜日にキハ八五などの車両を運行しています。その年の八月二十日の日曜日に乗車するため、下北半島に向かいました。

本州の北端にある青森県には、陸奥湾《むつ》を囲むように西に津軽半島、東に下北半島が北海道との間の津軽海峡に突き出しています。東側の下北半島は、まさかりの形で、そのまさかりの突先にマグロで有名な大間《おおま》の町があります。大間崎が本州の最北端です。今回は、下北半島の付け根にある青い森鉄道の野辺地《のへじ》駅から、まさかりの柄の部分の西側、陸奥湾沿いに北上する、ＪＲ東日本の大湊《おおみなと》線に乗車しました。ちょうど夕方で、西側に開けた陸奥湾の向こうの津軽半島に沈む夕日を、ゆっくり眺めることになりました。

海がよく見える路線で、陸奥湾を巻くようにして下北駅に到着。むかしはここから国鉄の大畑線が北に向かっていましたが、下北交通を経て、現在は廃線になってしまいました。この廃線になった鉄道の動態保存を見るのが、今回の目的。それは翌日になります。この日は下北駅からさらに西へひと駅進み、終点の大湊駅に到着。駅のそばのホテルで一泊しました。

翌日の朝、ホテルの前から観光バス、ぐるりん下北号に乗車しました。このバスは、周辺のホテルを巡って参加者を乗せたあと、北上し、本州最北端の大間崎を経て、佐井《さい》の港から観光船で仏ヶ浦を観光、ふたたび佐井の港に戻り、バスで恐山《おそれざん》もまわります。下北半島の主な観光地を一周できるツアーです。このときは約二〇人が参加していました。

大間崎までは、まさかりの北側にある、津軽海峡を見ながら走ります。遠くには、うっすらとですが、北海道がシルエットのように見えました。大間崎には、マグロの実物大のモニュメントがあり、本州最北端の碑が立っていました。風がきつかったですね。

佐井の港から観光船で行った、仏ヶ浦はその名のとおり、仏像のように見える白いとがった巨石が、海岸線に林立する幻想的な場所でした。海の上からでも不思議な光景ですが、上陸して間近で見るとその大きさに圧倒されます。鳥などのように見える奇岩も多く、小一時間、散策しました。

仏ヶ浦からは、もと来たルートを戻り、大間を経て恐山に向かいます。車内では、下北半島の海産物を盛り合わせた弁当が配布されました。名高い大間のマグロもいいのですが、岩のりがとてもおいしかったですね。私は恐山までは乗車せず、大畑の街の近くで降ろしてもらいました。ここから大畑駅に向かい、動態保存されている下北交通大畑線に乗車しました。ちょうど午後2時発の列車に乗車することができました。青い色の「JR貨物」と書かれた機関車にひかれた小さな車両に乗り込み、まず西に向かい、その後、うしろ向きに走ったあと、ふたたびもとの向きに戻り、駅のホームに到着しました。その間、ほんの五分ほど。乗客のほとんどは地元の小学生でした（小学生のなかに大人が交じっていて、奇異に感じたでしょうね）。

いったんホームに戻った車両は、ふたたび逆走して引き込み線を経由して「下北交通」と書かれた車庫に入りました。見ていると、車庫から別の車両、キハ八五がでてきました。引き込み線にでたあと、ポイントを切り替えてホームに到着。これが午後2時半発最終便の運行に使用されます。折角なので、この車両にも乗車することにしました。

キハ八五は年代物の車両で、吸い殻入れや、JNR（日本国有鉄道）のマークのある扇風機がまわっていました。懐かしいかぎりです。運行するスタッフは五，六人でしょうか、みなさん楽しそうに運行しているのが印象的でした。車両の状態を維持し、運行をつづけるのは大変だと思いますが、ぜひ今後もつづけてほしいですね。なお、運行は十月までとのことですので、今週末と来月でこの年の運行は終了でした。

今回、訪れた八月二十日は、むつ市にある田名部《たなぶ》神社の大祭当日でした。昼に五台の山車《だし》が各所から神社に集結し、夜には明かりをともした山車が各所へと戻る、幻想的な祭りです。地元のかたがたが総出で盛りあげていましたし、観光客も大勢来ていました。

翌日は「駅から観《かん》タクン」（現在、下北半島では運行していない）というJR東日本企画の観光タクシーを利用して、前日、観光バスを途中下車して行けなかった恐山に行きました。この「駅から観タクン」は半日観光にはとても便利な企画で、大湊駅または下北駅から下北半島の名所まで往復してくれます。今回の恐山までの往復二時間で六八〇〇円でした（料金は当時のもの）。往復の足だけで、詳しいガイドはないのですが、格安でまわれました。

東京から下北半島の付け根、野辺地に行くには、東北新幹線で八戸駅に行き、むかしの東北本線が第三セクターに転換した、青い森鉄道で北上します。ほかには、飛行機で青森空港または三沢空港に行き、それぞれ、青い森鉄道の青森駅または三沢駅に出て鉄道を使います。北海道からは、函館から大間までのフェリーもあります。実際、大間から観光バスに途中乗車してきた方もいました。

下北半島は、ほかにはない景観が楽しめますし、秋には紅葉も見どころです。一度足を延ばしてみてはいかがでしょう。

（二〇一七年九月放送）

富山から岐阜高山の旅

——高山本線

二〇一七年秋、岐阜県の高山に行ってきました。高山へは、富山駅から高山本線に乗って南下しました。高山駅は、岐阜駅と富山駅を南北に結ぶ、高山本線の少し富山寄りにあります。

到着した富山駅（じつは新幹線ではなく、貯めたマイルで飛行機を利用。経費節減のためです）はあいにくの雨模様。晴れていれば、立山《たてやま》連峰の景色を、富山湾の西側を走るＪＲ西日本の氷見《ひみ》線の車窓から楽しもうと思っていました。この氷見線からの立山連峰の景色は晴れていれば絶景なんです。富山湾の向こうに壁のようにそびえる立山の峰々が上に雪をかぶって並んで見えるさまは、ぜひご覧いただきたい風景です。しかし、雨模様ですので、今回はあきらめるしかありません。とは言っても、味覚の秋。名物の氷見うどんを同じく富山湾名物の白エビのかき揚げとともに、富山駅でおいしくいただきました（白エビの旬は四月から十一月までと長いので、ばっちりでした）。

富山から高山までの**高山本線**は、北へ流れる神通川《じんつうがわ》沿いに川をさかのぼりながら南下。岐阜県側に入ると、川の名は宮川《みやがわ》に変わり、うねうねと蛇行しながら流れ、鉄道はそんな川を縫うようにして、高山に向かいます。車窓の右に左に川が移動しながら、渓谷美を楽しめる路線です。神通川や

宮川にはダムが数多くあって、水力発電所が点在しています。狭くなったり広くなったりする川幅を見ながら車両は進み、広い平坦部に出ると高山駅に到着。ここで一泊することにしました。

高山駅に降り立ってみると、そこにはむかしの面影が少しもありません。もう二〇年以上前でしょうか。私のなかでは、落ち着いた地方都市の駅として記憶されていましたが、いまは英語の文字の「Info!」が出迎えてくれます。高架になった駅から降りた階段わきには、観光案内所「Information Center」があり、そこには英語、中国語、韓国語をはじめ、一〇ヶ国語くらいで印刷された観光案内が置いてありました。そういえば、高山本線の途中駅からとなりの席に乗車してきた外国人に声をかけたら、カナダからの旅行者とのこと。初めての日本観光で広島、京都、金沢などを巡って、高山に来たそうです。高山は初めての日本観光で訪れるような観光地だとは思っていませんでしたが、カナダでは、かなり上位にランクされる観光地だと教えられました。

宿に入って少し休憩したあと、古い町並みが残る、市内のさんまち通りに足を延ばしてみました。駅前からさんまち通りにいたる道は整備された石畳になっており、案内板も日本語と英語を併記。町なかを歩く人の三割くらいは欧米人が占めている感じです。アジア系の外国人も合わせると半分以上は外国人でしょう。いやあ、さま変わりです。町なかには飲食店が増え、飛騨牛《ひだぎゅう》を食べさせる店が軒を連ねています。私もそのなかのひとつで、ほう葉味噌と飛騨牛の定食（二八〇〇円）をいただきました。おいしかったですね。

定食を食べた食堂の方によると、大きな変化は（二〇一七年の）四年ほど前、東京オリンピックの開催が決まったころからだそうです。さんまち通りの風情は変わりありませんが、町全体がにぎやかで活性化されている感がありました。日が暮れると、カフェに明かりがともり、賑わいが増すようでした。ちなみに秋の高山祭（八幡祭）は、この年は十月九日から十日でした。

翌日は、高山本線でさらに南下。余談ですが、となり駅の飛騨一ノ宮《ひだいちのみや》駅には、宮村郵便局がありました。このあたり一帯は、宮《みや》という村でしたが、平成の大合併で高山市に編入されました。郵便局名はその宮村の名残です。風景入り日付印、通称風景印という、その土地の風景が描かれた消印を絵はがきなどに押印してくれますので、時間があれば、立ち寄るようにしています。はがきに記念押印してもらえますし、日付が入るので、訪ねた日時を記録する意味もあります。飛騨一ノ宮駅のすぐわきには、臥龍桜《がりょうざくら》という有名な桜の木があり、むかしはその近くに「宮村教育委員会」の碑が立っていました（今もあるのかは不明です）。

飛騨一ノ宮を過ぎてトンネルを抜けると、川の流れる向きが逆になります。分水嶺を越えたためで、ここからは飛騨川沿いに流れと同じ向きに列車は進みます。飛騨川もダムが多く、川幅が広がったり狭まったりを繰り返します。日本三名泉（有馬、草津、下呂《げろ》）に数えられる下呂温泉のある下呂駅を過ぎて、白川口《しらかわぐち》駅からは飛騨川の川幅が狭まり、峡谷が深くなります。飛ぶ水と書く、飛水峡《ひすいきょう》です。車両の東側に見える飛水峡は、高山本線最大の見どころといっていいでしょう。

しばらくすると列車は広大な濃尾《のうび》平野に出て、美濃太田駅に到着。このあたりで飛騨川は木曽川と合流し、大河となって伊勢湾に注ぎます。美濃太田駅は、長良川沿いに北上する長良川鉄道、中央本線の多治見駅に向かうJR太多《たいた》線が、高山本線から分岐する交通の要衝。ここからは、高山本線を離れ、太多線と中央本線を乗り継いで、名古屋駅に向かいました。

富山から名古屋までの鉄道をネットで検索すると、新幹線で金沢を経由するルートのほうが早いことがわかります。時間はかかりますが、距離ではるかに短い高山本線。神通川、宮川、飛騨川と三つの川沿いを走るルートは車窓風景もきれいでお勧めです。

これからは紅葉の季節でもありますので、ぜひ乗車してほしい路線です。

（二〇一七年十月放送）

京都天橋立

——山陰本線、京都丹後鉄道宮豊線

京都府の天橋立《あまのはしだて》に行ってきました。天橋立は、宮城県の松島、広島県の宮島と合わせて、日本三景と呼ばれています。いずれも海の風景であり、日本海、太平洋、瀬戸内海と、異なる三種の海にあります。二〇一六年は還暦の祝いに高校の同級生とともに松島を旅しました。二〇一七年の今回は、そのとき、まだ還暦に達していなかったメンバーのお祝いとして、日本三景のもうひとつ、天橋立に行った次第です（来年は何か理由をつけて、宮島に行くことになるでしょう）。

天橋立の最寄り駅、天橋立駅は、京都府の日本海側を走る、京都丹後鉄道の**宮豊線**《みやとよ》にあります。東京から天橋立駅に行くには、東海道新幹線で京都駅に行き、JR西日本の山陰本線に乗り換えて北西に向かい、京都府の福知山駅に出ます。そこで、京都丹後鉄道の宮福線《みやふく》に乗り換えてひたすら北上。日本海側の港町である宮津の駅に行き、そこから宮豊線でもうひと駅乗れば、天橋立駅です。複雑に聞こえますが、京都駅と天橋立駅を結ぶ、直通の特急〝はしだて号〟が、一日五往復運行しています。

京都丹後鉄道は、宮津駅を中心に、南にある福知山駅と結ぶ宮福線三〇・四キロ、西にある豊岡

駅と結ぶ宮豊線五八・九キロ、そして東にある西舞鶴《にしまいづる》駅と結ぶ宮舞《みやまい》線二四・七キロの三路線があります。二〇一五年に運営が第三セクターの北近畿タンゴ鉄道から京都丹後鉄道になり、略称も「KTR」から「丹鉄」に変わりました。

台風が接近したその年の十月末の土曜日、朝七時に東京駅に集合し、東海道新幹線で京都駅に向かいました。私の場合、大概は一人旅なんですが、今回は、還暦を過ぎたお兄さんとお姉さんの団体旅行です。台風接近中の旅ですが、車窓風景にはさほど影響がありませんでした。でも、車内は和気あいあいと話が盛りあがっていて、車窓風景どころではありません。京都まで二時間以上かかりますが、あっという間でした。

車内でさっそく、事件が起きました。一人

が、ケータイがないと騒ぎ出したんです。まあ、お定まりの対応ですが、誰かのケータイで電話をかけてみると、対面シートにするため、回転させたシートの裏側のポケットにあることがわかりました。新幹線のシートは向かい合うように、回転させることができますよね。回転前は、シートの目の前にポケットがあって、そこに携帯電話を置いたんですが、それが、シートの回転によって裏側にまわってしまったため、見失ったという次第。のっけから先が思いやられる旅となりました。

京都で食事を含めて二時間ほど滞在したあと、JR西日本の**山陰本線**に乗って福知山駅まで特急〝きのさき号〟に乗車。京都駅を出た列車からは、ほどなく保津峡《ほづきょう》の渓谷が見えてきます。山陰本線からの景色もいいのですが、ここは、観光地の嵐山から出ているトロッコ列車から見る風景のほうがお勧めです。トロッコ列車は保津峡のある桂川に沿って走りますので、間近に保津峡の風景を見ることができます。途中、トロッコ列車も見えましたが、この年の台風の接近にもかかわらず、満員でした。

一時間ほどで福知山駅に到着。ここで京都丹後鉄道**宮福線**の観光列車、快速〝あおまつ号〟に乗り換えました。〝あおまつ号〟は快速列車なので、指定席はなく、すべて自由席です。福知山駅で猛ダッシュして、何とか全員座ることができましたが、超満員でした。なにせ還暦を過ぎた、お姉さんとお兄さんの集団ですので、座れないとしんどいんです。外国人旅行者の団体も乗車していましたので、少し悪かったようにも感じますね。〝あおまつ号〟は一両編成で、車両のなかほどに車掌が常駐するブースがあり、そこでコーヒーや土産物を売っています。また、道中の観光名所では、車掌さんからのアナウンスが入ります。

福知山駅を出た〃あおまつ号〃は、ほどなく、山間部に入ります。しばらくして、アナウンスが入り、左前方に見える大江山の元伊勢神社の鳥居が紹介されました。伊勢神宮は遷座《せんざ》を繰り返して場所を移動しますが、現在の三重県に遷座する前には、この場所にあったそうです。大江山といえば、百人一首の和歌にも歌われていますね。「大江山いく野の道の遠ければまだふみもみず天橋立」です。実際に旅しますと、その位置関係がわかります。

さらに北上をつづけると平野部に出て、今回の旅のハイライトである駅が近づいてきます。「宮村」駅です。宮福線の終点、宮津駅のひとつ手前に私の苗字である「宮村」という駅があります。ここで行き違い列車を待つため七分間停車しましたので、記念に駅名票を撮影してきました（PCの壁紙になっています）。じつはこの宮村駅のもうひとつ手前の駅、南側の駅は「きた」駅です。喜びが多いと書く「喜多」駅なんですが、駅名票にはひらがなで「きた」と書かれていますので、ちょいと面白いんじゃないでしょうか。

列車は、宮津駅に到着したあと、進行方向を変えて宮豊線に入り、天橋立駅に午後四時ごろに到着しました。すでに夕闇が迫っています。宿に荷物を置いてすぐに観光船の乗り場に向かい、天橋立を横に見ながら北上。傘松公園に向かうケーブルカーに乗って、なんとか暗くなる前に傘松公園の高台に到着しました。

天橋立は、日本海の若狭湾の西の端、丹後半島の付け根にあります。海流や川の流れの関係で、砂州ができ、その砂州の上の松林が南北三キロほどにわたって直線状に延びた独特の景観を見ることができます。船からも松林がつづくさまを見ることができますが、とくに北側の高台にある傘松公園から見る天橋立は、「また覗き」をすると天橋立の松林が天に昇る竜のように見えることで有名で、「また覗き」をするための台がいくつか設置されています。またを通して後方を覗くようにすると上下が逆に見えるので、天橋立がまるで空に向かって昇る竜のように見えるという仕組みです。昇り竜の景色もいいのですが、還暦を過ぎた男も女も、「また覗き」をしているさまのほうが、楽しめましたね。

観光船で宿に戻るころには周囲も暗くなりましたが、幸いなことに往きも帰りも、観光船から天橋立にある回旋橋が回転して船を通すところが見えました。橋げたが低いので、橋を回転させて、船を通す仕組みです。

天橋立は、約五〇分ほどで歩いて渡ることもできます。翌朝、散歩しましたが、なかほどには天橋立神社（橋立明神）があり、そこには、両側が海の砂州であるにもかかわらず、真水が湧き出る井戸、磯清水《いそしみず》がありました。私も飲んでみましたが、確かに真水です。何とも不思議な井戸です。台風による雨が強まってきましたので、ここで打ち切って帰ることにしました。

今回は強行軍でしたが、もう一度、じっくり訪れてみたいと感じました。

（二〇一七年十一月放送）

秋の奥多摩

――青梅線、御岳山ケーブルカー

ＪＲ東日本の青梅《おうめ》線に乗って、東京の西の端、奥多摩駅まで行ってきました。東京都は東西に長いかたちをしており、中心をＪＲ東日本の中央線が貫くように走っています。中央線は、東京駅から新宿駅を通り、ほぼまっすぐ西向きに進路をとり、立川駅、八王子駅を通り、高尾駅までが東京都内の駅になります。なお、中央線の高尾駅から先も中央本線として、神奈川県の相模湖《さがみこ》駅、山梨県の甲府駅を通り、愛知県の名古屋駅まで延びています。

今回乗車した**青梅線**、青い梅と書きますが、青梅線は、中央線の立川駅から分岐して、北西に向かう路線です。終点の奥多摩駅の先からバスに乗れば、ダム湖である奥多摩湖に行けますし、東京都の最高峰、雲取山《くもとりやま》（標高二〇一七メートル）への登山の拠点にもなっています（日本百名山にも指定されています！）。

雑学ですが、全国都道府県の最高地点のうち、一〇〇〇メートルに満たない都道府県は三つです。千葉県（愛宕山《あたごやま》、四〇八メートル）、沖縄県（於茂登岳《おもとだけ》、五二六メートル）は割と思いつきやすいのですが、意外なのは京都府（皆子山《みなこやま》、九七二メートル）です。大阪府の最高峰は葛城山《かつらぎさん》（九五九メートル）ですが、最高地点は金剛山の東側の地点で一〇五六メートルあります。最高地点が二〇〇〇メートルを超えるのは、一六都道府県（北海道、岩手、山形、福島、栃木、群馬、埼玉、東京、新潟、富山、石川、福井、山梨、長野、岐阜、静岡）。このなかでは、東京は意外かもしれません。

二〇一七年秋、研究室の学生が週末に奥多摩でのキャンプを企画しましたので、便乗して旅に出ることにしました。東京駅から青梅線特別快速列車に乗車。この通称、青梅特快は、東京二三区内にある一七駅のうち、五駅（神田、御茶ノ水、四ツ谷、新宿、中野）にしか止まりません。その後も六駅を飛ばして、三鷹駅、国分寺駅、立川駅と停車します。

東京駅から新宿駅までの中央線は都心を走ります。このあたりは江戸城の外堀沿いを走るため、ビルに囲まれてはいますが、比較的緑の多い路線です。なかほどの飯田橋駅から四ツ谷駅までの間は、春には堀に沿って植えられた桜が堀の水面に映り、とてもきれいな車窓風景が楽しめます（私の職場である理科大は、この堀沿いにあります）。

新宿駅を過ぎると高層ビル街を横目に見ながら、中央線の直線部分にさしかかり、一番前の車両からは一直線に西に向かって延びる線路を見ることができます。停車する三鷹駅までの区間は高架を走り、どこまでもつづく街並みを見おろしながら走ります。さすがに大東京です。途切れることなく家並みがつづいていますし、駅ごとにビル街と繁華街があり、賑わっているさまがわかります。三鷹駅を過ぎるころから徐々に住宅街へと様子が変わりますが、ビルが少なくなるため、広大な関東平野を見渡すことができるようになります。遠くまで家並みが埋め尽くしているさまは壮観

と言ってよいでしょう。国分寺駅の次の西国分寺駅で武蔵野線の高架をくぐると間もなく、立川駅。東京駅から約四〇分で到着。ここまでの営業キロは三七・五キロですので、時速約六〇キロでの走行ということになります（駅での停車時間があるので、実際にはもっと速いでしょう）。

立川駅は、ＪＲの中央線、青梅線、南武線のほか、多摩都市モノレールも通っている東京西部の拠点駅です。ここで中央線と別れ、北西に向かう青梅線に入ります。青梅線に入ると各駅に停車しますが、どこまでも住宅街がつづきます。ＪＲの五日市線と西武鉄道線の分岐駅である拝島《はいじま》駅を過ぎ、終点の青梅駅までずっと住宅街がつづいていました。学生のころに乗車したときには、田園風景が広がっていたように記憶していましたので、ずいぶんと東京の西部、多摩地区の都市化が進んだことがわかります。

青梅駅では一〇分ほどで奥多摩行きの列車が接続していました。乗り換えて、奥多摩駅に向かうと、やがて街並みがまばらになり、平坦部が狭くなってきます。蛇行する多摩川が左側から接近し、渓谷が深くなってきて、気がつくと、車両は高台を走るようになり、多摩川を見おろすようになります。対岸の山は、紅葉の季節でしたが、針葉樹が多いためか緑のまま。しかし、山の上のほうはかすかに色づいています。キャンプ場のある川井駅に着きましたが、待ち合わせは夕食のバーベキューの時間ですので、終点の奥多摩駅まで乗車しました。

新しい駅舎の奥多摩駅前は、整備されていて、登山客でにぎわっていました。小腹がすいたので、売っていたスモークチーズを食べたところ、とてもおいしかったので、登山時に持参するといいでしょう。駅前では、漁業組合の方が、名産のヤマメを串に刺して塩焼きにしています。一本五〇〇円で買って食べましたが、おいしいですね。五月と十一月の連休のときだけ出店するそうで、運がよかったです。駅の近くには奥氷川神社があり、参拝。近くに渓谷への入り口がありました。鉄道に乗るのが目的ですので、折り返しの列車で、今度は御嶽《みたけ》駅にUターン。御岳山ケーブルカーに乗車するのが目的です。

バスは少し離れたところから出ていました。満員です。紅葉のシーズンだからですが、ケーブルカーも超満員。バス、ケーブルカー、ともにピストン輸送で対応しています。御岳山ケーブルカーに乗ると、緑だった周囲の風景が終点では、見事な紅葉に変化しました。一気に標高八三一メートルの御岳山駅まで登りますので、眺望も抜群です。関東平野が一望でき、東京都心のビル街がはるかかなたにですが、くっきりと見渡せます。紅葉のなか、ハイキングもできます。御嶽駅に戻るころ、天気が崩れ、雨になりました。山の天気は変わりやすいですね。急いでキャンプ場のあるとなり駅の川井駅に向かい、学生たちと合流しました。

東京の西部には、拝島から乗り換えていく五日市線もありますし、中央線で高尾駅に出れば、ケーブルカーで高尾山に登ることができます。高尾山からは富士山が見えますし、別の角度から関東平野を眺めることができます。冬場は木が枯れて、葉が落ちるので、見通せるようにもなります。暖かい車内から車窓を眺める鉄道の旅にはよい季節といっていいでしょう。

（二〇一七年十二月放送）

長野から名古屋へ
——篠ノ井線、中央西線

二〇一八年は豪雨、台風、地震と大変な一年でしたが、ようやく秋になって、天候が落ち着きました。風もさわやかで、秋は旅行に出るにはうってつけの季節。何よりも木々の葉が落ちて、車窓風景の見通しがきくようになるのも鉄道の旅にとっては、助かります。この年は長野から名古屋まで、**篠ノ井《しののい》線**と中央西線《さいせん》に乗ってきました。長野で出身研究室のOBによる集まりがありましたので、そのついでに旅してきた次第。紅葉が見ごろでしたので、紹介しようと思います。

長野で一泊したあと、午前10時発の特急しなの八号で名古屋に向かいました。長野を出て南に向かう列車は、しばらく平野部を進み、旧信越本線が第三セクターに転換した、しなの鉄道との乗換駅である、篠ノ井駅を過ぎたあたりから、列車は徐々に高度を上げていきます。このあたりは東側の車窓に千曲《ちくま》川流域の長野市を含む善光寺平が一望できる見事な車窓風景が広がります。普通列車に乗れば、日本三大車窓で名高い姨捨《おばすて》の駅にスイッチバックで入るのですが、特急列車は、姨捨駅のすぐ下を通過して、姨捨駅には入りません。

前章でも姨捨駅の話はしましたが、普通列車でないと三大車窓の風景が楽しめませんよと言われています。しかし、姨捨駅のすぐ下を通るので、そんなに変わらない風景が見られるのでは、と思い、特急に乗りましたが、まったく別ものでした。やはりこの区間は、時間がかかっても普通列車に乗って、姨捨駅に寄るべきですね。特急列車ですと、長野駅から松本駅まで五〇分なのに対して、普通列車ですと三〇分ほど余計にかかります。それでもぜひ、普通列車に乗って、姨捨駅を訪れてみてください。

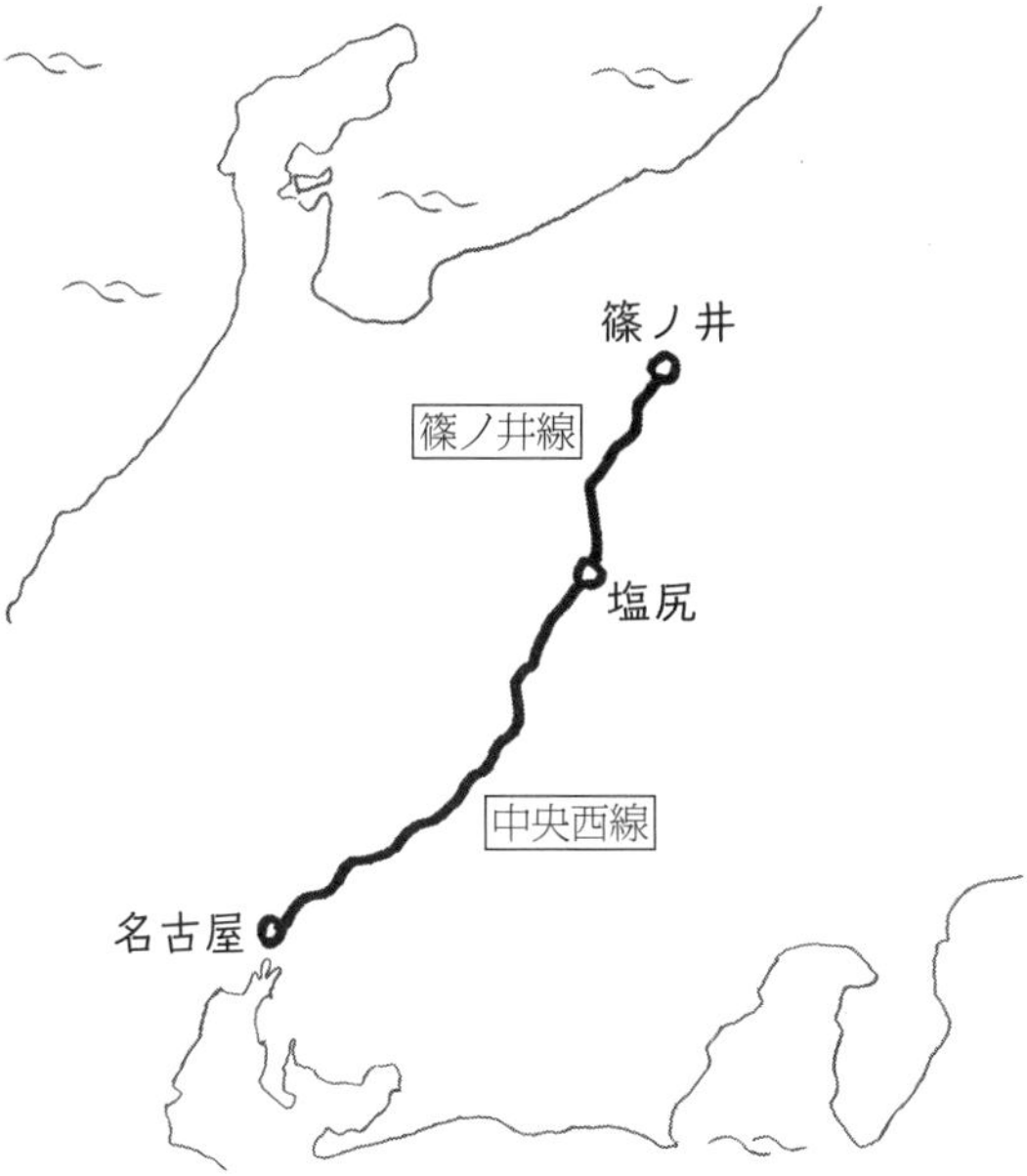

　姨捨周辺を過ぎると山のなかに入り、松本駅に向かって少しずつ高度を下げていきます。松本盆地周辺は広大な平坦地。この先、塩尻駅までがJR東日本の篠ノ井線の区間です。塩尻駅からは、JR東海の中央本線、通称中央にし線と書く**中央西線**に入ります。中央本線は、JR東日本にもあり、塩尻駅と東京駅を結んでいます。こちらが通称中央ひがし線と書く中央東線《とうせん》。国鉄民営化に伴って中央本線は、JR東海と東日本に分断され

てしまいました（またぐ区間でスイカやトイカなどのICカードが使えないのが不便ですよね）。

塩尻駅からは、木曽川沿いに名古屋駅まで南下していきます。木曽路には奈良井、木曽福島、妻《つま》籠《ご》、馬籠《まごめ》と古い町並みを残す宿場町が点在しています。列車は木曽川を縫うように木曽谷を進みますが、ここで残念ながら、記憶がワープ。前日に無理をしすぎたようで、睡魔に負けてしまいました。車窓からは、名勝、木曽《きそ》の桟《かけはし》や、寝覚ノ床《ねざめのとこ》が見えたはずですが、あとのまつり。岐阜県に入って平野部に出て、中津川駅の手前でようやく目が覚めました。寝覚ノ床は、奇岩がつづく渓谷で、中央西線最大の見どころです。アナウンスが入ることが多いのですが、熟睡してしまいました。

〝寝覚めの床〟なのにね。いずれリベンジです。

木曽路ではずっと前ですが、晩秋に妻籠宿の民宿に泊まったことがあります。とても寒かったのですが、ランプが灯る夜の風景は忘れられないものでした。また、早朝、ひと気のない町なかを朝霧のなか歩いたときの風景も、ほかでは見られないものでした。泊まらなければ見られない景色です。ぜひ、お泊りになることをお勧めします。

中津川から名古屋までは、町なかを進みます。ナゴヤドームが見え、ビル街に突入すると大都会、名古屋に到着です。所要時間三時間、感覚的には一時間でした。半分は寝ていましたので。名古屋から東京に戻る新幹線からは、富士山がきれいに見えました。これも名古屋まで迂回したご褒美です。


（二〇一八年十月放送）

北海道廃線、特別臨時列車
――石勝線、夕張支線

ＪＲ北海道の石勝線《せきしょう》は、新千歳空港駅のとなりの駅、南千歳駅から東に向かい、新夕張駅を経由して、根室本線の新得駅までを結ぶ本線と、新夕張駅で分岐して夕張駅に至る夕張支線の二路線があります。このうち、**夕張支線**の、新夕張駅から夕張駅までの区間、一六・一キロが二〇一九年の三月末をもって営業運転を終了しました。

二〇一七年にも廃線になる前に、北海道の留萌《るもい》線に、日帰りの弾丸ツアーで乗ってきました。いったん、廃線が決まりますと、廃線になる前に乗車しようとする鉄ちゃんたちが殺到し、乗客数が急増します。二〇一六年も同じように、日帰りの弾丸ツアーで、北海道の夕張線に乗車してきましたが、やはり車内は混雑していました。沿線には鉄道写真を撮る撮り鉄たちが、カメラを並べていて、廃線フィーバーの状況でした。

二〇一八年秋、朝の便で新千歳空港に降り立ち、そこから札幌行きの列車に乗り、となりの南千歳駅から**石勝線**に乗り換えて、新夕張駅まで行くことになります。しかし、直前の九月六日に発生した北海道胆振《いぶり》東部地震の影響で、石勝線のダイヤが大幅に乱れていました。いつもですと、南千歳駅から直接夕張駅まで行く普通列車が接続しているのですが、途中の追分駅周辺で列車が徐行運転を余儀なくされているため、その列車の始発駅が南千歳駅のひとつ先の追分駅に変更されていて、直接、乗車することができなくなっていました。そのため、夕張支線に乗る乗客は、後続の特急列車に特急券なしで、南千歳駅から追分駅まで乗車可能となっていました。

一両しかない特急列車の自由席は、超満員。そして、追分駅に着くなり、乗り換え客は猛ダッシュ。発車時刻ぎりぎりの到着なので、みんな必死に走ります。私もとなりのホームに停車中の、追分駅発夕張駅行きの一両の車両めがけて、階段を駆けのぼり、駆けおりて、飛び乗りました。そうはいっても、乗り残しがあると困るので、結局、全員乗車したのを確認してから発車。列車は立っている人もいる混雑状況でした。運よくボックスシートの一角に座ることができました。座れず困った表情を浮かべていた女性客二人に席を詰めて、座っていただき、私の前に座っていた乗客と合わせて、四人でボックスシートに収まりました。

女性客同士は夕張出身の同級生だそうで、同窓会があるので夕張まで行くとのこと。私と同年代であることもわかり、夕張駅までの小一時間、話に花を咲かせました。その中で、四〇年前の夕張の様子を詳しく教えてくれました。当時は、人口も多くてにぎわっていたそうです。しかし、徐々に石炭の産出量が減って、一〇年ほど前に炭鉱が閉山。人口が減り、知られているように、夕張市は二〇〇七年に財政破綻し、再建団体に指定されました。にぎわっていたころの様子を話す二人は、とても楽しそうでした。まだ紅葉しきっていない山々を見ながら、そこかしこをむかしとくら

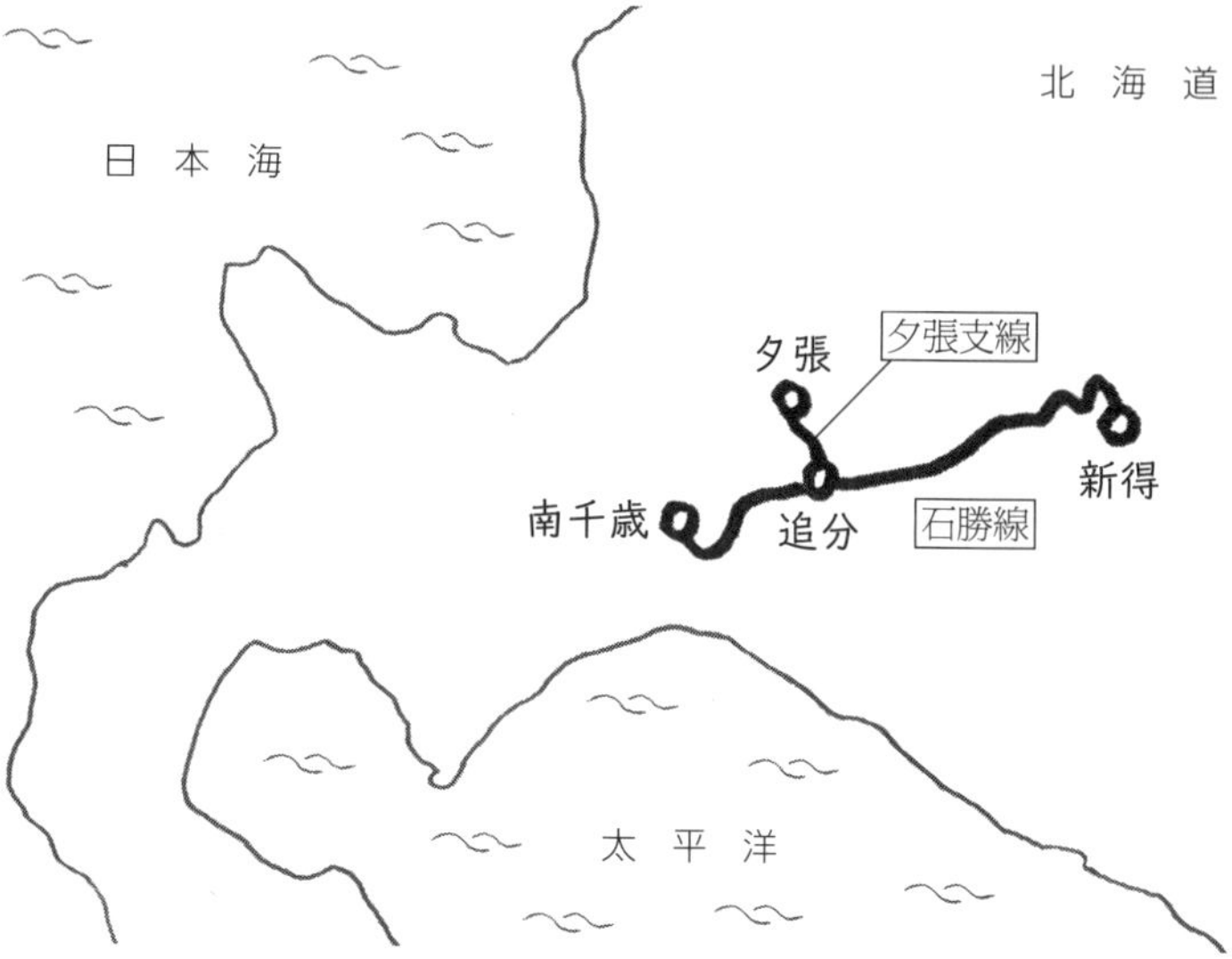

べて、説明してくれました。

夕張駅に近づいたところで、ずり山を教えてくれました。ずり山というのは、炭鉱から掘り出した石炭を取り除いた小石状のがれきを積み上げたもの。九州の筑豊では、ボタ山と呼ばれていて、平坦部にすり鉢状に積み上げられていますが、夕張のずり山は、別の山の斜面に積みあがっている上に草木も生えていて、見た目には普通の山と区別がつきません。ずり山は、夕張支線の右にも左にもあるのですが、見分けるのが難しいので、教えてもらえて幸運でした。子供のころは、ずり山に登って遊んでいたそうです。

夕張駅に近づくと、乗客が次々と立ちあがり、声を掛け合っています。どうやら車両には、同窓会に出席する同級生が大勢乗っていたようです。終点の夕張駅の到着は、発車時の遅れを取り返せず、遅れたままだったため、折り返し列車はすぐに発車することになりました。いったん車両を降りましたが、駅のホームには市役所の職員がチラシをもって待ち構えていました。特別臨時列車に関するものです。それに記念のグッズも配布していました。「お帰りなさい」ゆうばり盛り上げ隊と、書かれているので、同窓会の面々に配る目的だったのかもしれません。ご一緒した女性客と別れ、折り返し列車に乗り込むと、市役所の職員が黄色いハンカチを振って、見送ってくれました。女性客が別れ際に、ミカンをくれました。おいしくいただきました。

鉄ちゃんとして鉄道を乗りに行くときには、乗客と話すことはほとんどありません。会話しながらの旅も楽しいと感じました。最近、高校の同級生との旅をするようになりましたが、歳をとり、暇になってきて気の合う仲間として、交流が再開しています。会話の弾む、列車の旅もいいものです。

（二〇一八年十一月放送）

水害にあった千曲川沿いの鉄道

――長野電鉄、飯山線

長野県を旅してきました。二〇一九年十一月の初めに、長野市での講演会で話をすることになっていましたので、その前後に、千曲《ちくま》川に沿って鉄道の旅を計画したんです。

長野県と埼玉・山梨県との県境あたりを源流とする千曲川は、ＪＲ最高地点のある野辺山駅から北上する、ＪＲ小海線に沿って長野県内を流れます。小海線の終点、小諸駅の手前から向きを変えて、今度はしなの鉄道に沿って浅間山を時計回りに巻くように弧を描きながら、上田駅、篠ノ井駅を経由して長野駅までつづき、鉄道に沿って流れています。

ご存知のように、二〇一九年、千曲川流域では大規模な水害が発生しました。現在は復旧しましたが、乗車した当日は、しなの鉄道の上田駅付近（田中駅―上田駅間）がまだ不通でしたので、長野駅までは軽井沢から新幹線で向かいました。なお、上田駅から西に向かう別所線では、上田駅と城下《しろした》駅間の千曲川にかかる橋が流されましたので、寄付金を集めている状況。上田駅近辺の鉄道がとくに大きな被害を受けたことがわかります。

じつは、軽井沢に行く前に、群馬県側の横川にある碓氷峠《うすいとうげ》鉄道文化村に寄って、以前に乗り損ねたトロッコ列車に乗車しました。
長野駅に早く着くことになったので、長野駅から北東に向かって長野盆地を走る長野電鉄に乗車することにして、終点の湯田中《ゆだなか》駅の湯田中温泉に宿をとりました。源泉に近い「しなのや」に泊まりましたが、湯温が高く、かけ流しのちょいとぬるっとする、いい湯でした。

長野電鉄は、市街地にある善光寺下駅までは地下駅で、その後は広大な長野盆地のど真ん中を、千曲川の東側を少しずつ遠ざかりながら走ります。沿線には果樹園が多く、みのりの秋で、りんごや柿がたわわになっていました。乗車したのは、特急スノーモンキー号。終点、湯田中駅の先にある地獄谷温泉で、雪の季節でも温泉につかるニホンザルをスノーモンキーと呼んでいて、大勢の外国人観光客が見にくるのだそうです。

翌朝、宿をでるとき、お土産にシャインマスカットを一房いただきました。講演会会場の近くの権堂駅で降りたら、同じ大きさのシャインマスカットが一二〇〇円で売られていたので、ずいぶんサービスしてくれたことがわかりました。もうこの季節は、シャインマスカットは終わりの季節ですが、じつはこの季節が一番甘くておいしいのだそうです。じつに甘くておいしかったですね。仕事を済ませた翌日、さらに長野駅から千曲川沿いを走る飯山線に乗って、新潟県に抜けて、上越新幹線で東京に戻りました。

長野駅近辺の鉄道路線は入り組んでいます。先ほど、しなの鉄道で長野駅まで乗車したと言いましたが、しなの鉄道線は途中の篠ノ井駅までで、篠ノ井駅から長野駅まではＪＲ篠ノ井線の区間。

長野から松本を経由して名古屋に向かう路線をＪＲが維持しているため、篠ノ井駅でしなの鉄道は寸断されています。一方、長野駅から飯山駅を通り、新潟県の越後川口駅に至る飯山線は、長野駅の三駅先の豊野駅までがしなの鉄道の北しなの線で、そこから先がＪＲの飯山線です。このため、ＪＲ線は長野―豊野間、しなの鉄道線は長野―篠ノ井間で寸断されています。とくに、しなの鉄道線は通しできっぷが買えないので少し不便です。しかし、ＪＲ線は長野―飯山間を、新幹線を使うことにすれば、通しできっぷを買うことができます。

さて、**飯山線**ですが、豊野駅の手前で遠景に水害で被災した北陸新幹線の基地が見えます。北陸新幹線の車窓からは西側の眼下に見えるそうですが、北陸新幹線の車両が二つ停まっているのが確認できました。講演会の会場では、車両基地のあたりは水が流れ込みやすい地形だと参加者がみんな言っていました。未曽有の事態ですし、避けられなかったのではないかと思います。また、参加者が教えてくれましたが、千曲川の河川敷は広く、そこには果樹が多く植えられていたんだそう

です。今回、そのほとんどが流されてしまったそうで、人的な被害も大きかったのですが、農業の被害も甚大だったそうです。

豊野駅を過ぎてしばらく行くと、徐々に山が迫ってきて、千曲川はその名のとおり、せんまがりの川になります。飯山駅で途中下車し、一時間ほど散策しましたが、飯山市内も水害で水が床上まで来たそうです。さらに飯山線で東に向かいましたが、蛇行する千曲川のすぐそばの高台から見おろす千曲川は、まだ少し茶色く濁っていました。川岸の草木は流れの方向になぎ倒されていて、水害当時の流れの強さを物語っていました。

途中、戸狩野沢温泉《とがりのざわおんせん》駅で車両の切り離し（二両編成から一両へ）、森宮野原駅では行き違いのため二〇分停車。ここまでが長野県。森宮野原駅には、ＪＲ積雪最高地点の標識が立っていて、その高さは何と、七メートル八五センチ！　豪雪地帯なので、冬場は積雪によって、よく不通になる区間です。路線を護る目的で、冬場になだれが起きないよう、発破をかけるんだそうです。

峠を越えて新潟県側に抜けると、千曲川は信濃川と名を変えて、流れもゆるやかになります。日本一長い信濃川ですが、全長三六七キロのうち、信濃川と呼ばれているのは一五三キロ。残りの二一四キロは長野県内を流れる千曲川で、六〇キロも長い。千曲川の沿線でもとくに飯山線はすぐわきを走るので、普段は穏やかで、蛇行しながら流れる千曲川を車窓から眺めることができる路線です。

（二〇一九年十一月放送）

「新型コロナ自粛中」、東海道本線の旅

二〇一九年秋に、名古屋での仕事帰りに乗車した、東海道本線の様子をお話しします。

名古屋での仕事が早く終わり、名古屋駅の地下街で昼食に味噌カツを食べたあと、普通は新幹線で帰るだけ。でも、当日は夏季休業期間で急いで帰る必要もなかったので、在来線の東海道本線で明るいうちに行けるところまで行き、日が暮れたら新幹線に乗ることにしました。まずは東海道本線のホームに行って、名物のきしめんを一杯（名古屋駅のホームにあるきしめん屋「住《すみ》よし」は人気店。名古屋に行ったら、逃《のが》せません）。そして13時01分発の快速電車で豊橋に向かいました。

名古屋駅を出たあたりには線路が密集していて、名古屋駅から各地に向かう路線の多さがわかります。ひとつ、ふたつと分岐していき、金山《かなやま》駅に到着。ここは名古屋駅につぐ大ターミナル駅で、長野方面に向かうJR中央本線が分岐します。ほかにも名古屋鉄道、通称名鉄の本線や、市営地下鉄線も乗り入れており、金山総合駅と呼ばれています。

次の駅は、参拝客が多いことで有名な熱田神宮のある熱田駅。ここまで来ると高層ビルは少なくなりますが、都会の家並みがつづきます。少し先で豊橋まで並行して走る名鉄線の線路が東側に離

れる一方、名古屋駅を出てすぐに分岐した新幹線の高架がふたたび近づいてきて並走しながら、一路大都会、名古屋の近郊区間を南下していきます。

知多《ちた》半島につづく丘陵地帯の手前で新幹線の高架と別れ、濃尾《のうび》平野から岡崎平野に入ったところが大府《おおぶ》駅。ここで知多半島を南下するＪＲ武豊《たけとよ》線が右側に分岐します。大府駅を出てすぐ境川《さかい》と逢妻《あいづま》川を渡りますが、ここが尾張と三河の境（なので境川）になっています。今回の東海道本線は、愛知、静岡、神奈川、東京の四都県、尾張《おわり》、三河、遠江《とおとうみ》、駿河《するが》、伊豆、相模《さがみ》、武蔵の七国、を旅します。

三河安城《みかわあんじょう》駅で新幹線の高架をくぐってしばらくすると、八丁味噌で有名な岡崎。岡崎駅からは愛知環状鉄道が豊田市方面へ北に向かって分岐しています。山が迫り、川に沿って進むと蒲郡《がまごおり》のボートレース場が現れ、蒲郡駅。このあたりで少しだけ海が見えたと思ったら、トンネルを通り、しばらく行くと終点の豊橋駅に約一時間で到着。名鉄本線や新幹線のほか、渥美半島方面に向かう豊橋鉄道や市電が出ています。ここでは一〇分の連絡で浜松行きに乗り換え。豊橋の平野部を抜けると、前方左側に浜名湖が見えてきます。浜名湖にもボートレース場があり、さらに進むと弁天島駅に到着。弁天島駅付近は、汽水湖《きすいこ》である浜名湖と太平洋をつなぐ今切口《いまぎれぐち》に位置しており、左側、北に浜名湖、右側、南に遠く太平洋が見える絶景ポイントです。新幹線もここを通るのですが、各駅停車はゆっくり進むので、じっくり観賞できるのが違います。在来線ならではですね。

浜名湖を離れると間もなく終点、浜松駅に到着。所要時間は三五分。八分の待ち合わせの静岡行

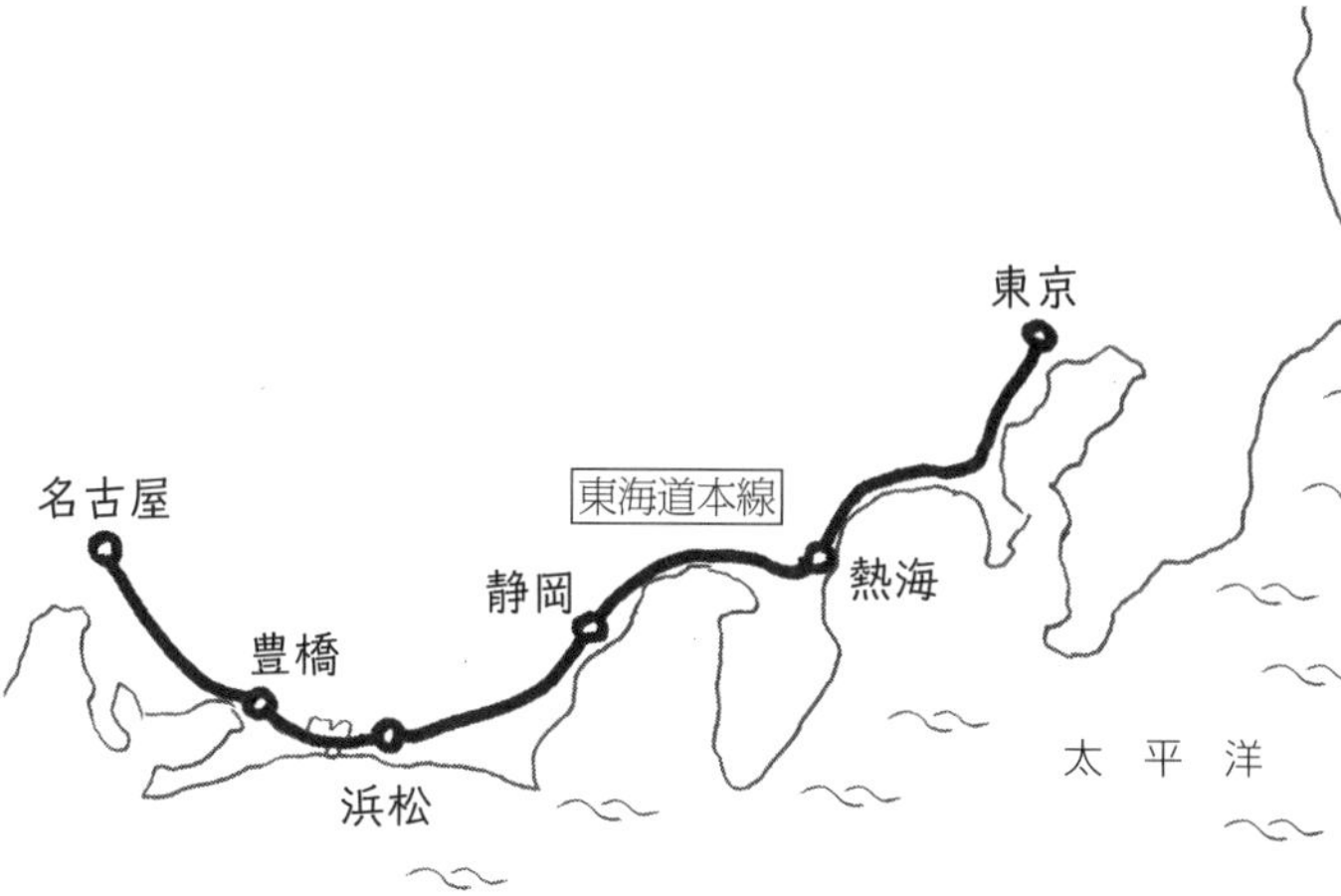

きに乗り継ぐため、階段を上下してとなりのホームへ。間もなく出発。浜松の少し先で暴れ川で有名な天竜川を渡り、天竜川が作った平野部を抜け、新幹線の駅がある掛川駅に到着。ここからは小ぶりですが、掛川城が左側に見えます。掛川駅から大井川鐵道の乗換駅、金谷駅までの区間は丘陵地帯。大井川鐵道はＳＬも走る人気の観光路線。渓谷美が素晴らしいので、お勧めです。

大井川を渡ると平野部に出て、マグロ水揚げ量日本一の焼津《やいづ》港がある焼津駅。その先にあるトンネルを抜けると一瞬ですが、右側に太平洋が見えます。そして、運がよければ富士山が前方に見えてくるのですが、残念ながら雲に隠れて見えませんでした。

静岡駅には七〇分で到着。トイレに行きたくなったのですが、待ち合わせ二分でホームの向かい側で待っていた熱海行きの電車に飛び乗りました。すでに名古屋駅を出てから三時間が過ぎ、便意をこらえながら車内を移動しましたが、残念ながらトイレはありません。静岡を出てしばらくは、駿河湾沿いを走る、本当に景色のよい区間。夕日を浴びて海がきらめいていましたが、便意を我慢しながらの旅は少しつらかったですね。静岡から熱海までの区間は、ここまでの最長で所要時間八〇分。熱海駅に到着と同時に脱兎《だっと》のごとく階段を駆けおりてトイレにまっしぐら。すぐに踵《きびす》を返して一六分の待ち合わせの快速アクティー小金井行きに乗り込みました。小金井駅は、栃木県の駅です。

外は暗くなり、明かりがともりはじめ、ふた駅先の真鶴《まなづる》駅に着いたころには、風景が夜景へと変わりました。小田原駅で新幹線に乗り換えてもよかったのですが、乗車しているのは東北本線に乗り入れている快速列車。せっかくなので、東京駅を過ぎて上野駅まで乗車して、歩いて帰りました。所用時間は家までで七時間弱。どの車両も混んでなくて、接続がよいのがうれしかったですね(トイレの問題がなければですが)。

この旅を取り上げたのは、青春18きっぷが使えるからです。五枚で一万一八五〇円なので、一枚が二四〇〇円ほど(料金は当時のもの)。

コロナウイルスがなければ、春休みの旅に最適だったのですが、不要不急の外出はご法度。残念ですね。各駅停車の旅は、比較的安全かもしれません。駅ごとに扉が開いて換気されますし、車両もそんなに混んでいませんでした。ほとんどが始発から終点までの乗車なので、吊革に触れることなく、座って旅ができますし……。

(二〇二〇年三月放送)

トラブルの旅①

トラブルのひとつ目は、一〇年以上前に乗車した関東鉄道の常総線《じょうそう》です。関東鉄道の常総線は、栃木県の小山《おやま》駅と茨城県の友部《ともべ》駅を結ぶ、JR水戸線のほぼ中間に位置する下館《しもだて》駅から、関東平野をまっすぐ南下し、常磐線《じょうばん》との乗換駅である取手《とりで》駅に至る、全長五一・一キロの路線。北関東の広大な平野部に広がる穀倉地帯を走り、遮る木々がほとんどなく、孤立峰である筑波山《つくばさん》がずっと東側に見える、とても景色のよい路線です。

昼さがりに下館駅発取手駅行きの快速列車に乗り込みました。下館の市街地を抜けると、車窓には見渡すかぎりの平原が広がり暖かい日差しのなか、霊峰筑波山が、頂上までくっきりと晴れ渡って見えました。

二両編成の車両のなかには、ゆったりとした時間が流れていましたが、突然、警笛の音が鳴り響いて、急ブレーキ。激しい衝突音とともに、乗っていた車両は大きく左右に揺れ、横転しそうになりましたが、何とか脱線することなく、停止することができました。

一瞬なにが起こったのかわかりませんでしたが、来た線路の先を振り返って見ると、ボンネット部分が吹き飛ばされて寸詰まりになった自動車が、踏切のわきに止まっているのが見えました。ちょうどエンジンルームの部分が失われたかたちです。運転していた方でしょうか、自動車のわきには呆然と立ちすくむ人も見えます。どうやら、踏切のなかに侵入してきた自動車の先端部分に鉄道車両が衝突し、自動車の前の部分を吹き飛ばしたようです。乗っていた車両は、急ブレーキをかけましたが、踏切から約二〇〇メートルも揺れながら走ったこともわかりました。

やがて、「事故車両なので、警察の現場検証が終わるまでは車両を動かすことができない」とのアナウンスがあり、パトカーのサイレンの音が聞こえてきて、三〇分ほど後に警察官が車内に乗り込んできました。乗客ひとりひとり、身元が調べられ、調書が取られていきます。負傷などした場合には、警察から保険金や労災の申請に必要な証明書類がでるとのことでした。

車両の外に目を移すと、横方向の少し離れたところに美しくそびえたつ筑波山が、夕日を受けて輝いて見えます。結局二時間以上、その山体が徐々に紫色に変化していくさまを、北関東のだだっ広い平原のなか、特等席と言ってよいでしょう。座ってずっと眺めていました。

その後、水海道《みつかいどう》の駅まで乗車してきた車両で徐行運転にて移動したあと、待っていた代行輸送の車両に乗り換えて、取手駅に向かいました。乗り換える際に、事故車両の前方がどうなっているか確認しましたが、バンパー部分がほんの少しひしゃげていましたが、ほとんど傷ついていなかったのは、驚きでした。

ちなみに、乗車していた車両が衝突事故を起こしたのは、あとにも先にもこのときだけです。大事に至らなくて、本当によかったと思います。

ふたつ目は北海道の釧網《せんもう》本線。季節は冬。網走《あばしり》発釧路《くしろ》行きの車両に乗車していたところ、途中で車両が止まりました。アナウンスがあって、行き違い列車がこの先で鹿と衝突したため、動けなくなっているとのこと。動けるようになるまで待たなければならなくなりました。最初のアナウンスは、すぐに動き出せるような雰囲気だったのですが、その後、鹿が車両の下に入ってしまい、取り除くのに時間がかかっているとのアナウンス。窓の外は雪景色。白樺の林のなかにちらほらと鹿の姿も見ることができます。

車内で同席した親子連れは、乗り継ぎ列車の心配をしていました。アナウンスでは、乗り継ぎ列車もこちらに合わせて遅らせるとのことでしたが、最終目的地の到着時間が気になっているようでした。乗客のなかには飛行機の時間もある乗客がいましたが、車掌さんがてきぱきと対応していたのが印象的でした。

いま、北海道では鹿の数がふえて、鉄道と鹿の衝突事故がふえているそうです。以前乗った釧路と根室を結ぶ根室本線でも、警笛が何回もなっていましたし、実際、鹿の群れにいくつも遭遇しました。結局一時間半ほど立ち往生。北海道の大自然を満喫することになりました。

この二つは車窓風景を楽しめましたが、事故車両によって京成電鉄のトンネル内で立ち往生したときは、動きのない暗いトンネルの壁を見つめる羽目になりました。京成電鉄本線の上野駅構内で脱線事故が起こったとき、乗車していた車両は上野駅に入線する直前でした。乗車してきた車両が入線するホームを、事故車両がふさぐかたちになったため、動けなくなった次第。先頭車両まで行くと少し離れていますが、照らし出す照明のなかに事故車両が浮かびあがって見えました。

最後に、東京と千葉を結ぶＪＲ総武線での経験もお話しします。千葉方面に向けて快適に走行していた車両が、いきなり緊急停止しました。アナウンスがあって、先の駅で人が線路内に侵入したので、安全が確認できるまで停車するとのこと。すると、車窓の外を、黄色いＴシャツを着たおじさんがゆっくりと、東京方面に向かって歩いていくではありませんか。「あいつだ！」誰しもそう思い車内は騒然。すぐに駆けつけたＪＲの職員によって、おじさんはあっけなく取り押さえられました。「身柄を確保！」との興奮したようなアナウンスが入り、安全が確認できたので運転が再開されるまでの一〇分間。大捕り物を目前で見たのは、初めての経験でした。

思い出話をするために、過去にデジタルカメラで撮った画像を調べてみました。こんな機会でもなければ、しなかったことですが、おかげで懐かしい風景の数々とともに、思い出がよみがえってきました。なので、ステイホームで、貴重な時間がもらえたと、ポジティブにとらえることにしました。皆さんもこの機会に、撮っただけでしまっているアルバムや写真を見返してみては、いかがでしょう。

（二〇二〇年五月放送）

高尾山ケーブルカー、御岳山ケーブルカー

——京王電鉄、中央線・青梅線

二〇二〇年九月も東京都民は、他県への移動が自粛となりました。どうしたものかと地図を眺めていたら、東京都内で都心からもっとも遠い西のはずれにケーブルカーが二つあることに気づきました。今回は東京都内にある、その二つのケーブルカーを使って高尾山と御岳山《みたけさん》に登ってきました。まず、新宿駅から西へ向かう**京王電鉄**の特急で約一時間の高尾山口《たかおさんぐち》駅で下車すると、高尾山のふもと標高二〇一メートルにある高尾山ケーブルカーの清滝《きよたき》駅へはたったの徒歩五分。そこから、標高四七二メートルの高尾山駅まで六分で一気に運んでくれます。木々が生い茂っているため、それほど遠くが見えませんでしたが、みるみる清滝駅が眼下に遠ざかっていきます。

ケーブルカーは、一本のケーブルの両端に車両がついていて、滑車を使って交互に巻き上げるようにして運行します。一方の車両が上がっていくとき、反対側の車両は下降していくので、中間地点付近で衝突しないように、行き違い用のレールが設置されています。ですから必ず、二つの車両は中央の地点ですれ違うことになります。巻き上げるときに、もう一方の車両が下りる力も利用できるので、省エネルギーですし、車両が自走しないので、急勾配でも運行できる、すぐれた鉄道で

す。

はじめ緩やかだった勾配は、上の高尾山駅に近づくにつれてきつくなり、高尾山駅近くのもっとも急な勾配三一度一八分は、日本にあるケーブルカーではもっとも急勾配だそうです。駅手前の長いトンネルを抜けると、終点の高尾山駅に到着。降り立って乗車してきた方向を見ると、トンネルの先が丸く小さな灯りのように輝いていて、吸い込まれそうに見えます。ここからは、高尾山のお寺、薬王院を経て徒歩一時間ほどで標高五九九メートルの高尾山山頂に着きます。

薬王院周辺の階段が少しきついですが、ケーブルカーの駅からは一二〇メートルほどしか登りませんので、比較的楽なハイキングコースです。頂上からは、東京方面が一望でき、新宿のビル街やスカイツリーなどが遠くに見えました。富士山は残念ながら見えませんでしたが、雲がかかっていなければよく見えるそうです。帰りはくだりなので四〇分ほどでケーブルカーの駅に戻りますが、下山には少し離れたところにあるリフトがお勧めです。このリフトでは、全長八七二メートルを進む間、ずっと澄んだ森の空気を味わいながら、山の風景を楽しめました。

一週間後、今度は都心からJR中央線を経由して青梅線に直接乗り入れる特別快速で終点の青梅駅に行き、さらに青梅線の奥にある奥多摩駅行きの列車に乗り換えて御嶽《みたけ》駅に降り立ちました。新宿から青梅駅までで一時間。さらに御嶽駅までは二〇分かかります。JR青梅線の御嶽駅は、漢字で木曽の「おんたけさん」と同じ漢字を書きますが、ケーブルカーの御岳登山鉄道は、山岳の岳の字を書きますし、山もこちらの字を使います。

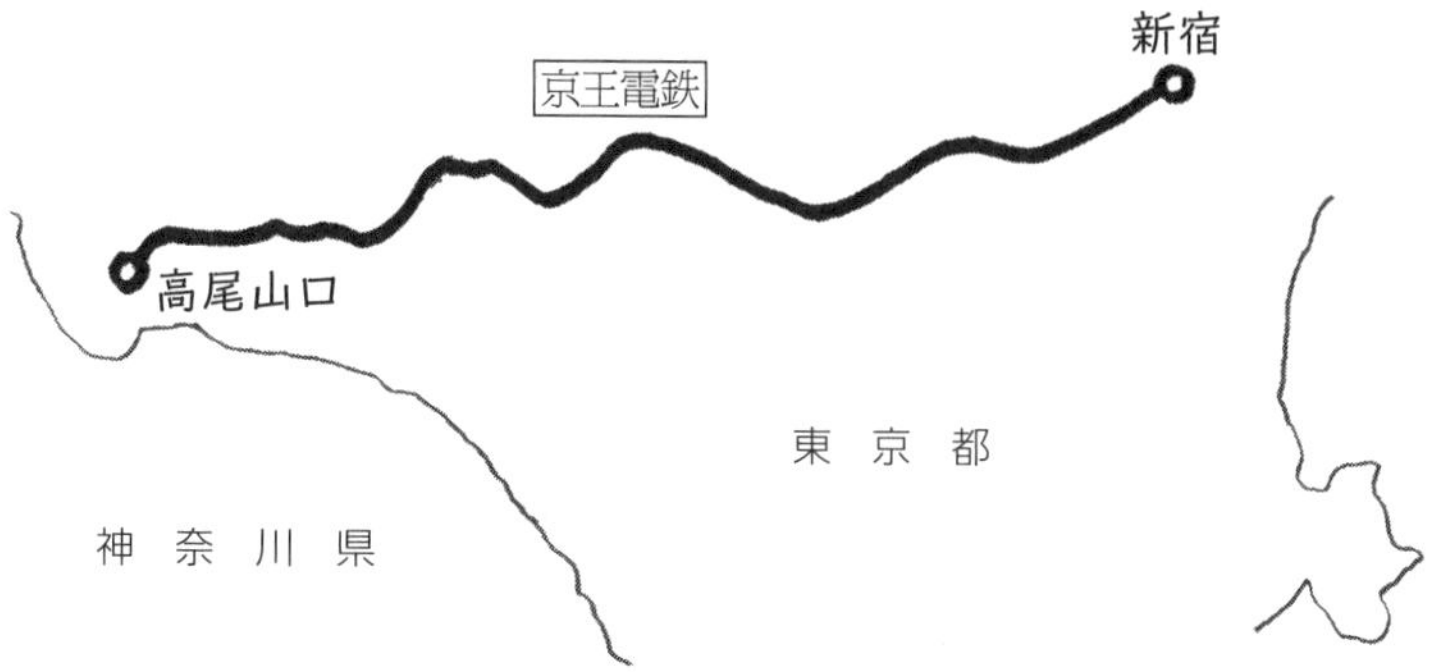

御嶽駅からは、御岳登山鉄道の御岳山ケーブルカーが発車する滝本《たきもと》駅までバスに乗車して一〇分。こちらのケーブルカーは、全長は高尾山ケーブルカーとほぼ同じですが、標高差は四二四メートルと五割以上大きくなっています。こちらも発車するとみるみるうちに滝本駅が眼下に小さくなっていきます。こちらのほうが、森が深い感じで、どんどん標高が上がっていきます。中間地点で対向車とすれ違い、六分ほどで御岳山駅に到着しました。御岳山駅周辺は少し開けていて展望台があり、奥多摩の山々を見ることができますが、関東平野の方向には開けていないので、都心の遠景を見ることはできませんでした。

ふもとの滝本駅の標高が四〇七メートルで御岳山駅が八三一メートルと高尾山ケーブルカーよりも三六〇メートルほど高いので、空気がひんやりとしています。ここから向かう御岳山の標高も九二九メートルと、高尾山よりも三〇〇メートルも高くなっています。ハイキングコースは、うっそうとした森のなかの整備された遊歩道を歩きますが、はじめ少しくだってから登るため、高尾山とくらべるときつい登りになります。とくに、頂上にある武蔵御嶽《むさしみたけ》神社の手前には、何段も階段がつづくので、休み休みでないと登れませんでした。標高が高いからでしょうか、途中、木々から立ち上る水蒸気がもやのようになっていて、山の上に向かって立ちあがっていくのが見えます。湿気を伴うひんやりとした空気のなかのハイキングは涼しくて気持ちよかったですね。

頂上にある武蔵御嶽神社では、筒から番号札がでてくる方式のおみくじがあったので、久しぶりに引いてみたら、何と凶。じつは、ここに来るまでの間にかぶっていた帽子をなくしたので、そのことかなと納得しました。ところが、このなくした帽子が御嶽駅に戻るバスで見つかりました。たまたま同じ車両だったのも幸運ですし、運転手の神谷さんが車内に落ちていたのを拾っておいてくださったんです（まさに神対応！）。神谷さん、ありがとうございました。

御嶽駅からの帰りには、青梅駅で下車して青梅の鉄道公園に寄ってきました。青梅駅から徒歩一五分ほどのところに、古いＳＬ五台などが展示されていました。ただ、コロナ禍の影響で、展示室は公開されていませんでした。

夏は木々が生い茂るので、山を登るケーブルカーからの眺めが遮られることも多いのですが、これからは紅葉となり、葉も落ち始めるので、ケーブルカーに乗車するにはよい季節になります。全国には二〇を超える数のケーブルカーがありますので、ぜひ乗車してみてください。

（二〇二〇年九月放送）

九州阿蘇の旅
――豊肥本線、南阿蘇鉄道

二〇二〇年十月になって、ＧｏＴｏトラベルが都民にも解禁されました。そこで、早速ＧｏＴｏトラベルを利用して、九州熊本の阿蘇を旅してきました。

熊本地震で不通となっていた、ＪＲ豊肥《ほうひ》本線が二〇二〇年八月八日に約四年ぶりに完全復旧しました。**豊肥本線**は、豊後《ぶんご》の国、大分から阿蘇を経由して、肥後《ひご》の国、熊本に至る、九州の真ん中を東西に走る路線です。旅した十月三日には、豊肥本線に並行して走る国道五七号線も全面復旧。こちらは新たに三・六キロのトンネルを掘って、北側にバイパスとなる「北側復旧道路」も新設され、熊本―大分間が三〇分ほど短縮されたそうです。残念ながら、復旧した豊肥本線の立野《たての》駅から南に分岐する南阿蘇鉄道は立野駅と中松駅の間が依然として不通ですが、三年後には復旧の見通しとのことです。今回は、この南阿蘇鉄道と復旧した豊肥本線を旅してきました。

南阿蘇鉄道は、現在、途中駅の中松駅から先、終点の高森《たかもり》駅までが運行されています。阿蘇の広大なカルデラの中心で噴煙をあげる中岳の南側を南東に向かって走ります。アクセスが極端に悪く、南阿蘇鉄道に乗車するためには一日に数本しかないバス便で中松駅か高森駅に行くしかありません。今回は、熊本空港から直接、高森駅に向かうバスに乗って中松駅で途中下車しました。

中松駅の駅舎は、「ひみつ基地ゴン」という喫茶店になっていて、さながらヒーローもののフィギュアの展示場のよう。喫茶店のママさんの趣味だそうです。トロッコ列車の発車時刻まで時間があったので、カレーとスープ、そしてコーヒーをいただきましたが、とくにカレーがおいしかったです。カレーには、かりかりベーコンのようなものが入っていて、香ばしくて独特の風味だったのですが、イノシシ肉の燻製《くんせい》だそうです。お勧めです。

トロッコ列車が到着すると、三〇人くらいのお客さんが降りてきて、狭い駅舎のなかは大混雑。カフェのママさんに息子さん二人が加わって対応していましたが、てんてこ舞いでした。なお、ほとんどの乗客は、折り返しの列車に乗って高森駅まで戻っていきます。私もここから合流してトロッコ列車で高森駅までの七・二キロ、約二〇分を乗車しました。トロッコ列車なので、高原の風を直《じか》に感じます。爽快の一言！

この区間はかなり急な登り勾配で、ゆっくりと走るので、車窓風景を堪能できます。阿蘇にはいたる所に湧き水があり、車掌さんが車窓から見える沿線の水源をいくつも紹介してくれました。語り口が面白いので、これを楽しみに来るお客さんも多いようです。高森駅は阿蘇カルデラの南東のはしにあり、ここからトンネルを経由して延岡《のべおか》に向かう路線が計画されていたんだそうですが、大量の水がでて途中であきらめたそうです。その代わり、このトンネルの湧き水が、阿蘇の新たな名水となったそうです。

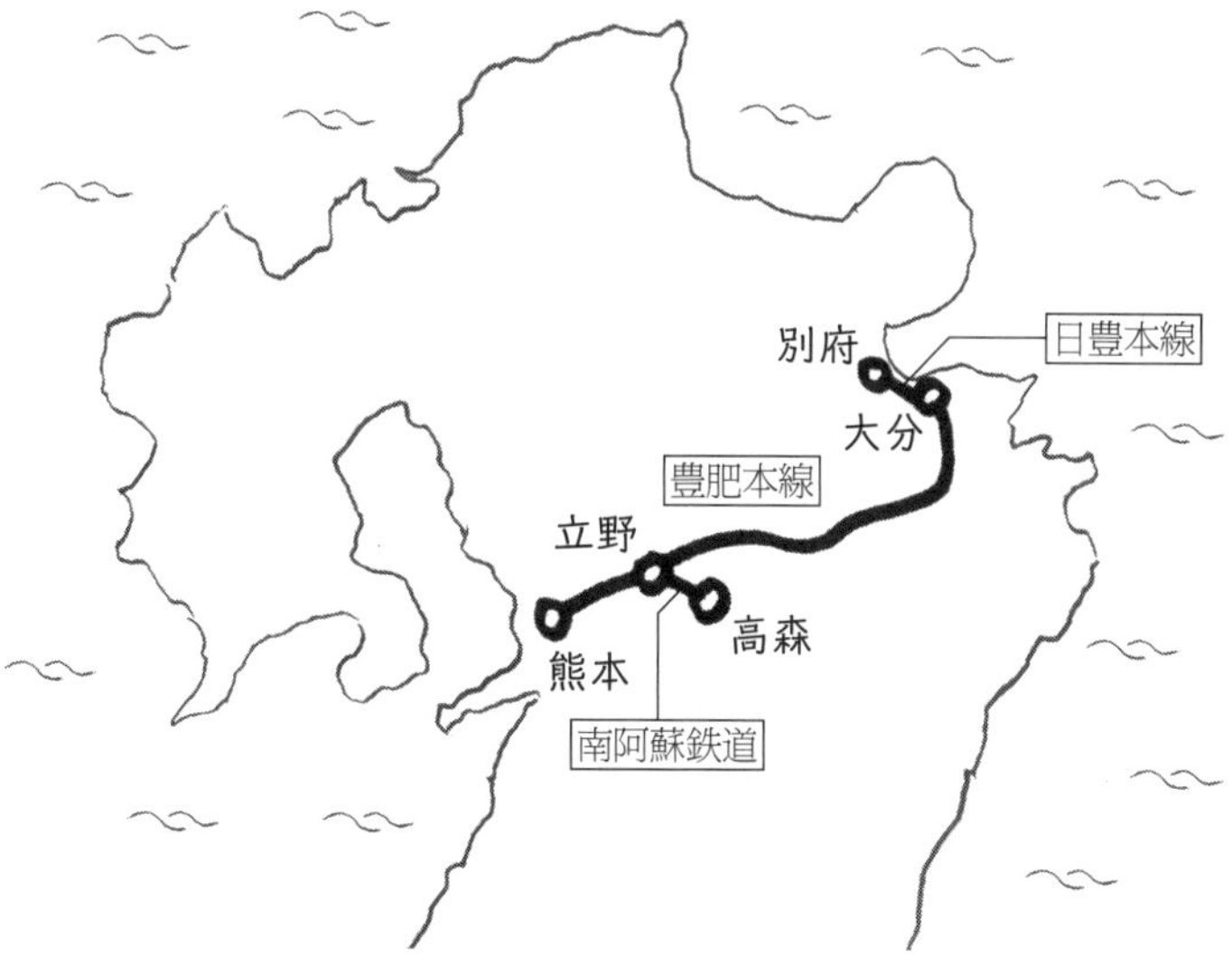

高森駅近くの小じゃれた喫茶店で、名物の赤牛《あかうし》のハヤシライスをいただきました。おいしかったのですが、途中で衝立《ついたて》が倒れてきて、ほんの少しだけハヤシライスを食べられてしまいました。聞けば、新型コロナ対策で急きょ日曜大工で作ったものとのこと。翌日にはアクリル製のしっかりしたものが届くことになっているが、申し訳なかったと平謝り。でも東京からくる私のような客対策でおこなったことじゃないですか。実害もなかったので、気にしていませんよと返事し、残りを平らげて、店をあとにしました。

高森駅からは、ふたたび中松駅を経由してバスで立野駅へ。立野駅は、阿蘇のカルデラから熊本側に流れ出す、川が削った大峡谷の崖の上に位置しています。周囲の阿蘇の外輪山が地震によって大規模に崩落したさまが、一望できます。阿蘇カルデラの南側を流れてきた白川と北側を流れてきた黒川がここで合流して、熊本市に向かって流れくだります。阿蘇の豊富な水、とにかくカルデラに降った水がすべてここに集まるのですから、合流して轟音《ごうおん》を立てて流れていくさまは、圧巻ですね。さて、白川と黒川が合流するとどうなるでしょう。白と黒ですが、白川になります。南阿蘇鉄道の車掌さんから教わりました。

立野駅からは、ＪＲ豊肥本線でいったん大分方向へ。この先には有名な大規模なスイッチバックがあります。熊本方面から来た列車は、いったん立野駅に頭を突っ込むようにして止まり、ここで運転手が反対側に移動して、列車が逆走。崖の上にある立野駅からさらに高い外輪山の高台にある停車場まで西に向かって登ります。この停車場からふたたび向きを変えて、今度は高台に敷かれた線路上を東に向かって走るんです。

立野駅のすぐわきに変わったかたちの風車があるのですが、この高台の線路上からは、はるか下にその風車が見え、この間に登った高さを実感することができます（立野と次の赤水駅間の標高差は一九〇メートル）。

この日は、翌日に備えて熊本駅に行き、ホテルに宿泊。ＧｏＴｏトラベルで格安に泊まれたうえ、クーポン券もいただいたので、早速、熊本駅で熊本ラーメンをいただきました。熊本駅で、投票により九州一の駅弁に選ばれた八代《やつしろ》駅のアユの弁当を購入。この弁当には、塩焼きと、甘露煮があるのですが、後者を選択。いつもなら二つ買うんですが、くまモンの弁当箱の赤牛弁当も欲しくなり、塩焼きは次の機会に残しました。

翌日は、豊肥本線の特急〝あそぼーい！〟に終点の別府駅まで乗車。特急〝あそぼーい！〟は、立野駅のスイッチバックを経由して、噴煙をあげる中岳や外輪山の峰々を遠くに見ながら、広大な阿蘇カルデラの平坦部が見渡せます。〝あそぼーい！〟の最前列と最後尾の車両は運転席がないパノラマビューになっています。なかの車両にも横向きのパノラマシートがあって、阿蘇の雄大な車窓風景が堪能できました。

別府からは博多に行って博多ラーメンを食べて帰る予定でしたが、博多駅で思わぬサプライズ。到着したホームの向かい側に、ＪＲ九州の新しい特急〝BLACK《ブラック》 TRAIN《トレイン》36ぷらす3〟が停車していたんです。この特急列車は、九州をぐるりと一回りするＪＲ九州が仕掛けるデザイン・アンド・ストーリー列車、通称Ｄ＆Ｓ列車で運行開始は十月十六日。なので、運行の二週間前に遭遇したことになります。黒光りする車両を写真に収めているうちに、博多ラーメンを食べる時間を失ってしまいました。

今回乗車した特急〝あそぼーい！〟もＤ＆Ｓ列車です。ＪＲ九州は、数十万円するクルーズ列車の〝ななつぼし〟も運行していますが、気軽に乗れる特別なＤ＆Ｓ列車をいくつも走らせていますので、ぜひ、調べていろいろと乗車してみてください。

（二〇二〇年十月放送）

南九州・太平洋側の旅

——日南線、日豊本線

ＧｏＴｏトラベルを利用して、宮崎県を中心に、南九州の太平洋側を旅してきました。まず乗車したのは、日南海岸沿いに南下するＪＲ**日南《にちなん》線**です。

朝の便で宮崎空港に降り立ち、すぐわきにある宮崎空港駅からＪＲ九州の宮崎空港線でふた駅の南宮崎駅へ。そこで向かい側のホームに停車していたＪＲ九州のデザイン・アンド・ストーリー列車の特急〝海幸山幸号《うみさちやまさち》〟に乗り換えました。前回、乗車した豊肥本線の特急〝あそぼーい！〟もそうでした。きっぷは事前に予約しておいたＪＲ九州の新幹線を含む全路線が二日間乗り放題の〝みんなの九州きっぷ〟を使いました。

海幸山幸号は、海幸彦と山幸彦の神話にちなんで企画された列車で、「海幸」と「山幸」の真っ白な車両二つが連結された特急です。神話については、調べると面白いのですが、話が長くなりそうです。今回は、青島駅で下車して、国の天然記念物に指定されている青島に渡りましたが、この青島にある青島神社に祭られているのが「山幸彦」こと、天津日高彦火火出見尊《あまつひだかひこほほでのみこと》で、神武天皇の祖父にあたるのだそうです。

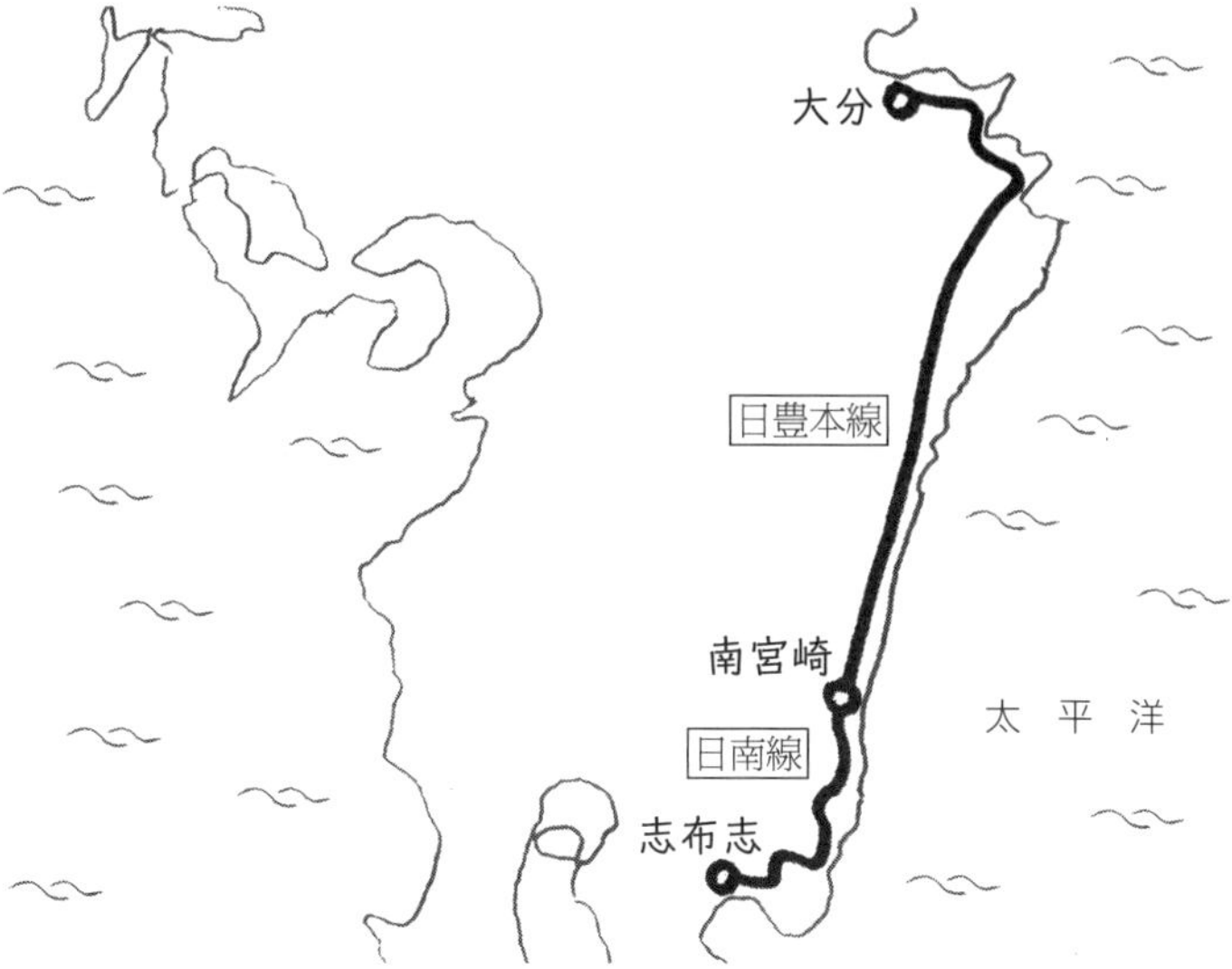

当日は雨まじりの強い北風がふき、気温も低く、温暖な気候で知られる宮崎の旅としては、ありえないような最悪の状況。雨まじりの強い風を横から受けて、傘をさすこともできません。海岸から五〇〇メートルほどの橋を、一〇分ほど歩いて何とか青島に到着しました。びしょぬれで、凍《こご》えるようでしたが、亜熱帯植物の林の陰に入ったので雨風をしのげるようになりました。

青島の中央には、青島神社があり、その入り口は島の南側のため、雨風を避けながら参拝（最近はお礼参りのみ）。境内は、ヤシ科の亜熱帯植物が群生する林のなかにあり、静かでしたが、鳥居の外に出ると鬼の洗濯岩と呼ばれる岩礁があって、荒波が打ち寄せています。よせばいいのに、ここから青島の周囲を反時計回りにぐるっと、三〇分ほどかけてまわりましたが、島の北側に出たあたりから潮まじりの強い雨風が襲います。島陰に入って、びしょぬれの体を休めたあと、時間があったので、再度、境内に戻って亜熱帯植物を見てから、駅に向かいましたが、これがいけなかったんですね。

余裕をもって戻ったつもりでしたが、青島駅には乗車予定の志布志《しぶし》行きの快速列車が止まっているではないですか。あわててホームに駆けのぼり乗車しようとしましたが、目のまえで扉がしまってしまいました。あとは、ホームの上で走り去る列車を呆然と見送ることになってしまいました。久しぶりの大失態。悪天候ですし、宿泊予定地の宮崎市内に行って、おいしい食事でも満喫しようかとも思ったのですが、いやいや、日南線には意地でも乗るぞと、思い返して、禁断の一手を使いました。タクシーワープです！　志布志駅まで、海岸沿いにタクシーでワープしてしまいました。悪天候でしたが、話のうまい運転手さんだったので、海岸沿いのドライブは快適でした。運転手さんにいろいろと教えてもらいましたので、日南線はいずれリベンジで訪れる予定です。気候のよい時期にですが……。

志布志駅に着いたのは、乗り損ねた列車の折り返し列車が発車する三〇分前、駅の近くにある鉄道公園で転車台の跡やSLを見学。折り返し列車に乗車しましたが、すぐに日が暮れてしまいましたので、景色は見えずじまい。いずれ、ここもリベンジで訪れることにします。

宮崎では、宿泊した夜は宮崎名物のチキン南蛮。翌日、宮崎空港に行く前には、同じく名物のスモーキーな、鳥のモモ焼きをしっかりいただきました。翌朝、宮崎駅で駅弁のしいたけ弁当（今回はひとつだけ。ほかに幕の内弁当しかなかったので）を購入。**日豊本線**《にっぽう》で今度は北に向かいました。

日豊本線は太平洋の海岸線に沿って走ります。三〇分ほど走った高鍋駅のあたりから、海が見えてきます。日向灘になりますが、ここは東側に開けていますので、朝日が堪能できる路線。まだ低いところにある太陽からの日差しが海に反射してきらめいて見えます。

前日とはうって変わって晴れましたので、朝日に輝く穏やかな海を眺めていました。ところが、途中で海側に高架が現れて景色の邪魔をします。この高架の上には、太陽光パネルが敷き詰められていて、数キロにわたって延びていましたが、その北側の終点には鉄道総合研究所と書いてありました。どうやら鉄道の実験線を太陽光発電の設備に転用したもののようです。南国の強い日差しでの発電は、効率がよいでしょうね（でも邪魔でした……）。

宮崎県第二の都市にある延岡駅を過ぎると、海岸線を離れて山に入り、始発から約三時間の乗車で大分駅に到着。その後、国宝である「臼杵《うすき》の石仏」を観光し、ふたたび日豊本線を、今度は南下して宮崎駅に戻りました。帰りは山側に日が落ちるので、暗くなるのも早く、高鍋のあたりでは真っ暗になってしまいました。

臼杵の石仏は、私が習った高校の教科書には頭が下の台座に落ちた状態の写真が掲載されていましたが、一九九三年に修復されて立像になっています。平安時代後期から鎌倉時代に作られた摩崖《まがい》仏《ぶつ》（崖から掘り出した石仏）で四群にわかれて計六一体の石仏があります。臼杵駅からレンタサイクルでまわりました。

今回の旅では、ＪＲ九州の二日間乗り放題きっぷ〝みんなの九州きっぷ〟の全九州版、一万円を使いました。前回のように、豊肥本線よりも北側だけであれば、北九州版が五〇〇〇円です。南九州版があればよかったのですが……。新幹線を使わなかったし、タクシーワープを使ったので割高になりましたが、この〝みんなの九州きっぷ〟はとても便利なきっぷですので、利用するとよいでしょう。

（二〇二〇年十一月放送）

冬のあじわい

伊勢神宮、出雲大社

――JR東海と近畿日本鉄道、一畑電車

二〇一四年十一月、教え子の結婚式が名古屋でありましたので、その翌日の日曜日に伊勢神宮に参拝することにしました。伊勢神宮では二〇一三年、式年遷宮《しきねんせんぐう》がおこなわれました。私にとって、新しい社《やしろ》に生まれ変わってからは初めての参拝でした。

名古屋駅と伊勢神宮のある三重県の伊勢市は、JR東海と近鉄（近畿日本鉄道）が結んでいます。

JR東海には〝伊勢路フリーきっぷ〟があります。このきっぷは、三日間有効で、伊勢市駅を含む松阪駅から鳥羽駅までのJR東海線がフリー区間となり、名古屋からの往復運賃と伊勢での夕クシー券がセットされています。往復するだけでしたら、〝快速みえ得ダネ四回数券〟もあり、二人で往復すれば使い切れます。一方、**近鉄**には、同じく三日間有効の〝伊勢神宮参拝きっぷ〟があります。こちらも伊勢市駅を含む松阪駅から賢島《かしこじま》までの近鉄線がフリー区間で、往復の運賃と特急券、そして三重交通バスの所定区間乗り放題がセットされています。ちなみに、近鉄では、年内限定発売ですが、十二月三十日から一月末までの連続する三日間、近鉄全線が乗り放題になる新春全線フリーパスが四一〇〇円です。鉄ちゃんなら、どれだけ乗りまくれるか、腕の見せ所です（料金

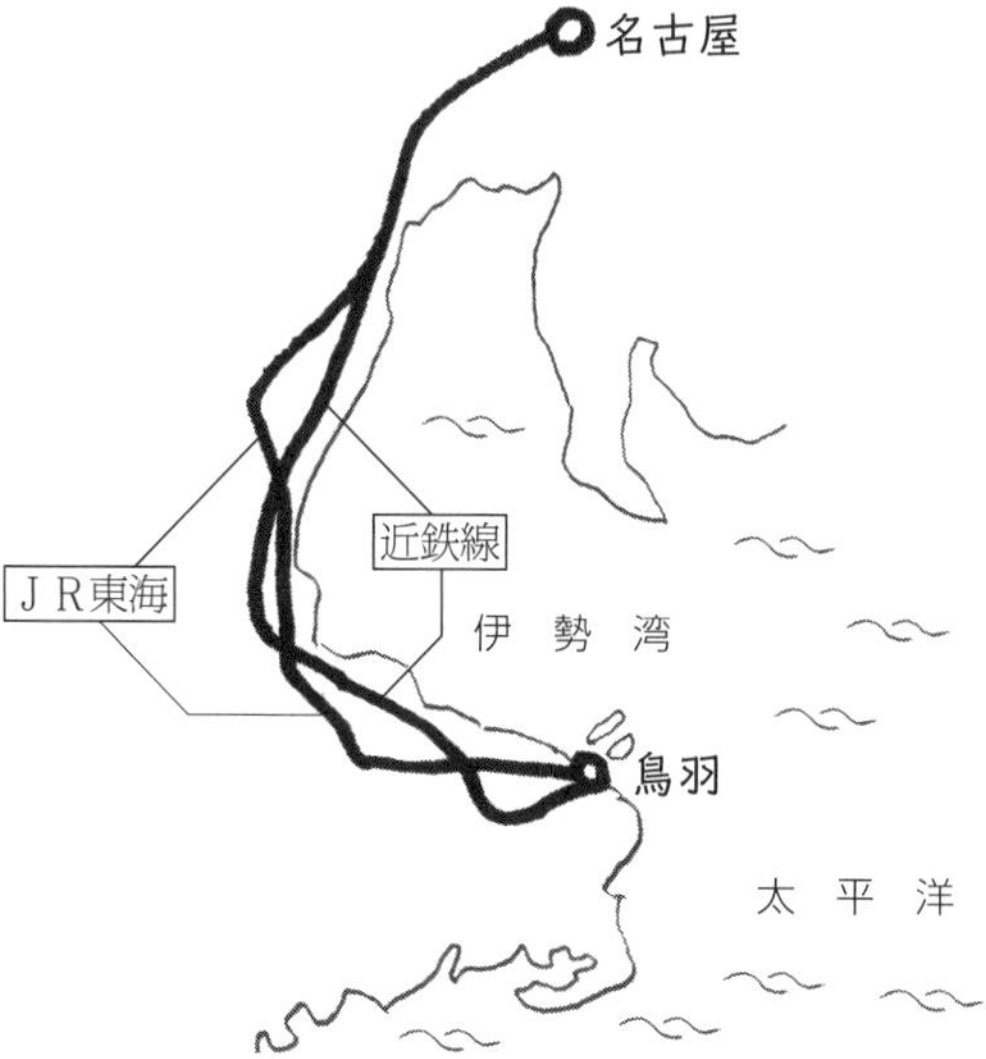

は当時のもの）。せっかく、こんな便利なきっぷが用意されていても、同じ路線を使わないのが鉄ちゃんのサガというもの。今回は、行きは近鉄、帰りはＪＲ東海と別々の路線に乗ることにしました。

早朝便の旅で伊勢路にてご来光のつもりでしたが、前日の夜、卒業生たちと深夜まで話し込んでしまい、またしても不覚。結局、名古屋駅を出発して早々に日が昇ってしまいました。近鉄の特急列車もよいのですが、今回は急行列車の旅。高架をひた走りますが、残念ながらほとんど海は見えません。並行して走るＪＲ線との出会いと別れを繰り返し、一時間四〇分ほどで伊勢市駅に到着しました。伊勢市駅はＪＲ線と近鉄線の改札が共通の駅。まだ早い時間帯でしたので、外宮《げくう》への参道には人がまばらでした。

伊勢神宮には、豊受大御神《とようけのおおみかみ》を祭る外宮と、天照大御神《あまてらすおおみかみ》を祭る内宮《ないくう》があります。伊勢市駅から徒歩一五分ほどの外宮に参拝後、四五分ほど歩いて内宮にも参拝。着いたころには日も高くなり、参道は参拝者でいっぱい。次々と観光バスも到来し、人気の高さを感じました。新しい社殿は白木が美しかったのですが、いたるところ布で覆われていて、なかは見えません。我々との間の境界なのでしょう。お参りあとは名物の伊勢うどんを食べて帰途につきました。

帰りのＪＲ線は電化されていないため機関車。しかも単線区間なので、行き違い列車を待つ時間が多い印象でした。その一方で、駅間隔が長いので名古屋までの所要時間は近鉄線とさほど違いません。ＪＲ線からもほとんど海は見えません。伊勢湾の周辺には広大な平野部が広がっていることがわかります。伊勢湾沿いは、標高が低いことで知られており、途中駅の愛知県弥富《やとみ》駅には「日本一低いところにある地上駅」の看板が以前はあり、標高は海抜マイナス九三センチとのことです。昭和三十四年（一九五九年）の伊勢湾台風の高潮で伊勢湾周辺では大きな被害が出ましたが、低地帯であることも一因。いずれ襲来が予想される東海・東南海地震での津波の被害が心配されています。

若いころは、お宮参りというとお願いばかりしていたのですが、この年になるとかなえられた願いごとも少なくありません。一方、お願いしたいことも少なくなるので、最近はお願いするのは初詣のときだけにして、お礼参りに専念しています。ただ、若いころから旅歩いた先々で神社があるとお願いしていたため、どこで何をお願いしたか定かでありません。日本にはいたるところに

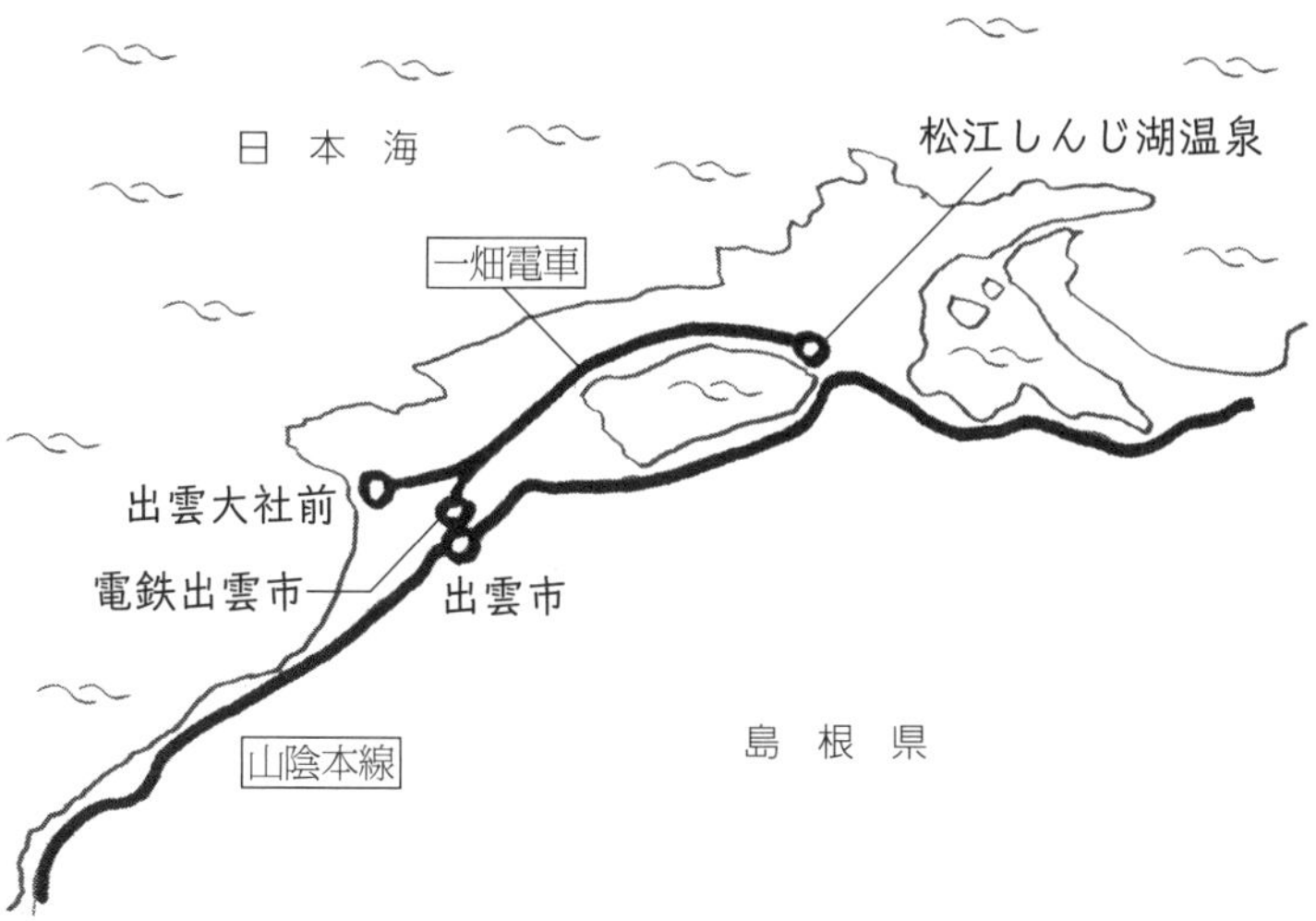

八百万《やおよろず》の神々がいらっしゃるので、とりあえず、たずねた記憶のある神社にいっては頭をさげています。そういえば、神無月《かんなづき》、旧暦の十月十日には出雲に神々が集まるので、お礼参りにはよいと聞きました。なるほど、ですよね。日程が合えば、たずねようと思っています。

神々が集まる島根県の出雲大社への参拝にも二つの路線、一畑《いちばた》電車とＪＲ西日本が使えます。ちょうど宍道湖《しんじこ》の北側と南側を走るので、違った風景が楽しめます。**一畑電車**は、宍道湖の北側の際《きわ》を走る路線で、とても景色がよいうえ、出雲大社のすぐ近くに出雲大社前駅があります。一方、ＪＲ西日本にもむかし、出雲大社のそばまで行く大社線があったのですが、残念ながら一九九〇年に廃止されてしまいました。現在は、山陰本線の出雲市駅まで行ってから一畑電車を利用するか、バスに乗り換える必要があります。ちなみに、ＪＲ大社線には、国鉄時代に乗車していています。出雲では神が集う神無月は「神あり月」というそうです。出雲大社には大国主命《おおくにぬしのみこと》が常駐されているそうです。

参拝者が多いからでしょう、伊勢神宮や出雲大社のように複数の鉄道が使える神社仏閣は全国にあります。関東では、栃木県の日光東照宮、千葉県の成田山新勝寺、神奈川県鎌倉市にある鶴岡八幡宮がＪＲ線と私鉄で行けますし、有名なお社の多い近畿の京都や奈良には、いくつもの鉄道会社が路線を広げています。ほかでは香川県の金刀比羅宮《ことひらぐう》には、高松琴平電気鉄道（琴電）とＪＲ四国で行けます。大阪にある住吉大社へは、南海電鉄を使っても行けるのですが、私は路面電車の阪堺《はんかい》軌道を使いたいですね。素朴な感じが気にいっています。教育の神様である菅原道真《すがわらのみちざね》公を祭る福岡県の太宰府天満宮は、教育者としてはお礼参りが欠かせません。こちらは西日本鉄道（西鉄）線が便利ですが、近くの廿日市《はつかいち》まではＪＲ九州線で行けます。

いずれの神社仏閣へも各鉄道会社がフリーきっぷなどのお得な乗車券を用意している場合が多いです。インターネットや、駅にあるパンフレットなどにいろいろ載っています。新年には初詣に遠出される方も多いのではないでしょうか。車で行くと駐車場が大変ですから、ぜひお得で便利な鉄道で出かけましょう。

（二〇一四年十二月放送）

「雪国」の旅
――旧長野新幹線、飯山線

母が雪を見たいと言うので、二〇一四年末に、長野県の飯山まで母を連れて行ってきました。飯山は二〇一四年の一月にも訪れたのですが、この年の冬は一〇年ぶりの大雪で、飯山線も長野と新潟の県境周辺で不通になりました。もっとも、宿の方の話では冬場、除雪のために不通になるのは珍しくないそうですが。

じつは、鉄ちゃんとしては同じ経路をたどりたくないので、本当なら往きは長野駅からJR信越本線を通って飯山線で入り、帰りは飯山線のもう一方の終点、越後川口駅を経由して新潟側の越後湯沢駅から帰るルートを取りたいところでしたが、今回は一人旅ではないので、おとなしく長野経由で往復する計画を立てました。一人旅なら篠ノ井線で松本を経由して帰るというのでもよかったですね。

この年は親孝行のつもりで、**長野新幹線**（現在の北陸新幹線）のグランクラスに乗車しました。グランクラスというのは一列に独立したシートが三つ配置された、グリーン車よりもハイクラスの指定席です。席は快適そのもの。ひとつひとつ独立したシートはフルリクライニングで前後も広く、読書灯も完備。どれくらい快適かというと、またまた不覚にも、軽井沢駅を過ぎたあたりから長野駅の直前まで熟睡モードに入ってしまうくらいでした。以前取り上げた、早朝便の旅のときといい、いつも寝ていると思われるかもしれませんが、わたしにとって鉄道に乗る大きな楽しみは移りゆく車窓風景。今回も、群馬県側の安中榛名《あんなかはるな》駅から長野県側の軽井沢に抜けるトンネルの前後で雪景色へと変わるさまは、しっかり目にしました。

まさしく、「国境の長いトンネルを抜けると雪国だった」ですね。太平洋側からひと山越えると、風景ががらりと変わるさまは、日本人にとってはあたり前のものですが、外国人にとってはとても珍しいもので、わざわざこれを見るために日本を訪れる人もいるそうです。実際、グランクラスの乗客の半分は外国人でした。満足したことでしょう。

新幹線では、長野新幹線以外にも、上越新幹線の上毛高原駅と越後湯沢駅の間、東海道新幹線では、関ヶ原付近で同様の光景が見られます。在来線でも、小説『雪国』の舞台とされる群馬県と新潟県の県境を走る上越線など、日本海側に抜ける路線で経験できます。私が初めてこのような経験をしたのは、兵庫県の中央部を南北に走る播但《ばんたん》線でのことでした。南側の姫路駅から北側の和田山駅に抜ける途中、生野《いくの》駅付近のトンネルを抜けると、その直前までは晴れていたのに、山肌を雪がかけあがってきます。周囲の木々は雪のなかにかすみ、やがて一面の雪景色に変わりました。

話を長野に戻します。長野駅から飯山駅まではＪＲ**飯山線**に乗車して約一時間。長野駅を出てしばらくすると、周囲はりんごの枯れ木の林が雪のなかにつづく独特の風景に変わります。千曲川に

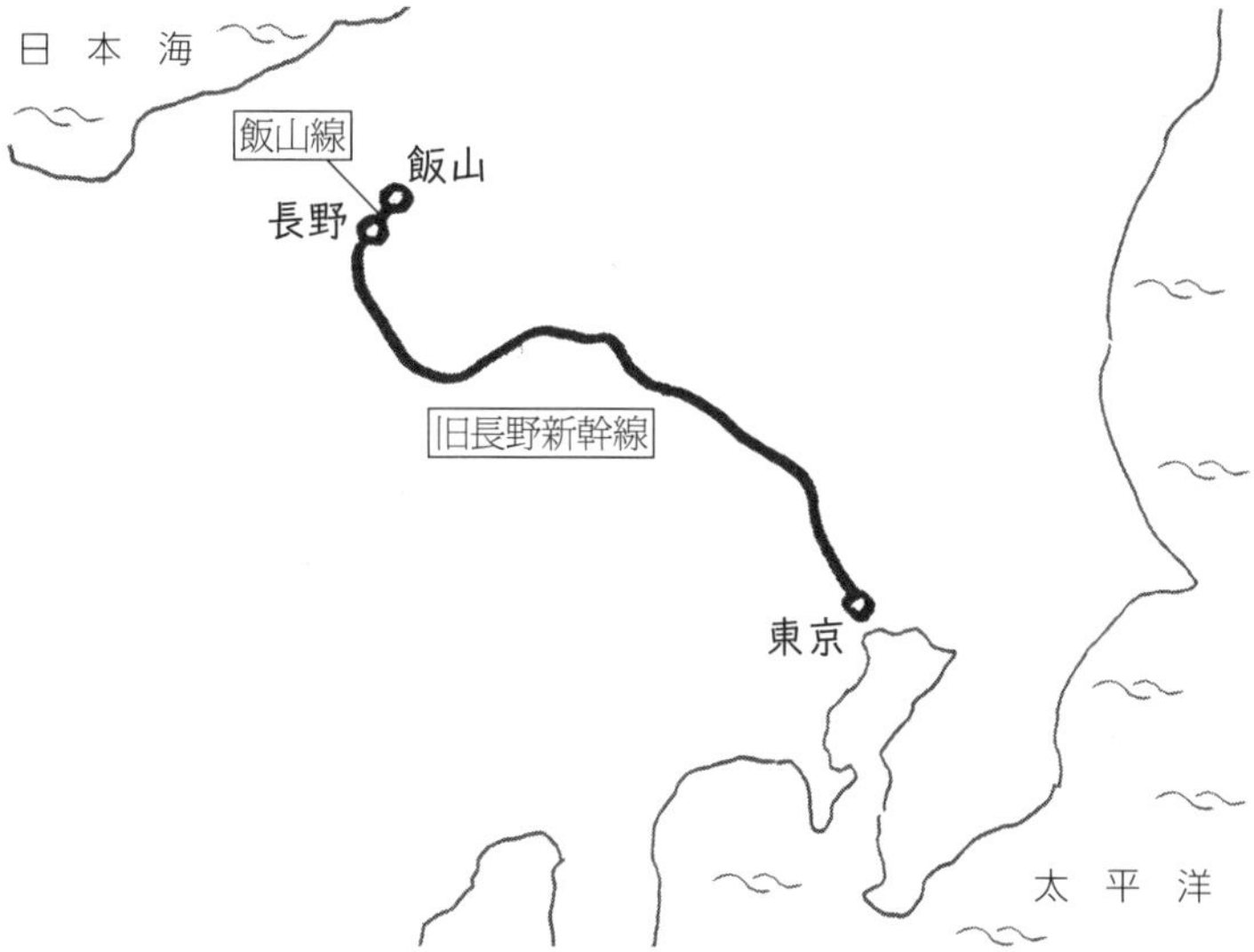

沿って、文字どおり曲がりくねるように高台を進むにつれて、どんどん雪深くなっていきます。やがて北陸新幹線の高架が現れて飯山駅に到着。北陸新幹線の開業をこの年の三月に控えて飯山駅は真新しい駅舎に生まれ変わり、昨年訪れたときよりも南側へ、三〇〇メートルほど移動していました。着々と準備が進んでいました。

トンネルの前後で風景が一変するさまは、この季節ならではの風景です。見に出かけてみてはいかがでしょう。

二〇一五年三月、北陸新幹線の開業で、長野新幹線の名称はなくなり、並行する在来線は長野、新潟、富山、石川の各県による第三セクターの経営へと移行しました。豊野駅を起点とする飯山線はJRのままですが、長野駅と豊野駅間を含む長野県内の信越本線区間は、すでに長野新幹線の開業時に移行済みの軽井沢―篠ノ井駅間とともに、しなの鉄道の経営になりました。群馬県の高崎駅から長野駅を経由して新潟駅まで結んでいた信越本線は、群馬県内の高崎―横川駅間、長野県内の長野―篠ノ井駅間、そして新潟県内の直江津―新潟駅間に三分割されてしまいました。

今回乗車した長野から飯山までの区間のうち、信越本線区間である長野―豊野駅間は、しなの鉄道北しなの線になりました。また、長野県内を走るＪＲ信越本線区間は、長野―篠ノ井駅間のみとなります。群馬県の高崎駅から長野県を経由して新潟県の新潟駅まで結んでいたＪＲの信越本線は、つながっていない三路線に分割されることになりました。もはや、ひとつの名称で呼ぶのは難しい状況と言ってよいでしょう。

（二〇一五年一月放送）

伊予松山温泉の旅
――伊予鉄道

「温泉への鉄道」の旅をテーマにしました。日本人は温泉好きなので、温泉地までの鉄道も全国にあります。今回は、愛媛県松山市の伊予鉄道を紹介いたします。

伊予鉄道には、松山市と郊外を結ぶ三路線の郊外電車と、路面電車の市内電車があります。この市内電車が、JR四国の松山駅や、伊予鉄道郊外電車のターミナル駅である松山市駅と、道後温泉を結んでいます。道後温泉といえば、古事記や日本書紀にも登場し、我が国最古の温泉ともいわれる、由緒ある温泉です。なかでも、道後温泉本館は趣《おもむき》のある建物として有名です。道後温泉本館三階の個室の休憩室では、坊っちゃん団子とお茶がふるまわれます。多少高いのですが、試しに一度、ここで休憩したことがあります。夏目漱石ゆかりの「坊っちゃんの間」の向かいで、少人数用の一番狭い部屋ですが、ちょうど角にあって、本館前の広場が見渡せました。湯あがりにひと休みできるので、お勧めです。

伊予鉄道、通称「伊予鉄」の市内電車で道後温泉駅までは、JR松山駅からは三〇分弱、伊予鉄の郊外電車のターミナル駅である松山市駅からは二〇分です。市内電車には五系統の路線があり、道後温泉に行く三路線と、右回りと左回りの市内環状線二路線があります。路線が複雑に入り組んでいますので、全路線をめぐるのは結構時間がかかります。一回の乗車には一六〇円。四〇〇円の市内電車乗り放題の1dayチケットがお得で便利です（料金は当時のもの）。

市内電車はもちろん電気で動く電車なんですけど、同じ線路を走る観光用の列車〝坊っちゃん列車〟もあって、そちらは電車ではありません。見かけはSLそっくり。でも、じつはディーゼル機関車です。燃料を燃やして動力としますので、（電気を取り入れるための）パンタグラフがなく、煙を出しながら走ります。道後温泉と松山市駅間を平日六往復、道後温泉からJR松山駅前を経由して郊外電車の古町《こまち》駅まで二往復、土日祝日はさらに一往復ずつ多く運行しています。〝坊っちゃん列車〟は二台あって、連結されている客車が一両のものと二両のものがあり、途中ですれ違うダイヤになっています。市内電車の運賃は一六〇円ですが、〝坊っちゃん列車〟の乗車には三〇〇円が必要。なお、先ほど紹介した四〇〇円の1dayチケットでも一〇〇円を追加すれば、一回だけ乗車することができるようになっています（料金は当時のもの）。

〝坊っちゃん列車〟の見どころは、じつは走っているところではありません。終点の道後温泉駅に着いた列車は、前後に運転台があるほかの市内電車の車両とは違って、そのままではうしろ向きなので、折り返すことができません。そのため、終点を少し過ぎたところで、客車をいったん切り離し、機関車の向きを転回させたあと、ふたたび客車をつなぐ作業をおこないます。乗務員が手作業で転回させるさまを間近に見られて、これがなかなか面白いんです。〝坊っちゃん列車〟は、もち

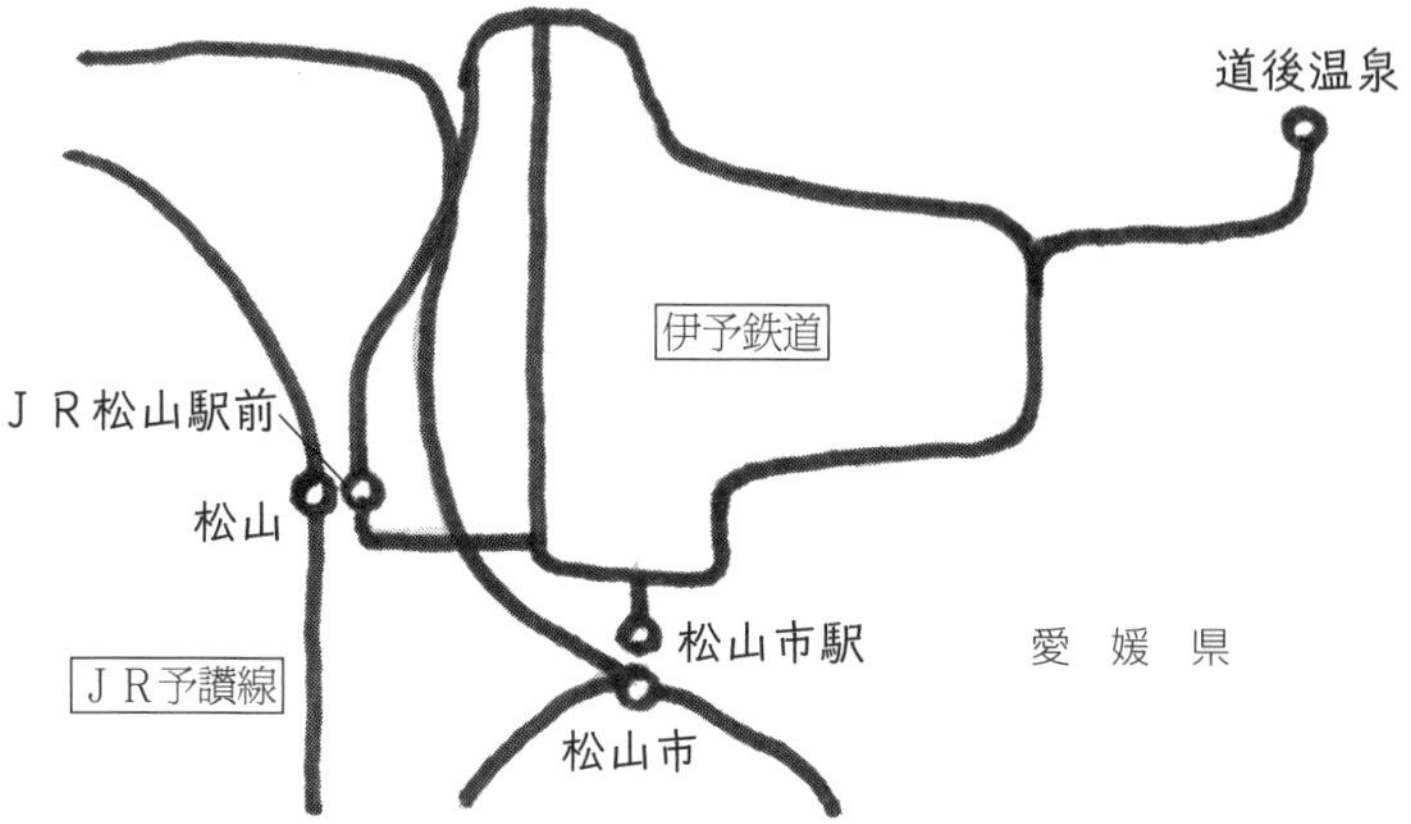

ろん夏目漱石の小説『坊っちゃん』がもとになった名称です。この「坊っちゃん」、じつは、私が所属する東京理科大学の前身、東京物理学校出身という設定です。バーチャルですが。我が校のもっとも有名な卒業生です。

伊予鉄には、もうひとつ見どころがあります。ＪＲ松山駅から少し東の道後温泉側に、市内電車と郊外電車が十字に交差する場所があります。ここでは、市内電車側が踏切になっていて、郊外電車の通過を市内電車が踏切待ちする姿が見られます。私が行ったときには、〝坊っちゃん列車〟が先頭で踏切待ちしていて、そのうしろに通常の路面電車が数珠つなぎになって待っているところに遭遇し、写真に収めました。ほかではめったに見られない光景ですので、一見の価値があります。

鉄道ですぐ行ける温泉地は、ほかにもたくさんあります。新幹線の駅からもう少し足を延ばして行ける温泉につながる鉄道をいくつか挙げてみますと、東北福島では福島交通飯坂線が福島駅と飯坂温泉、伊豆半島では伊豆箱根鉄道が三島駅と修善寺温泉を結んでいます。ほかにも、兵庫県では神戸電鉄の有馬温泉、鹿児島県ではJR九州の指宿枕崎《いぶすきまくらざき》線の指宿温泉などがあります。石川県ではJR西日本の七尾線が和倉温泉、北海道函館の市電が湯の川温泉へ延びています。

日ごろの疲れを癒しに、「鉄道で温泉」はいかがでしょう。

（二〇一五年二月放送）

流氷、釧路湿原

——釧網本線、流氷ノロッコ号

テーマは「流氷と釧路湿原」です。二〇一五年、三〇年ぶりに、流氷を見に行ってきました。学生時代に訪ねて以来です。ご参考に、流氷はオホーツク海の北側で生まれ、一月から三月にかけて北海道のオホーツク海沿岸に着岸します。この年は、流氷の着岸が例年よりも早かったと、ニュースで聞きました。海が流氷に覆《おお》われる風景は、鉄道では、**釧網本線**《せんもう》の網走《あばしり》駅から知床斜里《しれとこしゃり》駅までの車窓で見ることができます。今回は、その区間を走る期間限定の二〇一六年二月まで運行していた観光列車〝流氷ノロッコ号〟に乗車しました。

〝流氷ノロッコ号〟は、文字どおりのろのろと走って、車窓風景をじっくり見せてくれます。車内には、オホーツク海側を向いて並んで座る席があり、その反対側に四人掛けのテーブル席も配置されているのですが、ほとんどの乗客はオホーツク海側に座っています。車内には石炭ストーブがあり、海産物を焼きながら食べている人もいました。

網走駅を出て網走トンネルを抜けると、オホーツク海が間近に見え、車内アナウンスも始まります。流氷は……、薄氷《うすごおり》がまばらに浮いているところしか見えません。残念！　と思っていると、徐々に氷が増えて来て、数駅先、鱒浦《ますうら》駅あたりで、海を覆い尽くす流氷を見ることができました。波の動きに合わせて氷で覆われた海面が上下動しています。しばらく進むと、また、流氷がまばらになって遠景になり、知床斜里駅に着きました。車内アナウンスによると、「流氷に完全に覆われた状態ですと、陸地との区別がつかないので、今回のようにまばらな状態と、完全に覆われた状態の両方が見られたのはラッキーです」とのこと。三〇年前に流氷を見たときも、はじめは流氷のかけらもなかったのが、進むにつれて増えていき、知床斜里駅に着くころには完全に海が氷に覆われていました。流氷が見えた場所は違いますが、三〇年前も今回も運がよかったということになります。

オホーツク海では、どうしても流氷に目がいってしまいますが、このあたりは野鳥の宝庫でもあります。運よく、天然記念物の大鷲が木の上に停まっているのを間近に見ることができました。浜小清水駅付近では、オホーツク海側と反対側に完全に結氷した、広大な濤沸湖《とうふつこ》も見えます。

三〇年前に流氷を見に行ったとき、ここの湖畔のユースホステルに泊まりました。ユースホステルまで浜小清水駅から歩いたのですが、地吹雪《じふぶき》で、前後左右なにも見えなくなりました。いわゆるホワイトアウトです。命からがらユースホステルにたどり着きましたが、ペアレントさんから、湖側に出てしまったら、命はなかったよ、と言われました。ペアレントさんというのは、ユースホステルの主人（管理者）の呼称です。利用する人ならご存じですね。

私が学生のころ、オホーツク海沿岸を走る鉄道は、釧網本線以外にも、北から、天北《てんぽく》線、興浜北《こうひんほく》

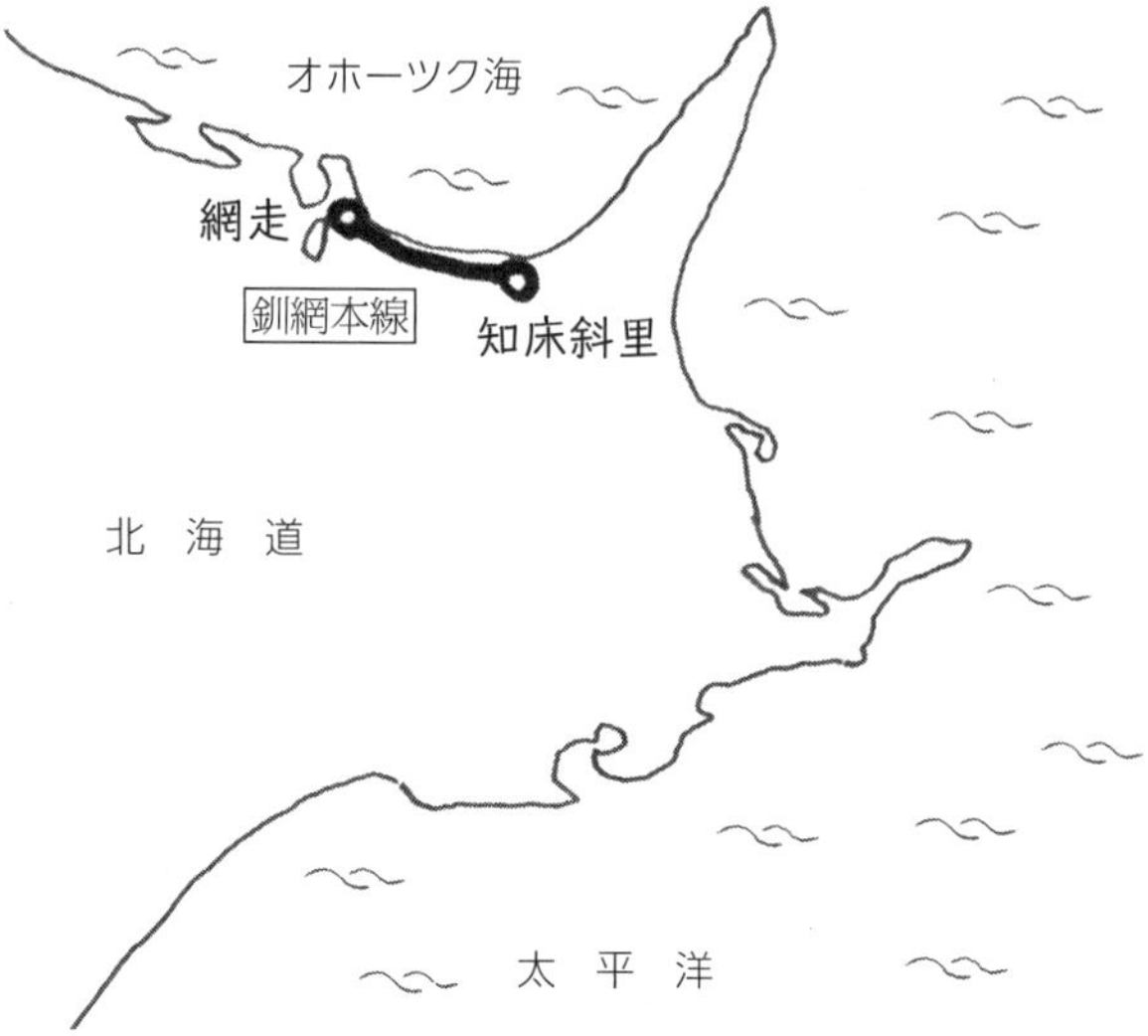

線、興浜南線、名寄《なよろ》本線がありました。とくに名寄本線は、内陸部の名寄からオホーツク海側に出て、紋別《もんべつ》を通り、遠軽《えんがる》まで抜ける全長一四〇キロの本線でした。本線のなかで全線が廃線になったのはここだけです。オホーツク海沿岸を走る鉄道は雪が積もらないように、高台を走ります。なので、いずれの路線も流氷を見るのにはとてもよい路線でした。

釧網本線の「釧《せん》」は、一方の終点、釧路《くしろ》の釧の字で、「網《もう》」はもう一方の終点、網走の網の字です。釧網本線の網走側はオホーツク海に沿って走りますが、太平洋側の釧路側は釧路湿原の東側を走ります。今回は、蒸気機関車の〝SL湿原号〟にも乗車し、湿原も見てきました。始発の標茶《しべちゃ》駅を出て間もなく、進行方向右側に広大な釧路湿原が広がります。蛇行して流れる釧路川以外は枯れ木と一面の雪景色。この年の冬は寒冬で、例年にない降雪だったそうです。

機関車は頻繁に汽笛を鳴らします。これは、サービスではなくて、線路上の鹿をどかせるための警笛です。車窓からもそこかしこにえぞ鹿が見えます。この鹿があとで事件になります。行程のなかほどにある標茶町の塘路《とうろ》駅で、約七分の停車。乗客は列車を降りて、SLの写真を撮ったり、車掌さんに写真を撮ってもらったりしていました。釧路行のSL湿原号は、蒸気機関車が先頭に逆向きに連結されています。ちょいと不思議な構図の写真が撮れました。出発の時間になり、車内に戻ると、しばらく停車するというアナウンス。入れ違い列車が鹿と衝突し、復旧に時間がかかるとのこと。結局、一時間四五分の遅れとなりました。前の席に座っていた親子は札幌行の接続列車に乗れなくなりましたが、お子さんが機関室を見せてもらってうれしそうでした。それに、霧の多い釧路湿原には珍しく、太陽が顔をのぞかせて、しばし夕日のなか、変化していく湿原の風景を眺めることができました。

思いがけない経験も旅の楽しみのひとつ。今回のようなトラブルはそうそう経験できるものではありませんので、ラッキーと思い、楽しむのが大切ですね。

（二〇一五年三月放送）

千葉房総半島、環状線の話

――ユーカリが丘線、内房線、外房線

出発駅に戻る環状線の話です。なかでも、ぐるぐる回る環状線ではなく、まっすぐ行ってからぐるっとまわってもとの駅に戻る、ちょうどラケットの形の路線です。

まずは女子大駅のある路線を紹介します。女子大駅は、千葉県のユーカリが丘線にあります。こんな名前の駅があるのかと驚かれると思いますが、このユーカリが丘線、ぶっきらぼうな駅名が多いのが特徴です。**ユーカリが丘線**は京成電鉄本線のユーカリが丘駅から、いったんまっすぐ地区センター駅と公園駅まで行き、そこから、反時計回りに女子大駅、中学校駅、井野《いの》駅の三駅をめぐって公園駅に戻り、さらにユーカリが丘駅に戻る、乗車時間一五分の新交通システムの路線です。路線はしたがってラケット状です。

公園駅、中学校駅もこれだけでは駅を特定できないですよね。女子大という駅名ではあるが、残念ながら近くに女子大はなく、和洋女子大のセミナーハウスがあるだけだそうです。年末のユーカリが丘駅はクリスマスのライトアップがあってきれいですし、公園駅もあるように、沿線は緑が多い路線です。あっという間に一周できますし、もとに戻るというのは、ある意味、便利ですね。

環状線は、東京、大阪、名古屋など大都会に多くありますが、ユーカリが丘線のようにラケット型の路線は、ほかに神戸市のポートアイランド線と愛媛県の伊予鉄道市内線があります（都営大江戸線は6の字型なので除外）。

ラケット型の運行はしていないのですが、JRの路線図を眺めると、ラケット型に大きく一周できる路線があります。それは、ユーカリが丘線のある同じ千葉県の、房総《ぼうそう》半島にある内房《うちぼう》線と外房《そとぼう》線です。東京駅から東に向かう京葉《けいよう》線は沿線にディズニーリゾートや葛西臨海公園などがありますし、高架から東京湾が一望できる景色のよい路線です。その終点の千葉県蘇我《そが》駅から房総半島の東側の太平洋側を通る外房線と、西側の東京湾沿いに進む内房線が出ています。ただし、外房線の起点駅は千葉駅になります。外房線と内房線の終点はいずれも安房鴨川《あわかもがわ》駅でつながっていますので、ぐるっとまわってもとに戻ることができるのです。

東京駅の京葉線ホームから、外房線と内房線の両方の特急列車が出ています。今回は、内房線と外房線について説明します。**外房線**は太平洋から少し入ったところを走行するため、勝浦の駅まではあまり太平洋を見ることができません。勝浦から先は、海沿いを走り、とても景色のよい路線。沿線には漁港が点在し、海の幸が楽しめる一方、**内房線**は、海沿いを走り、東京湾の景色を堪能できます。鋸山《のこぎりやま》のロープウェー、神奈川県の三浦半島の久里浜《くりはま》と内房線の浜金谷《はまかなや》の間には東京湾フェリーもあります。

特急列車の終点は館山《たてやま》駅。そこから千倉《ちくら》駅を経由して安房鴨川駅に抜けるには鉄道もあります

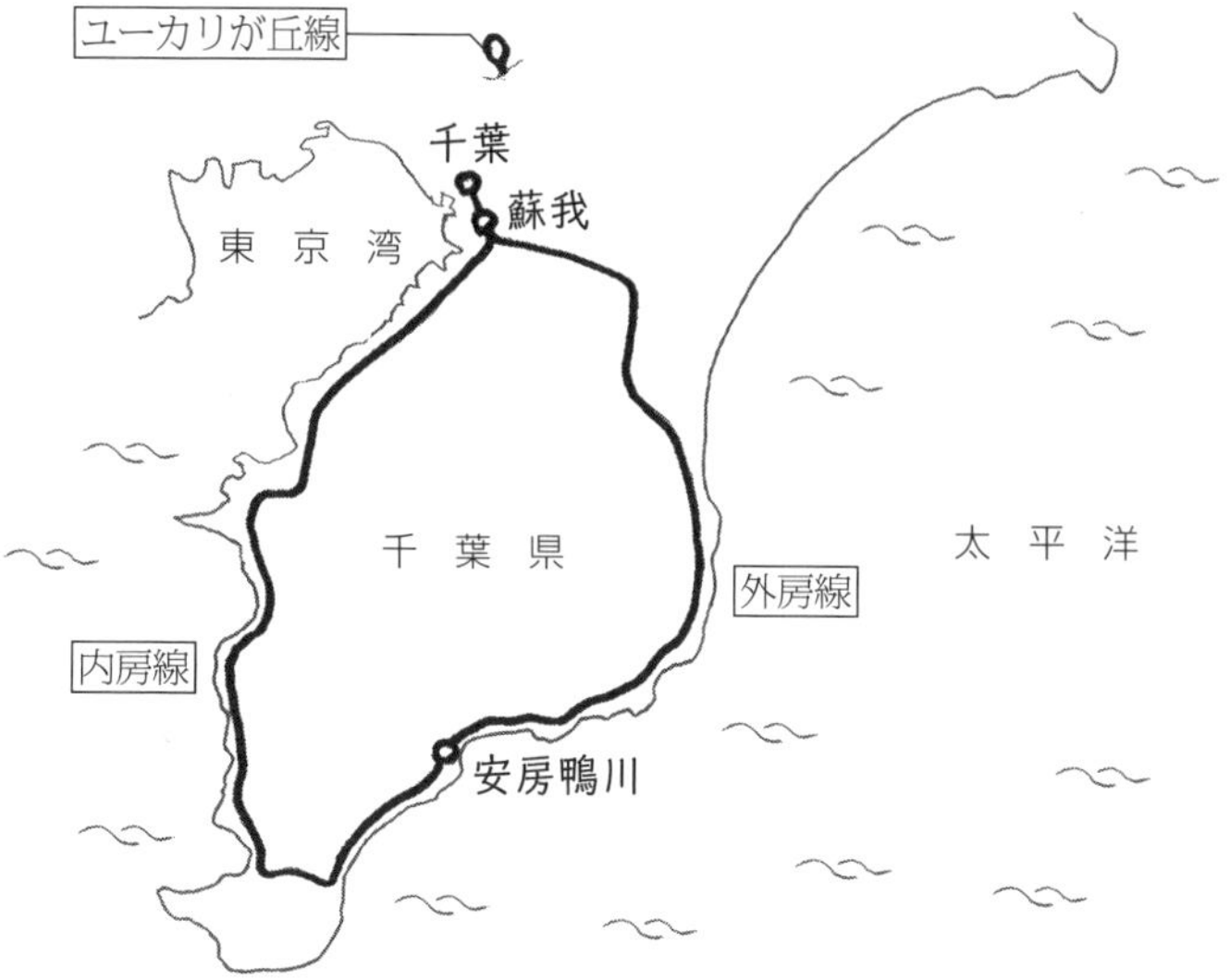

が、バスを使うと海の際《きわ》を走るし、房総半島の最南端にある野島崎《のじまさき》灯台や、洲崎《すのさき》灯台にも行くことができます。房総半島は関東の南にあり、黒潮が洗うため温暖な気候。二月くらいから花が咲き始め、海沿いを走るフラワーラインの沿線はとてもきれいです。首都圏からは日帰り観光もできますが、灯台がまたたく夜の風景もロマンチックです。

現在、お得きっぷに〝サンキュー・ちばフリー乗車券〟〝サンキュー・ちばフリーパス〟などがあるので、ネットで検索するとよいでしょう。年明けの観光に房総半島を訪れるのもよいのでは。

（二〇一五年十二月放送）

乗換駅の話

——連絡船、大都会ターミナル駅ほか

二〇一六年開業した北海道新幹線の終点、新函館北斗駅にはホームから改札にのぼる階段とエスカレーターがあるのですが、通路が狭いため、降りる乗客が多いと混み合います。札幌行きの特急列車や函館行きのアクセス線への乗り換え時間は一〇分以上とってあるので、間に合わないことはないのですが、トイレや駅弁を購入する余裕はあまりありません。新しく開業した新幹線の駅と在来線の乗り換えでは、しばしばこのようなことが起こります。

今回は、乗換駅についてお話ししようと思います。まずは、函館駅です。現在は駅前の市電との乗換駅ですが、昭和六十三年（一九八八年）までは本州側の青森駅と函館駅を結ぶ青函《せいかん》連絡船との乗換駅でした。アクセス線で函館駅に着くと、乗客は先頭車両に向かって歩いていきます。函館駅では、どの列車も同じ向きに入線し、どの乗客も同じ方向に向かうようになっています。

青函連絡船が運航していたころは、向かって右側に連絡船が停泊していて、いまでもその名残を見ることができます。駅を出て駅をまわり込むように海へ向かって進むと、青函連絡船記念館の摩周丸が停泊していて、船内を見ることができます。青函連絡船のなかには、大きなじゅうたん敷き

の部屋があって、乗客は約四時間の長旅の間、雑魚寝《ざこね》をして過ごすのが普通でした。一度だけ、二〇〇〇円ほど払って船室の寝台を利用したことがあります。ふかふかの二段ベッドで、約四時間、とてもよく寝られたのを覚えています。いまは、東京から函館までアクセス線の乗り継ぎを含めても四時間半。便利になったものです。

函館駅以外にも、対岸の青森駅、同じころ廃止になった本州と四国を結ぶ宇高《うこう》連絡船の宇野駅と高松駅も似た構造の駅で、すぐ近くに船着き場がありました。宇高連絡船の所要時間は一時間程度でしたので、ほとんどの乗客は、美しい瀬戸内海の島々を眺めながらデッキで過ごしていたように思います。廃止になった連絡船の乗換駅は、九州の門司《もじ》港の駅を含めて、静かな独特の雰囲気があります（門司港と下関を結ぶ関門連絡船は残念ながら乗船したことはありません）。

一方、大都会のターミナル駅は乗り換え客でごった返していて、喧騒のなかにあります。地下鉄もあって、乗り換えの高低差があり、迷いやすいですね。東京駅は地上三階にある中央線ホームから地下四階にある京葉線のホームまで、高低差もありますが、距離も離れているので、乗り換えるには一〇分じゃ足りないですね。東京にいると、乗換駅というのは、とにかく人が多くて、迷いやすいという印象しかありませんね。

東京駅は、新幹線もいくつもの路線が発着する日本を代表する乗換駅ですが、じつは乗降客数ランキングでは、八位です。

ご参考：世界の駅乗降客数ランキング（NAVER調べ）

1位 新宿 2位 渋谷 3位 池袋 4位 梅田 5位 横浜 6位 北千住
7位 名古屋 8位 東京 9位 品川 10位 高田馬場 11位 難波 12位 新橋
13位 天王寺 14位 秋葉原 15位 京都 16位 三宮 17位 大宮
18位 有楽町・日比谷 19位 西船橋 20位 目黒

1位の新宿、2位の渋谷、3位の池袋は、いずれもJR、私鉄、地下鉄が入り乱れて発着する東京の駅で、乗り換えるときには、事前に各路線の位置関係を調べておかないと乗り換えに時間がかかってしまいます。4位から7位までの、大阪の梅田、横浜、東京の北千住、名古屋も同様です。

北千住駅は、JRのほか私鉄や地下鉄が集まる駅で、上野駅に代わって東京北部の乗換駅として急速に発展しています。一方、東京の北の玄関口であった上野駅は、特急の始発駅としての役割が薄れ、乗降客ランキングではベストテンに入らないようになりました。上野駅の駅舎は蒸気機関車が発着していたころの名残で、天井が高い趣のある駅舎です。学生時代、上野駅を発着する夜行列車で東京を離れることが多かったので、少し残念な気持ちです。

最後に、思い出の乗換駅をひとつご紹介しましょう。それは中国山地のなかにある備後落合《びんごおちあい》駅です。広島駅から中国山地に入り、北東にある三次《みよし》駅を経由して、岡山県の内陸にある新見《にいみ》駅を結ぶ、中国山地のなかを走る路線（芸備線）の間に、備後落合駅はあります。ここから、山陰側、島根県の宍道《しんじ》駅に向かう木次《きすき》線が分岐しています。

もう三〇年以上前ですが、ちょうど乗り換えるのに一時間ほどあったため、ここで昼食をとる予定をたてました。駅についてみると周囲にひとけがありません。駅そのものが崖の中腹にあり、目の前には深い渓谷とそこにかかる橋しか見えません。対岸には、道路が走っていますが、民家らしきものがまったく見えません。とりあえず、橋まで降りてみると、絶景です。でも、おなかがすいているので、食物をもとめて周囲を徘徊しますが、乗り換える列車の発車時間までに戻ってこれそうな店は見あたりません。ひもじい思いで乗り継ぎの列車が来るまで、橋の上からはるか下を流れる川を見つめていました。

景色はいいですし、木次線には、スイッチバックもありますので、一度訪れてみては、いかがでしょう。ただし、弁当をお忘れなく。

（二〇一六年六月放送）

二〇一五年新線開業

――仙台市営地下鉄東西線、札幌市電

二〇一五年末に新たに開業した二つの路線について。

まず、十二月六日に宮城県の**仙台市営地下鉄東西線**が新たに開業しました。週末の開業でしたので、開業初日に乗りに行ってきました。仙台の東西線は、東側にある荒井《あらい》駅から仙台駅を通り、西側の八木山《やぎやま》動物公園駅に至る全長一三・九キロ、一三駅の地下鉄の路線。個人的には、学会がよく開催される東北大学の青葉山キャンパス内に青葉山駅が開業しましたので、重宝しそうです。学生の通学が便利になったのではないでしょうか。地下鉄ですので、車窓風景はトンネルの壁面だけですが、青葉山駅と終点の八木山動物公園駅のひと駅区間は外に出ます。乗っていますと終点が近づき、突然周囲が明るくなるという感じ。

ちなみに、東西線という名称の鉄道路線は、ほかにも札幌市営地下鉄、東京メトロ、京都市営地下鉄、そしてJR西日本にもありますので、五路線あることになります。JR東西線も、大阪市の地下を走りますので、いずれも大都市の地下を走る路線です。

南北に走る南北線も気になります。こちらは、東西線もある札幌、仙台、東京メトロの地下鉄の

ほか、大阪の北大阪急行電鉄の路線があります。京都にはないので、ひとつ少ない四路線になります。これらのなかで北大阪急行の南北線だけが地下鉄の路線ではなく地上を走る路線ですが、南側の江坂《えさか》駅からは地下鉄御堂筋線に乗り入れています。北側の終点、千里中央駅からさらに北へ延びる計画がありますので、楽しみにしています。

話をもとに戻して、二〇一五年末に開業したもうひとつの路線についてお話しします。こちらは**札幌市の市電**。開業というよりはループ化というべきでしょうか。その年の十二月二十日に札幌の繁華街であるすすき野近辺の五〇〇メートルほどの区間がつながっていなかった市電が環状線になり、とても便利になりました（一周約五〇分）。

【注意／土日の週末は、車内でも買える一日乗車券の〝どサンこパス〟が便利。これは、土曜日の「ど」とサンデイの「サン」を使った語呂合わせのネーミングですが、一回の乗車料金一七〇円の市電を一日乗り放題で一枚三一〇円と大変お得です。二回の乗車でもとが取れます。この〝どサンこパス〟を使って、ロープウェイ入口駅まで行き、もいわ山ロープウェイとモーリスカーというミニケーブルカーを乗り継いで藻岩山に登り、新三大夜景に選ばれた札幌の夜景を堪能してきました。市電の出口付近にロープウェイの二〇〇円割引券が置いてありますので（一七〇〇円が一五〇〇円になる）、忘れずに取るようにしましょう（料金は二〇一五年当時のもの）。

なお、新三大夜景は、二〇一五年の八月に神戸で開催された夜景サミットでの投票で決定。一位長崎、二位札幌、三位神戸、四位函館、五位北九州とのこと。長崎は稲佐山のロープウェイ、札幌は藻岩山、神戸は六甲と摩耶《まや》のケーブルカー、函館は函館山ロープウェイ、北九州は皿倉山《さらくらやま》のケーブルカーで登るのが夜景観賞に便利です】

夜景の素晴らしさも堪能してきた一方、鉄ちゃんとしてはミニケーブルカーのモーリスカーに乗れたのがとてもよかったです。空気の澄んでいる冬場は夜景が映える季節。足を延ばしてみてはいかがでしょうか。

（二〇一六年二月放送）

松島還暦旅
――仙石線

いつもは一人旅が多いのですが、二〇一六年の冬は高校時代の同級生一〇人ほどとともに宮城県の松島まで行ってきました。私もこの年還暦、ということは同級生も還暦ということになります。厄年でもある還暦の厄落としの意味もあって、企画された旅行でした。

午前七時半に東京駅で待ち合わせて、東北新幹線で仙台駅まで行き、そこから地下ホームに降り仙台と石巻を結ぶ仙石線《せんせき》に乗り換えて、約一時間の松島海岸駅で下車。ちょうど昼食の時間になりましたので、名物のカキ料理を堪能したあと、観光船に乗って松島湾をめぐりました。東京を朝に出て、昼に松島でカキを食べることができるのも、新幹線のおかげです。

天気は快晴で、幹事が料理も観光船も事前に予約してあったため、万事滞《とどこお》りなく楽しめました。これは、優秀な幹事のおかげです。観光船は貸切でしたので、快適そのもの。松島にも海外からの観光客がたくさんみえていました。新幹線と同様に、仙台空港からのアクセスもよいので、海外からも来やすいからだと思います。

国宝に指定されている瑞巌寺《ずいがんじ》にお参りしたあと、温泉宿に入り、飲めや歌えやで一晩を明かしました。翌日は「仙台うみの杜《もり》水族館」に寄ったあと、仙台で名物の牛タンをほおばり、また新幹線で夕方には東京に戻りました。貸切の観光船や、名物の食事の予約、豪勢な温泉宿と、私らしくない大名旅行でしたが、この歳になったらこれがあたり前なのかもしれません。

久しぶりに会った同級生も多く、新幹線での往復の間、いつもは見る車窓風景は、ほとんど見ることもなく、友との世間話に花を咲かせました。鉄道での旅ですので、運転を気にする必要もなく、ビールを片手にしたおじさんたちで新幹線車両の一角は、さながら宴会場のようでした（もちろん、節度をもってはしゃぎました）。

いまは一人旅が原則ですが、私の鉄道の旅の原点は学生時代の同級生との旅行です。四〇年以上むかしの話になりますが、今回のメンバーの何人かと高校卒業後の旅行で、島根県の松江まで旅しました。その後、大学での同級生と三人で紀伊半島の海沿いをぐるっとまわる紀勢本線の旅をしましたが、じつは三人とも現在、大学の教員になっています。また、高校時代の別の同級生と二人で南九州を旅したときには、鹿児島までは一緒のルートでまわったのですが、鹿児島から宮崎に移動するところだけ同じルートではなく、私が霧島高原、友だちが青島海岸を見るために別ルートをたどりました。お互い、自分の意見を通した結果ですが、四六時中一緒にいるよりも、ときどきこんな具合で一人旅をするのもいいなと感じました。振り返ると、この経験が、一人旅が中心である私の旅のスタイルの原点かも知れません。それまでは、何となく一人で旅するのが少し怖い面があったのですが、自分の性に合っているように感じましたね。

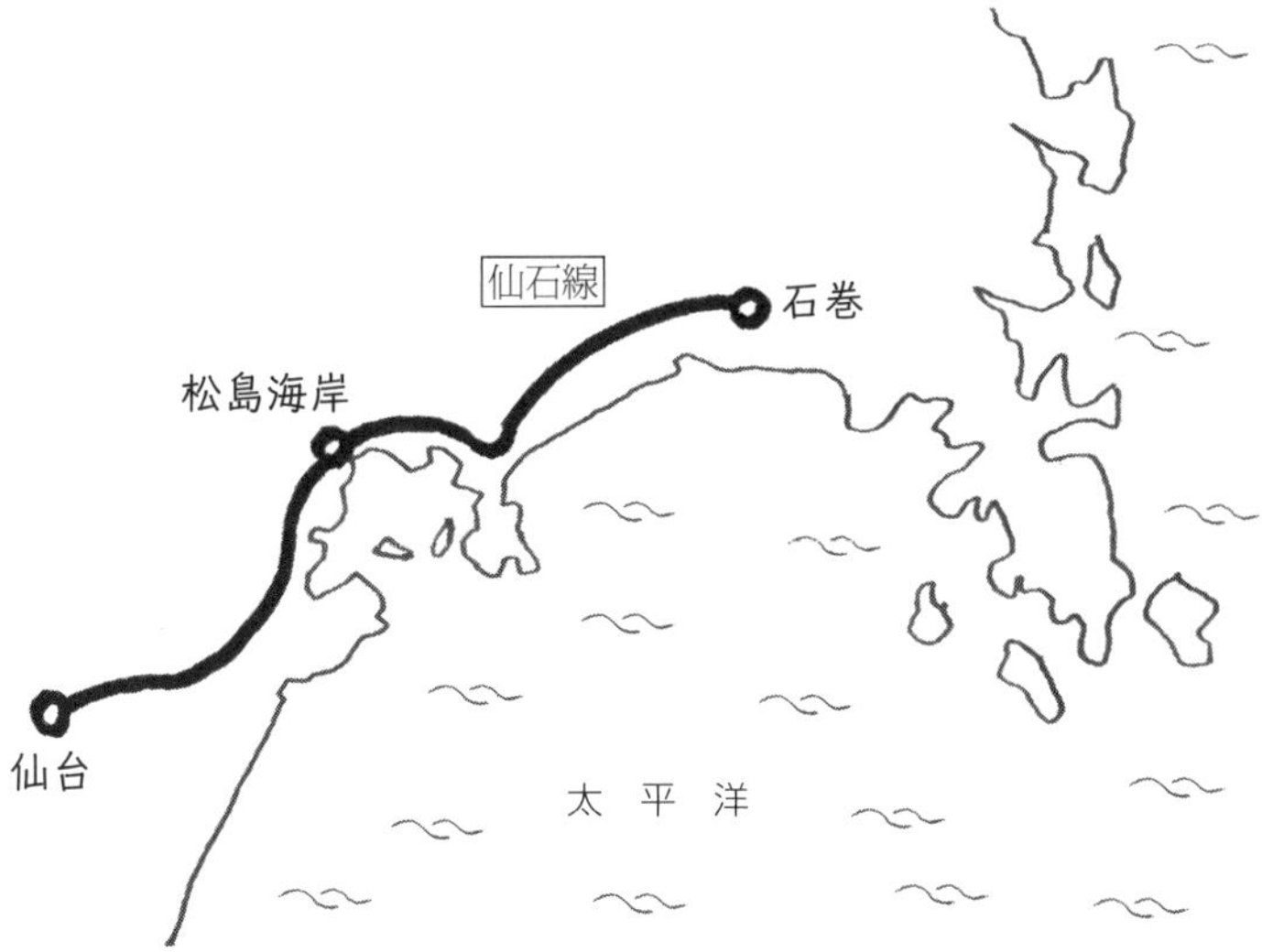

このような学生の旅では、学割でフリー区間が乗り降り自由の周遊券を買うのが常でした。当時は夜行列車も多く、ユースホステルも一泊一〇〇〇円未満で泊まれましたので、夏休みにはどこに行ってもそのようなホステラーがいました。ユースホステルで情報を交換し、ときには一緒にめぐるのも楽しみでしたね。

今回の松島の旅では、週末の二日間、松島を含むＪＲ東日本の南部の路線が乗り放題の週末パスを使いました。特急料金を払えば、新幹線にも乗ることができる便利なきっぷです。年末から年始にかけては、初詣きっぷなど、お得な企画きっぷが鉄道会社で多数準備されています。たとえば京成電鉄では、十二月二十八日まで限定で、成田山新勝寺参拝用の成田開運きっぷを発売していますし、近鉄では、四一〇〇円でケーブル線を含む全線が三日間乗り放題の新春全線フリーパスを年内限定で発売しています（料金は当時のもの）。

南海電鉄も大みそかから年の初めまでの二日間全線乗り放題の初詣フリーチケットを二三〇〇円で十二月三十日まで、そして名古屋鉄道も正月三が日のうち一日全線乗り放題の〝迎春1dayフリーきっぷ〟を一七〇〇円で年内限定で発売しているなど、鉄道路線をくまなく乗車する乗りつぶしの旅にはうってつけのきっぷが、さまざまな鉄道会社から発売されていますので、ホームページなどで調べてみるとよいでしょう（料金は当時のもの）。ただ、今回ご紹介したきっぷのように、年内にあらかじめ購入しておかなければならないきっぷもありますので、注意が必要です。

家族での旅もそうですが、久しぶりに旧友と連絡を取って、日帰りか一泊程度で近隣の神社仏閣を訪ねてみるにはよい季節です。お得なきっぷを活用して、学生時代に思いを馳せて旅するのもよいのではないでしょうか。

（二〇一六年十二月放送）

新潟弥彦山の旅

――弥彦線、越後線、信越本線、北越急行ほくほく線

二〇一六年の暮れに新潟県の弥彦山《やひこやま》に行ってきました。太平洋側の松島の風景も見事ですが、冬の日本海も荒々しくて独特の景観です。急に見たくなりました。弥彦山は、東京からのアクセスがとてもいいですね。JR上越新幹線に乗って一時間半で終点新潟駅のひとつ手前にある燕三条駅《つばめさんじょう》に着き、一〇分ほどで接続するJR**弥彦線**に乗れば、終点弥彦駅に全行程二時間半ほどで到着します。

弥彦駅のひとつ手前の矢作《やはぎ》駅付近では、右側に弥彦神社への参道であることを示す、赤い大鳥居が見えます。さらに、弥彦駅からは目の前に弥彦山がそびえたって見えます。弥彦駅から弥彦神社までは徒歩で二〇分ほど。立派な社殿で、たくさんお参りに来られるのでしょう。初詣の準備がされていました。参拝したあと、境内のわきから出ている無料のシャトルバスに乗れば、弥彦山ロープウェイの山麓駅まで送ってくれます。ロープウェイの山頂駅までは山麓駅から五分。

午前十時ごろに東京を出て途中、燕三条駅の近くで新潟名物のへぎそばを食べて、一時間ほど寄り道しましたが、それでも弥彦山の山頂に午後三時すぎにはたどり着きました。新潟のへぎそばですが、そばのつなぎに海藻のふのりを使っているため、もっちりした食感でとても腰のあるおいし

いそばです。ぜひ食べてみてほしいそばです。

弥彦山の標高は六三四メートル。「むさし」ですので、ちょうど東京のスカイツリーとおなじ高さですね。日本海に突き出るようにそびえたっていて、北には日本海を挟んで佐渡島《さどがしま》、南には新潟平野、東西にのびる弥彦山を主峰とする弥彦山塊《さんかい》とともに、全方向、さまざまな景色を見晴らせます。佐渡島は、海岸線は見えましたが、上の方は雲がかかっていました。ロープウェイの山頂駅から奥の宮のある弥彦山の頂上までは天気がよければ歩いて一五分ほど。途中に展望台のあるレストハウスやテレビ塔があり、遊歩道も階段が整備されています。

登った日は薄日がさしたり、五ミリ大の霰《あられ》が降ったりと、ほんの三〇分ほどの往復の間でもころころと天気が変わりました。風が強く吹いたり、短時間で霧が立ち込めてきたりしますので、軽装では危険だなと感じました。たとえ低く、ロープウェイで山頂近くまで一気に登れる山であっても、冬山です。この年は雪も多いようですので、しっかりした装備をして登るとよいでしょう。弥彦駅前の旅館に泊まった翌日は、JRの弥彦線と越後線を乗り継いで西に向かい、柏崎《かしわざき》駅に出ることにしました。弥彦駅前から弥彦山を見ると、前日とは違って中腹から上は雪景色で山頂付近は雲がかかっています。夜のうちに雪が降ったようですし、前日のような景色は見られない状況でした。

JR**越後線**は、日本海の海岸線に沿うように走りますが、日本海との間に弥彦山塊が壁のように立ちはだかっていますので、残念ながら日本海は見えません。しかし、柏崎駅に出ますとさえぎる山もなくなり、そこから先、直江津駅までのJR**信越本線**の車窓からは日本海が見えます。とくに米山《よねやま》駅から柿崎《かきざき》駅までの間は、荒々しい日本海の波しぶきがかかるような海岸の際《きわ》を走ります。この日は穏やかな天気でそれほど波も高くありませんでした。このあたりは海の景色が素晴らしいですので、ぜひおたずねください。また、日本海は海産物の宝庫です。柏崎では名物の鯛《たい》茶漬け、直江津では有名な駅弁「タラめし」(絶品!)をいただきました。

直江津駅からは、**北越急行ほくほく線**経由で越後湯沢まで戻り、そこからJR上越新幹線で東京に戻りました。かつては東京から金沢方面に行くときの主要な交通手段として利用されていたほくほく線は、北陸新幹線の開業とともに本数が減り、利用者も少ないと聞いていましたが、思ったよりも乗車している人は多かったですね。

一泊二日の日本海を見る旅でしたが、新幹線を活用すると週末でも、都会の喧騒を離れて、雪国でおいしいそばや海産物を食べられますし、雄大な風景を楽しむことができます。

(二〇一七年一月放送)

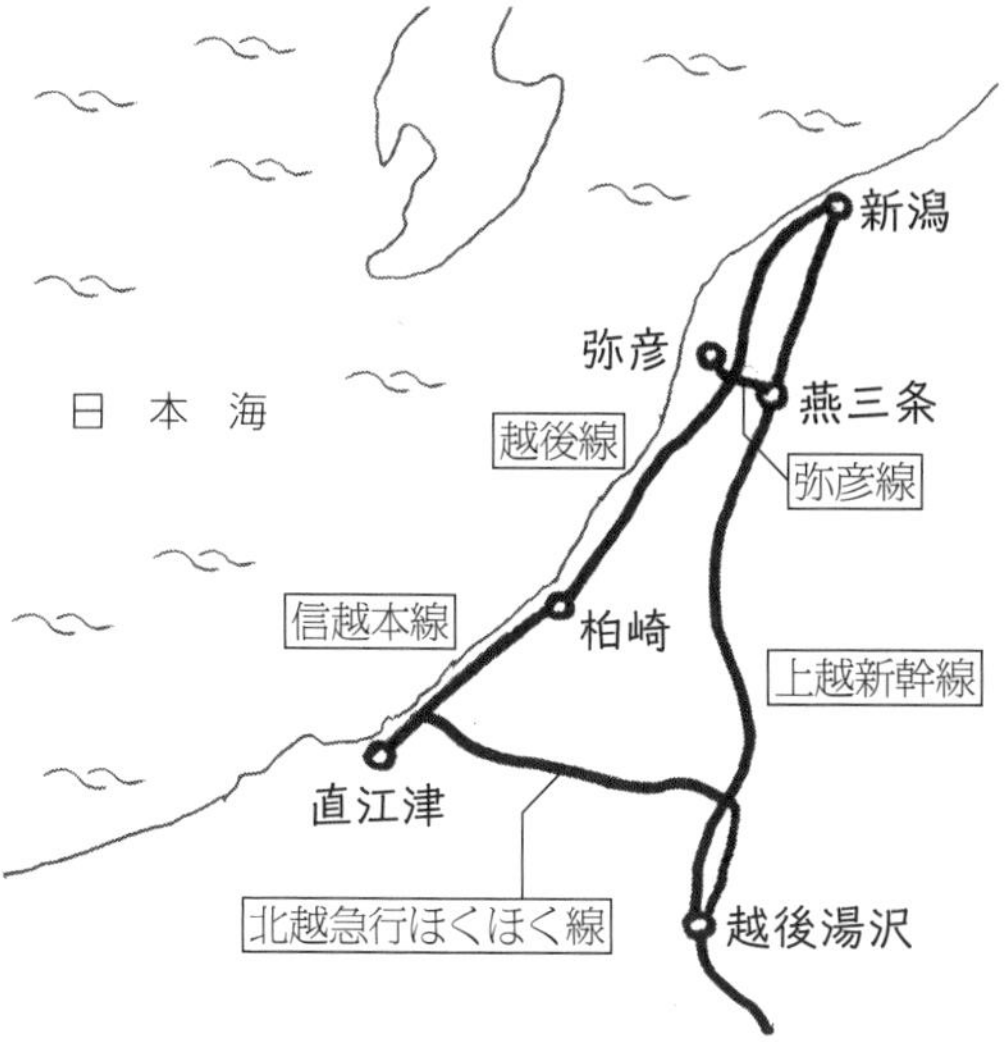

金沢周辺の鉄道

——浅野川線、石川線、七尾線、のと鉄道

石川県の金沢市周辺を走る北陸鉄道を中心にお話しします。二〇一七年に北陸新幹線が開業したおかげで、首都圏から富山や金沢に行くのがとても便利になりました。東京駅から二時間半で金沢駅に着いてしまいますので、ビジネスでは日帰り圏になった感じです。観光でも、どうしても冬は雪を見に北へ向かうことが多くなります。雪化粧する立山連峰、寒風吹きすさぶ日本海、そして、カニ。金沢の兼六園の雪つりも冬ならではの風景です。新幹線の開業により、金沢駅よりも北東側の旧、北陸本線が、ＪＲから分割されて、富山県内はあいの風とやま鉄道、石川県内はＩＲいしかわ鉄道に引き継がれました。そして、北陸の各都市では、新幹線の駅を中心に鉄道網の整備が進んでいます。

富山市では富山駅の北側にある路面電車の富山ライトレールと南側にある富山地方鉄道市内線を富山駅の高架下を通して相互乗り入れ（二〇二〇年三月直通運転開始）。となりの高岡市では路面電車の万葉線が高岡駅構内に乗り入れました。新幹線がこれから延びる予定の福井県では、福井市内でえちぜん鉄道と福井鉄道の相互乗り入れや、福井鉄道の福井駅西口への延伸工事が進み、新幹線

の到来に向けて着々と準備が進んでいます。これらは、路面電車が好きな方には、いずれも楽しめる路線です。

さて、両県の間にある石川県の金沢駅では、北鉄金沢駅から北に走り、内灘《うちなだ》駅との間を結ぶ北陸鉄道の**浅野川《あさのがわ》線**が新幹線の金沢駅前の地下から乗車できます。金沢駅前にあるバスターミナルに出ても、案内板はほとんど見当たらず、地下に駅があるため、北陸鉄道線を見つけるのに少し時間がかかりました。バスターミナル付近にあるエスカレーターで地下に降りれば、左側に駅があります。

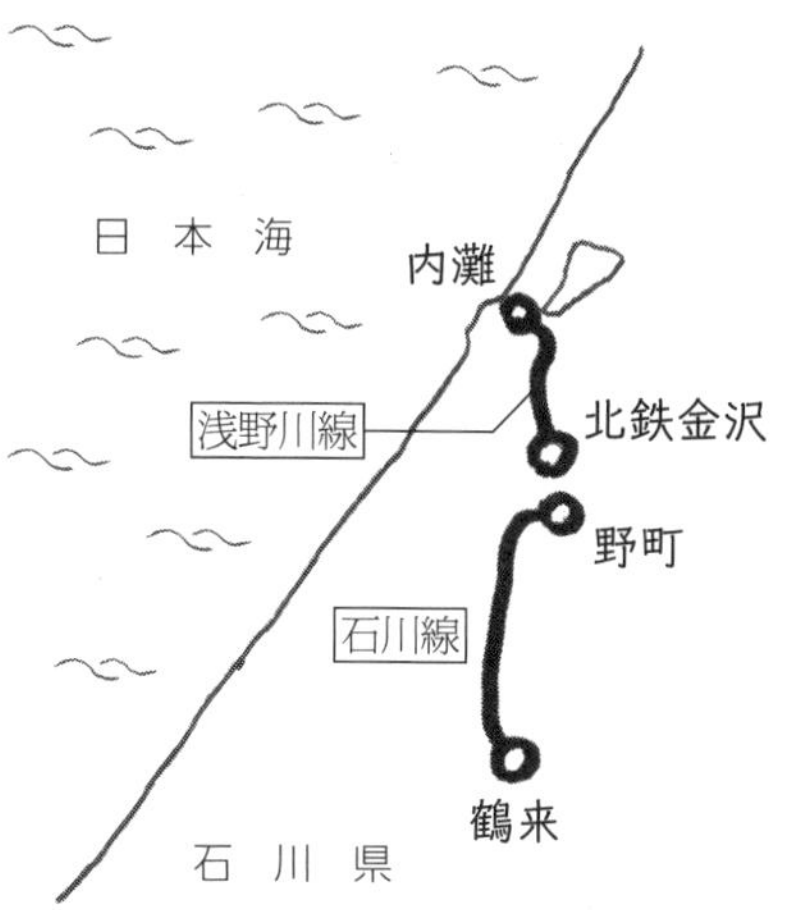

土日ですと四〇〇円で浅野川線を乗り放題のフリーエコきっぷがあります。金沢―内灘間の片道が三二〇円ですので、とてもお得です（料金は当時のもの）。それを購入して内灘駅まで往復。乗車時間は片道一七分で、一時間あれば、折り返し列車で金沢駅まで戻ってこられます。まあ、こんな旅は鉄ちゃんでないとしませんが、この後は、何回往復しても追加料金がかかりません。

浅野川線は、金沢の地下駅からしばらく走って地上に出ると、金沢市内の街並みがずっとつづきます。観光路線というよりも、金沢駅から北に向かう、いわゆる市民の足としての鉄道です。

北陸鉄道にはもうひとつ路線があります。金沢駅から市内の繁華街を過ぎて、三キロほど南に離れたところにある野町《のまち》駅から、鶴来《つるぎ》駅まで南下する**石川線**です。こちらにもフリーエコきっぷがあり、野町—鶴来間の運賃が片道四七〇円なのに、五〇〇円です（料金は当時のもの）。乗車時間は片道三二分。途中、JR北陸本線の西金沢駅前を通り、市内の街並みを抜けて田園風景のなかを走り、山の近くで終点の鶴来駅に到着します。

三〇年以上前に訪れたときには、ここからさらに数キロ先の加賀一の宮駅まで路線が延びていて、白山比咩《しらやまひめ》神社への参拝に便利でしたが、二〇〇九年に廃止になったそうです。この神社は、白い山と書いてしらやまと読みます。全国に三〇〇〇ほどある、しらやま神社や同じ文字を書く、はくさん神社の総本宮だそうです。東京の文京区にある、白山《はくさん》神社の総本宮でもあります。立派な神社ですので、足を延ばしてみるといいでしょう。終点の鶴来駅からはバス便がありますが、小一時間ほどで着きますので、廃線になった線路を横目に歩いてもいいでしょう。

ところで、北陸鉄道の二つの路線は、つながっていません。一九六七年までは、北陸鉄道の路面電車（金沢市内線）があって、金沢駅から野町駅まで電車で移動できたそうですが、交通渋滞などの理由で廃止になったそうです。金沢駅から北陸鉄道石川線に乗りに行くためには、市内を通るバスに乗るか、JR北陸本線で西金沢駅に出て乗り換えるか、する必要があります。

金沢の観光では、金沢駅前からバスに乗る場合が多いのですが、香林坊《こうりんぼう》や兼六園《けんろくえん》周辺がとても混雑していますので、路面電車か地下鉄が欲しいように感じます。離れている北陸鉄道の二つの路線が地下鉄で結ばれると便利でしょうね。鉄ちゃんとしては、富山県や福井県のように市内の交通インフラの整備を期待したいところです。

金沢は食事もおいしい街です。カニはもちろん、カモ肉料理の治部煮《じぶに》が好きですね。ゴリの佃煮は、土産にも重宝します。金沢駅から歩いて一〇分ほどの武蔵ヶ辻には、近江町市場《おうみちょういちば》があり、寿司を食べてもよし、海産物を購入してもよしです。

石川県には、能登半島に向かう、JR西日本の七尾線と、のと鉄道もあります。IRいしかわ鉄道の津幡《つばた》駅から能登半島を北上する**七尾線**は、七尾駅のひとつ先にある和倉温泉駅が終点。そこから先、穴水駅まで、のと鉄道が運行しています。ここも昔はさらに七尾線が北上して輪島駅まで延びていました。また、穴水駅から東に向かう能登線が延びていましたが、いずれも十数年前に廃線になっています。

和倉温泉駅までのJR七尾線は内陸を走りますが、第三セクターの、**のと鉄道線**は七尾湾に沿って走りますので、景色のよい路線です。金沢駅からは、七尾駅まで一時間弱。七尾駅から穴水駅まで一時間強で、接続もよく、二時間ほどの行程です。終点の穴水駅からは、のと里山空港へのバス便もあります。

新幹線、北陸鉄道、のと鉄道、そしてのと里山空港を使えば、効率よくまわれますので、新幹線で往復するだけではなく、金沢観光のあと、のと鉄道にもぜひ乗りに行ってほしいですね。

（二〇一七年二月放送）

広島島根、廃線に乗る

——三江線、山陰本線

広島県と島根県の間を走る三江線《さんこう》に乗ってきました。広島県の内陸の町、数字の三に次と書く三《み》次《よし》と島根県の日本海側の町、江戸の江にサンズイの津と書く江津《ごうつ》の間を結んでいる、ＪＲ西日本の三江線。三次の三と江津の「ごう」の字で、さんこう線と読みますが、二〇一八年三月いっぱいで廃線になることが決まっていました。そのため、廃線前に乗車したいと思い、二〇一七年十二月末に乗ってきました。せっかくなので、かなりタイトな旅になりますが、世界遺産登録一〇周年の石《いわ》見《み》銀山と、お礼参りのため出雲大社にも行ってきました。

まず、羽田空港発の最終便に乗って広島空港に到着。その後、空港連絡バスで三次に行き一泊。翌朝、三江線の始発５時38分発に乗車して島根県側の終点、江津駅に向かうことにしました。すでに、報道などで廃線が話題になっていることもあって、早朝にもかかわらず、始発列車には乗客の列ができていました。じつは、広島空港から三次までのバスには、私以外にもう一人乗車していて、その方も同じ宿に泊まり、そして同じ列に並んでいました。鉄ちゃんの考えることは同じなのですね。

まだ夜明けには遠く、朝霧《あさぎり》の立ち込めるなか、満席の乗客を乗せた列車は三次駅を定時に出発。暗闇のなかをひた走ります。ちょうどもっとも日の短い冬至の日であったうえに、日の出の遅い西日本の山ちゅうでもあったため、結局一時間後に到着した口羽《くちば》駅まで周囲は真っ暗。全行程の三割が漆黒の闇に包まれていました。車窓風景を眺めるのが好きな乗り鉄としては、とても残念でした。口羽駅では行き違い列車との待ち合わせなどで、三〇分間の停車。駅前では地元のかたがたが三江線の写真などを販売していました。列車の発車時刻が近づくにつれて、駅を囲む山々の上空が白みはじめ、周囲も少しずつ見えるようになってきました。口羽駅を出発する午前七時ごろになると車窓風景もうっすらと見えるようになり、少しずつ楽しめるようになってきました。

三江線は、広島県内から日本海側に向かって流れる大河、江津の江の字を書く、江《ごう》の川《かわ》に沿って北西方向に進みます。三江線の沿線を流れる江の川は水量が豊富で川幅が広く、川の上に渡した橋梁の上にある線路を、列車が通るようなかたちです。景色が良好ですが、なかなかにスリルがあります。てなわけで、三江線は高架を走る部分が多く、トンネルに入ったかと思うと鉄橋で江の川

を渡り、そしてまたトンネルに入るといった、トンネルと鉄橋が連続する路線でした。

ちょうど行程の中間くらいにある宇都井《うづい》駅。ここは高架の上にある駅として有名です。鉄道自体が川面から高いところを通るためにできた天空の駅です。ここで列車を降りる方が多かったのですが、三江線は一日五往復しか走っていません。降りてしまうと、次の列車をかなり待つか、もとに戻るかしかありません。たとえば、三次発の列車は、私が乗った午前五時台の次は、約四時間半後の10時02分発までありません。三次から江津まで明るい時間帯に走るには、上りと下り合わせても唯一、この列車しかありません。じつは、宇都井駅で一時間後に来る三次駅行きの列車で戻れば、三次駅を発車する、この列車に間に合います。

天空の駅、宇都井駅で降りて、宇都井駅を見あげる風景を楽しみ、明るい時間帯の三次駅までの風景を楽しむか、鉄ちゃんとしては迷うところです。しかし、廃線が決まってから、戻って乗車する列車が、大変混雑していて乗れないこともあるとのことです。今回は戻らずに、その代わり石見銀山や出雲大社に行くことにしました。

話をもとに戻します。三江線は、沿線の大きな駅である石見石川駅などでは町の風景も見られるのですが、ほとんどは、江の川を渡る鉄橋と山。鉄道の開設はかなりの難工事であったと、推察されます。作ったかたがたの苦労に思いをはせると、廃線は残念でなりません。

江の川と山の風景は、終点の江津駅の直前までつづき、徐々に川幅も増していきました。大きな煙突が見えたら間もなく、終点の江津。河口付近の江の川の川幅は四〇〇メートルにも達します。

江津駅9時31分着。四時間かけて全長一〇八・一キロの三江線を走破したことになります。行き違いの列車待ちもありますが、絶景のなかをゆっくり時間をかけて走ることがわかります。

列車はこのあと、JR西日本の**山陰本線**に入り、日本海沿いに南西に向かい、浜田駅まで下りますが、今回は江津駅で別れを告げて、一〇分の待ち合わせで北東方向に向かう山陰本線の上り列車に乗り換えて、大田市《おおだし》駅に行きました。山陰本線を走る列車は、三江線内とはうって変わってスピードがあがり、左右の揺れも激しく疾走。大田市駅までは海岸線が頻繁に見えるとても景色のよい路線でした。

一時間弱で大田市駅に到着。その後、バスにて世界遺産の石見銀山へ行き二時間ほど見学。シーズンオフで閑散としていたため、ゆっくり坑道のなかや古い町並みを見てまわることができました。大田市駅に戻り、さらに山陰本線で東に向かって出雲市駅へ。一畑《いちばた》電車大社線に乗り換えて、出雲大社前駅に着いたのが、午後四時ごろ。出雲大社にお礼参りができ、名物の出雲そばを食べても、出雲空港発の羽田行き最終便に十分、間に合いました。

(二〇一八年一月放送)

信州上田周辺の旅
――上田電鉄別所線、しなの鉄道

長野県のしなの鉄道線と上田電鉄別所線に乗ってきました。長野県の上田駅からバスで約一時間の菅平《すがだいら》で、二〇一八年正月の一月三日から研究室の冬合宿をおこないました。日中、学生たちはゲレンデでスキーやスノーボードに興じていましたが、私は、滑ることに興味がありません。鉄道に乗るため、下界に降りることにしました。

菅平からバスに乗って一時間。長野、松本につぐ長野県第三の都市上田市は、戦国時代、真田氏が城を構えたことで有名です。真田氏ゆかりの名所旧跡もたくさんありますし、江戸から北陸に抜ける北国街道が町なかを通り、その街道沿いに古い町並みも残っています。上田駅からは、JR北陸新幹線のほか、JRの信越本線から第三セクターに転換した、しなの鉄道線が南北に延びています。また、温泉地として名高い別所温泉まで上田電鉄別所線が西に延びています。

まずは、**上田電鉄別所線**に乗ることにしました。別所線には、何年か前にも乗車しています。そのときは、車窓風景は一面の銀世界でした。しかし、この年の正月は平坦部に雪がなく、取り囲む山の白とのコントラストが際立っていました。市街地を抜けると田園風景がずっとつづきます。盆地のなかをずっと進む間、遠景には白く雪をかぶった山々が見えます。

別所温泉に近づくと高度を上げて、約三〇分で到着。駅では、はかま姿のお嬢さんが出迎えてくれました。上田市では、別所線存続支援キャラクターとして、アニメの女子高生の「北条まどか」を選定しています。また、週末には地元の短大生がボランティアで沿線ガイドをしてくれます。残念ながら平日に乗車したので、今回は、お会いすることができませんでした。一方、上田電鉄は、鉄道むすめのキャンペーンにも参加しています。このキャンペーンは、各地の民鉄が協力しておこなっているもので、それぞれ独自の鉄道むすめのキャラクターがいます。

上田電鉄では、別所温泉の駅長という設定の「八木沢まい」さんが、その鉄道むすめです。ひょっとすると、はかま姿で出迎えてくれたお嬢さんは、駅長の「八木沢まい」さんだったのかもしれません。別所温泉駅以外にも、名前のもととなった途中駅の八木沢《やぎさわ》駅と舞田《まいた》駅でも、八木沢まいさんが、駅名標に描かれた絵として出迎えてくれます。前に来たときには、どちらのキャラクターもいなかったので、最近のことのようですね。

終点の別所温泉駅から、ゆるやかな坂道を登っていくと、北向観音《きたむきかんのん》のお堂があります。その歴史は古くて、平安時代初期の八二五年に開創《かいそう》されたそうです。珍しいのは、名前のとおり、北を向いて立っていることです。

別所温泉は弱アルカリ性の美人の湯。外湯めぐりもいいですし、常楽寺や安楽寺などの仏閣巡りも楽しめます。信州そばもおいしかったですね。ですが、私は鉄ちゃん。別所温泉の町をぐるっとまわって、駅に戻り、さらに上田駅に戻ることにしました。

しかし、帰りの列車に二分ほど遅れてしまいました。そのため、一時間近く足止めとなり、しなの鉄道線に乗る時間を失い、その日は上田駅から菅平に戻りました。翌日、また下界に降りて、しなの鉄道線で終点の小諸駅へ。このあたりの車窓風景は左手に浅間山が見えてとってもきれいです。新幹線からも見えるのですが、やはりしなの鉄道線のほうが浅間山の近くを通りますし、ゆっくり進むのがいいですね。

浅間山の反対側も、千曲川の流れが眼下に見えて、楽しめます。終点の小諸駅でいったん下車し、向かいのホームで待つ列車に乗り換えて、終点の軽井沢駅に向かいます。少しずつ高度をあげていって軽井沢駅に到着。全行程一時間弱でした。なお、小諸駅での乗り換えがない便に乗ると約四〇分です。

この**しなの鉄道線**は、JRの信越本線が新幹線の開通時に第三セクターに転換した路線です。長野県内では、篠ノ井—長野間九・三キロを除いて、九割以上が、しなの鉄道線に転換しました。また、急勾配区間として知られた、群馬県の横川駅と軽井沢駅間は廃線になっています。軽井沢駅の東の端に立つと、廃線方向が見えて、少し寂しい感じがしました。

久しぶりに降りた軽井沢駅の変貌ぶりには驚きました。駅の北側に別荘地が広がっている印象がありましたが、いまは、駅の南側に巨大なショッピングセンターができていて、駅からの人の流れがまったく変わっていました。遅い昼食がてら、しばらく周辺を歩きましたが、平日なのに人が多

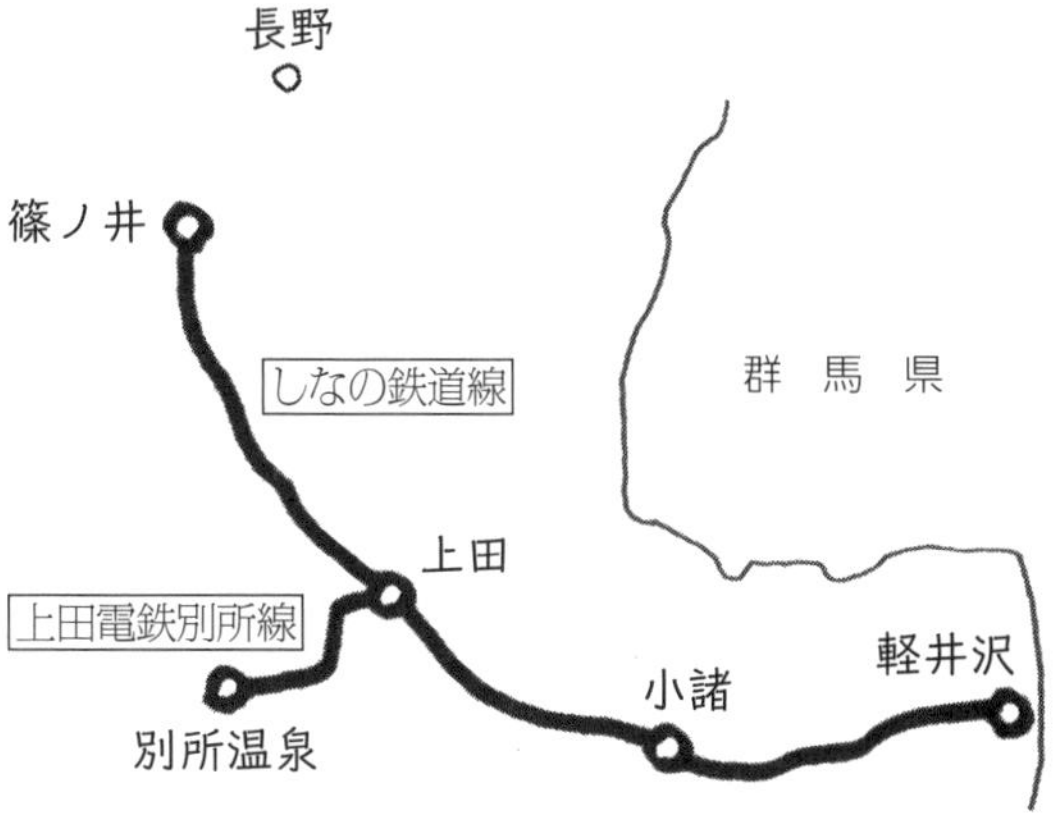

く、にぎわっていました。いまは新幹線を使うと、東京駅から一時間強で着きますので、日帰りでショッピングを楽しむ人も多いようです。新幹線の威力です。

軽井沢からの戻りは、車窓風景を比較しようと思い、北陸新幹線で上田駅へ。やはりトンネル区間が多いので、あまり車窓風景は楽しめません。途中の佐久平駅周辺のトンネルを出た区間で、浅間山を見ることはできました。二〇分弱で上田駅に到着。しなの鉄道線でかかった時間の半分弱で着いてしまいます。ですが、車窓風景は、しなの鉄道線のほうが楽しめます。

東京からは、北陸新幹線で軽井沢に出て、そこから、しなの鉄道線と上田電鉄別所線を乗り継げば、温泉も車窓風景も存分に楽しめる旅になります。週末の旅として、お勧めです。

（二〇一八年二月放送）

冬の津軽

――津軽線、津軽鉄道線

二〇一八年十二月、青森県のＪＲ津軽線と、民鉄の津軽鉄道線に乗ってきました。ＪＲ**津軽線**は、北海道に向かって突き出た青森県の津軽半島の東側を陸奥《むつ》湾沿いに北上する路線です。ＪＲ東日本が運行しており、開業した北海道新幹線と並行して走りますが、新幹線が別会社であるＪＲ北海道の新路線であったため、第三セクターとはなっていません。途中の蟹田《かにた》駅までは本数が多いのですが、蟹田駅から先、終点の三厩《みんまや》駅までは一日五往復しかありません。青森駅発蟹田駅行き11時01分発の列車に乗車しました（その前の列車で三厩に行くためには、6時15分発に乗車する必要がありますので、これが実質的な始発列車です）。

津軽半島の東側を走りますので、車窓から陸奥湾が見え隠れします。蟹田駅で一〇分の待ち合わせで、三厩駅行きに乗り継ぎ、終点三厩駅には12時24分の到着。十二月には珍しく快晴であったため、三厩駅の近くからは、遠く、下北半島まできれいに見えました。三厩駅からは、外ヶ浜町が運営する町営バスで竜飛《たっぴ》岬《みさき》にある灯台まで約三〇分。一人一〇〇円で乗車できます（料金は当時のもの）。途中に青函トンネル記念館があり、インクラインというケーブルカーで青函トンネルまで地下に降りることができますが、冬場は閉館となっています。

竜飛岬のバス停から灯台までは階段で一〇分ほどの登り。高台になっていて、北海道の渡島半島が間近に見えます。風が強く、近くの公園にはその風に耐えるように石碑が林立していました。バス停の近くには、竜飛岬と大書きされた石板があり、そこにある赤いボタンを押すと、石川さゆりさんの「津軽海峡冬景色」が大音響で鳴り響きます。これ以上ないシチュエーションで名曲を堪能できました。

竜飛岬には、全国でここだけにしかない、「階段国道」があります。国道なんですが、階段なので自動車は通れません。ここも冬場は凍結して危険なため、立ち入り禁止になっていましたが、バスの運転手から地元の人が使うわき道が近くにあると教えられ、そこを通って崖下の港まで降りることができました。折り返しのバスはここを通るので、乗車し、三厩駅まで戻りましたが、次のJR津軽線は一時間後です。そこで、タクシーを呼んで、津軽鉄道の北の終点、津軽中里駅までワープすることにしました。大名旅行ですね！

観光タクシーの運転手さんだったため、いろいろと津軽半島のことを教えてくれました。地図で確認するとわかりますが、津軽半島の自治体は、飛び地だらけです。その経緯などがよくわかりました。東側は、北から外ヶ浜町→①今別町《いまべつまち》→外ヶ浜町、西側はもっと複雑で、北から中泊町《なかどまりまち》→②五所川原市《ごしょがわらし》→中泊町→五所川原市です。前者は①が合併に加わらなかったため、後者は②旧市浦村が中泊町ではなく、五所川原市を合併相手に選んだためだそうです。

途中にある峠を越えて、津軽平野に出ると、目の前に津軽富士、岩木山が見えてきました。快晴のなか、てっぺんの尖ったところまできれいに見えています。タクシーの運転手によると、雪の季節にここまできれいに見えることはめったにないとのこと。少々お金はかかりましたが、タクシーに乗って正解でした。津軽中里駅には、一時間ほどで到着。一万と一〇〇〇円かかりました（料金は当時のもの）。

津軽鉄道線のきっぷを購入すると、前日の十二月一日からストーブ列車を運行していて、ちょうど15時54分発の三往復目に乗車できるとのこと。乗車券にくわえ、四〇〇円のストーブ列車券を購入して、ストーブ列車に乗り込みました。車両はがらがらで、ストーブの真ん前に陣取りました。発車前に二人の男性客が近くに座ったので、声をかけてみると、男性客たちは、津軽鉄道サポーターズクラブのメンバーで、東京在住なのに毎月、津軽鉄道に乗車しに来ているのだそうです。津軽鉄道サポーターズクラブは、津軽鉄道の応援団（勝手連らしい）で、年会費一〇〇〇円を納めればなれるとのこと（料金は当時のもの）。詳細はホームページに掲載されていました。誘われましたが、私は浮気性でいろいろな列車に乗りたいので、断らせていただきました。

お二人は、ストーブ同様に、熱く津軽鉄道愛を語ってくれました。じつはもっと大勢来ているのですが、ほかのメンバーは、途中駅の津軽飯詰《いいづめ》駅に陣取って、夕焼けに染まる岩木山をバックにストーブ列車を写真に撮るため、待ち構えているとのこと。実際に津軽飯詰駅に近づくとカメラマンたちが陣取っていて、手を振ってくれました。

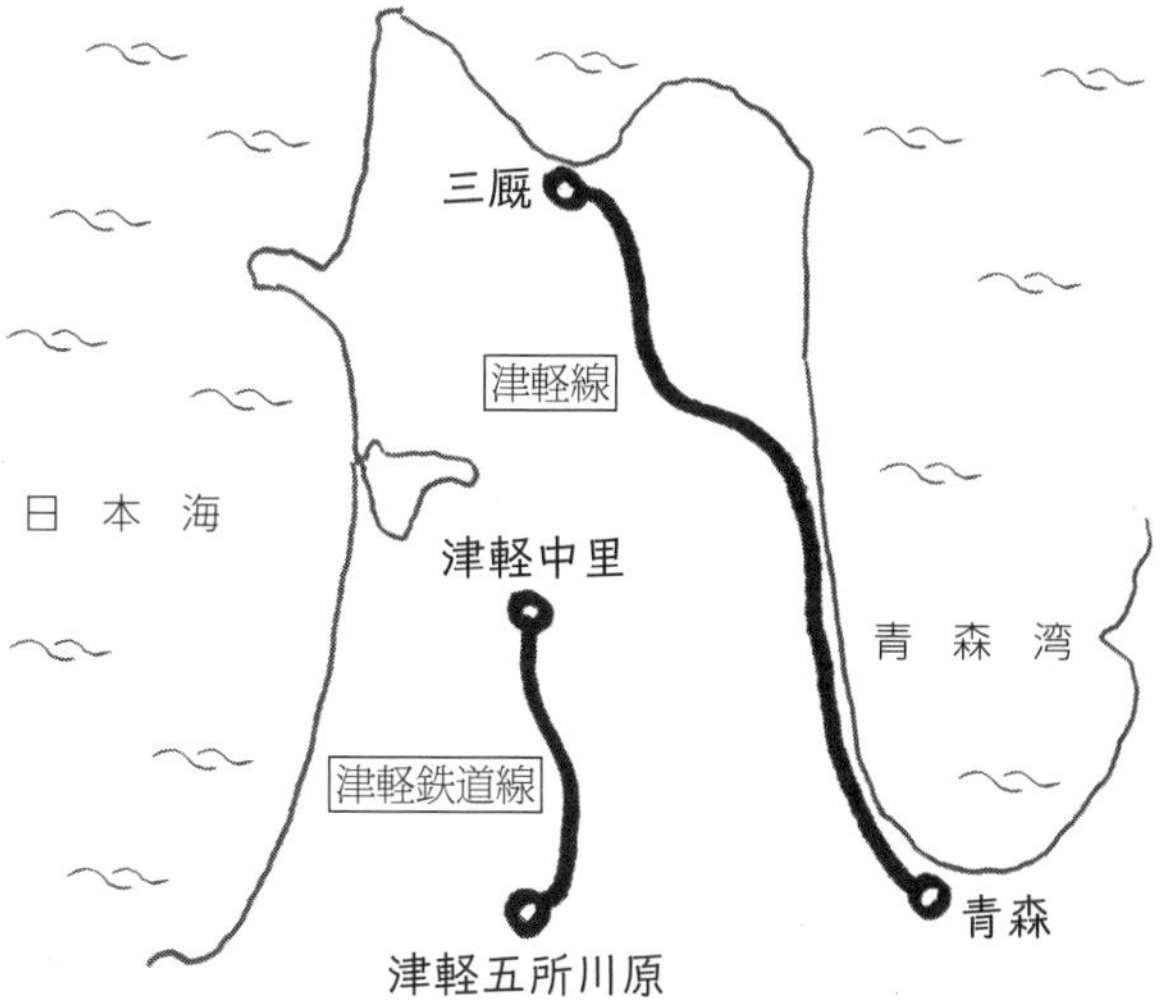

車窓からはつねに岩木山が見えています。それも夕日のなかで、徐々に下から暗くなり、山頂付近のみが赤く染まっていく、絶景が堪能できました。車内では、高倉健さんに似ている「津軽鉄道の健さん」が、購入したスルメをストーブで焼いてくれ、乗客は皆、お酒を飲みながら舌鼓を打っていました。新潟からのご婦人方やNPO法人のボランティアガイドのお嬢さんも乗車していて、喧騒のなか、終点の津軽五所川原駅に着くころには、夕闇が迫ってきました。

以前見た、地吹雪の上にぽっかり浮かんで見える岩木山も絶景でしたが、やはり、好天に恵まれると旅は最高ですね。

（二〇一八年十二月放送）

沖縄の鉄道

——沖縄ゆいレール、軽便鉄道

二〇一八年冬、学会で沖縄に行ってきました。じつは、沖縄に行ったのが、青森県の津軽を旅した一週間前。日中気温二五度以上の沖縄のあとに、気温一〇度以下の津軽ですので、さすがに体にこたえました。

沖縄の鉄道というと、現在は、那覇空港から那覇市内を経由して首里城まで運行する沖縄都市モノレール「ゆいレール」だけですが、戦前には軽便《けいべん》鉄道がありました。しかし、沖縄戦ですべて破壊され、さらに、車社会の米軍統治下で廃止となり、現在に至っています。軽便鉄道というのは、通常の鉄道とくらべて規格が簡便で安価に敷設された鉄道です。レールが細く、間隔も狭いので、速度が制限されます。現在はこの規格で営業運転をしているのは、三重県に二路線（四日市あすなろう鉄道、三岐鉄道北勢線）と富山県に一路線（黒部峡谷鉄道）の計三路線しかありません。ほかに産業用として使われている屋久島に森林鉄道があるそうですが、こちらは乗ったことがありません。

今回、沖縄の北部、名護市に四分の三スケールで復元した**軽便鉄道**があると聞き、訪ねてみました。その鉄道は、名護市が運営する動植物公園、ネオパークオキナワの園内にあります。入場料

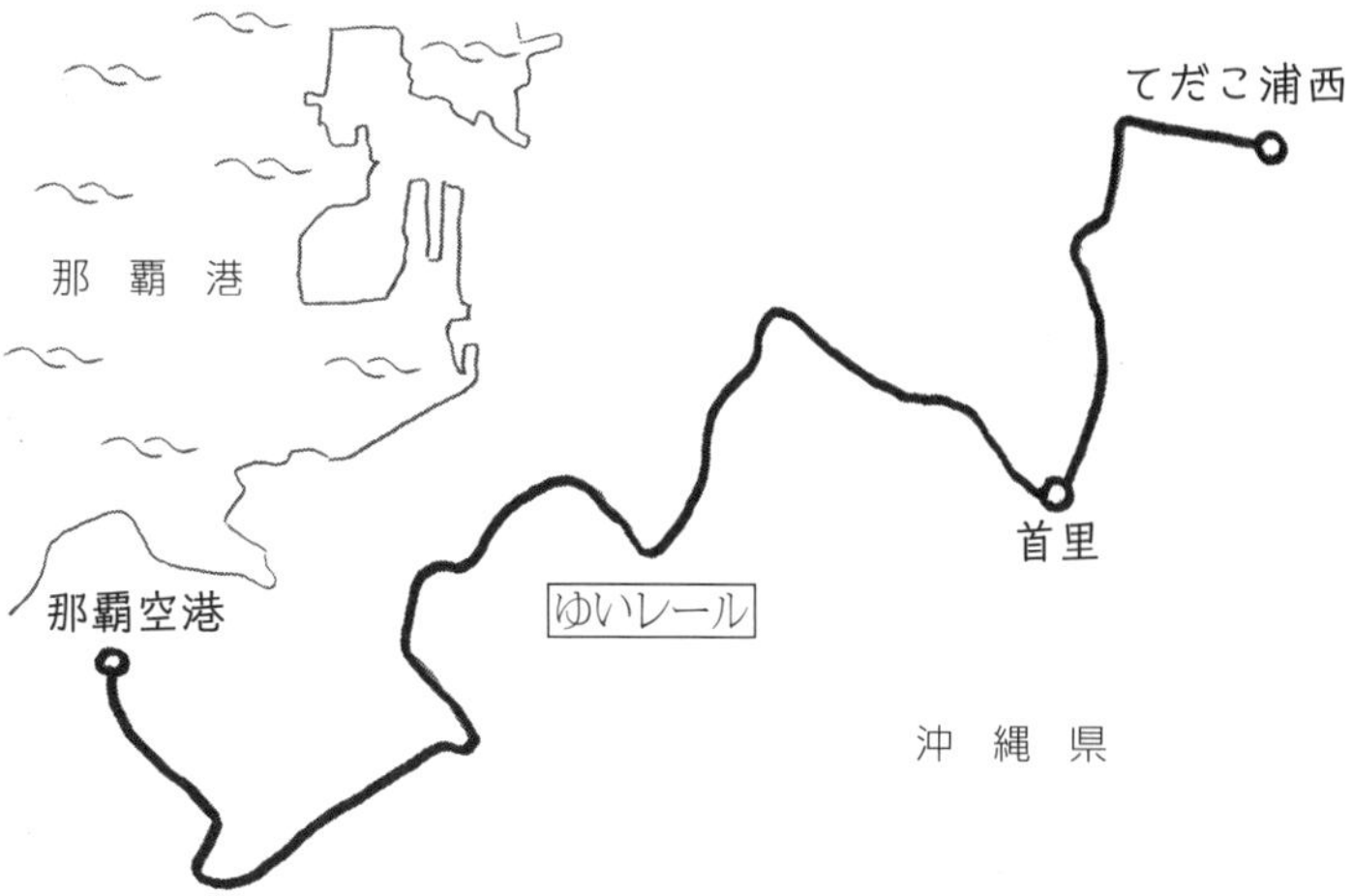

六六〇円、鉄道料金六六〇円、計一三二〇円かかります（料金は当時のもの）。東京ドーム五個分の広さがある、大きな公園で、亜熱帯に生息する鳥類を中心に、珍しい動植物を見ることができます。

軽便鉄道は、園内を見おろすように一周します。建屋に入り、入場受付で料金を払って入場すると、建屋の一階から直接、鳥類が放し飼いになっている池のわきに入ります。放し飼いといっても鳥類ですので、飛んでいなくならないように、池の周りを大きく取り囲むようにネットが張り巡らされています。間近にフラミンゴなどの南国の鳥たちがいて、子供らが餌やりをしていました。

軽便鉄道は建屋の二階に上がり、少し歩いたところにある「名護駅」からでています。機関車はＳＬに似せた、電気機関車。車両はトロッコ列車で開放感があり、途中、湖（フラミンゴの湖）の上で停まったときには、車内から直接魚に餌をやることができます。高架を走りますし、説明のアナウンスも入りますので、湖の上や、ジャングルのなかの緑のトンネルを通って、一周二〇分の行程を飽きることなく、楽しめます。三〇分おきに、列車は運行されています。親子連れしか乗車していませんでしたね。このネオパークオキナワに行くには、那覇市内から高速バスで名護バスセンターに行き、そこからタクシーで一〇分ほどかかります。残念ながらバス便はありません。

行きはバス停わきに停まっていたタクシーに乗りましたが、帰りには、施設にタクシーが常駐していません。タクシーを呼んでもよかったのですが、バスセンターまで距離にして五キロほど。時間もあったので、歩くことにしました。行きのタクシーで距離と道順を確認していました。一本道で間違えようがありません。

冬場なのに、南国の日差しは強く、気温は二五度をこえています。うっすらと汗をかきながら、約一時間で名護バスセンターに到着。無事、那覇市内への帰途に着くことができました。鉄道では、目的地にピンポイントで着くことはできないので、よく歩くことになります。沖縄の思い出ですが、二〇〇〇人弱が参加する琉球大学での学会の折、帰りのバスを待つ列がものすごく長かったので、市内まで二時間ほど歩いたことがあります。面白かったのは、歩いている間、道が渋滞していて、車ものろのろとしか動いていなかったことです。沖縄の渋滞はすごい。その晩、飲み会ではかの参加者に聞いたところ、バスでも二時間以上かかったそうです。今回の学会は琉球大学でありましたが、参加者数が一〇〇人ほどでしたので、那覇市内との往復にはバスに乗りました。

車社会の沖縄の渋滞解消のため、那覇市内では**ゆいレール**が運行されています。那覇市内を巻くように、高架を走りますので、乗車すると那覇の街の状況がよくわかります。空港から那覇市の中心街、離島航路が発着する泊《とまり》港、牧志《まきし》公設市場、などを経由して、世界遺産の首里城まで、一三キロを約三〇分。景色のいい路線で、途中の車窓から高台にある（二〇一九年の十月に火災による消失前の）赤い首里城がよく見えました（首里城の観光にとくにお勧めだったのですが残念です）。

二〇一九年中には、ゆいレールが首里城からさらに四キロ延伸されることになっています。また、乗りにいかなければなりませんね。

（二〇一九年一月放送）

新潟豪雪地への旅

——北越急行ほくほく線

新潟県の豪雪地帯を走る、北越急行の〝ほくほく線〟に乗ってきました。

ほくほく線は、北陸新幹線が開通する前は、首都圏から金沢駅まで、速く行くルートとして広く利用されていました。まず越後湯沢駅まで上越新幹線で一時間二〇分。さらにほくほく線経由の特急はくたかに乗り換えれば、合計で四時間とちょっとで金沢駅に到着でした。しかし、現在は、北陸新幹線の〝かがやき〟で二時間半。利用者が減っているのではと気になっていました。

二〇一九年正月明けの週末に上越新幹線の駅、越後湯沢駅のひとつ北側の石打駅近くのスキー宿に一泊（研究室の冬合宿）。まず石打駅に出て10時38分発のＪＲ上越線に乗ってほくほく線の始発駅、六日町駅まで約一五分乗車しました。上越新幹線の駅である越後湯沢から六日町までの間のＪＲ上越線沿線には、スキー場が集積。上越国際スキー場前駅などがあって、首都圏からのみならず全国からスキー客が集まります。当日は吹雪で、一面の銀世界でした。

六日町駅での乗り換えはホームの向かい側で、五分の待ち合わせ。ほくほく線は発車後、すぐに高台に登り、しばらくして魚沼丘陵駅に停車。その後、長いトンネルに入り、トンネル内の美佐島《みさしま》

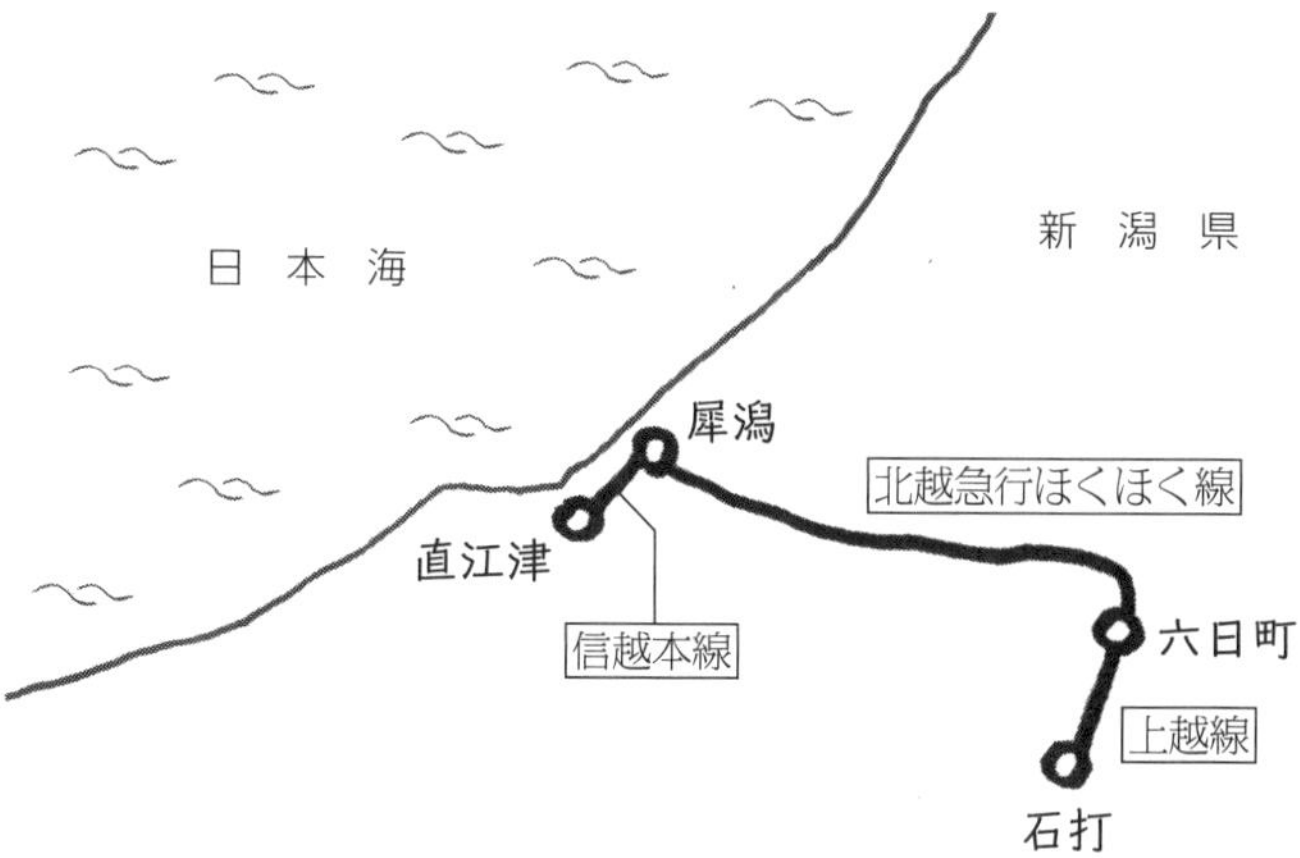

駅を経て、トンネルを抜けたところにあるしんざ駅へ。そこから高架を走ってＪＲ飯山線との乗換駅である十日町駅に到着します。六日町駅から十日町駅まで四駅ですので、ひと駅あたり駅名が一日ずつ増える計算ですね。

　十日町駅は、長野駅から新潟県の越後川口駅まで千曲川（長野県内）、そして信濃川（新潟県内）に沿って走るＪＲ飯山線との乗換駅。ほくほく線沿線ではもっとも大きな駅になります。十日町駅周辺も雪が降っていて銀世界ですが、雪の量はだいぶ少なくなっていました。しかし当日は、飯山線の長野駅に向かう列車が雪崩《なだれ》で不通になっていましたので、沿線は豪雪地帯。途中には、戸狩、信濃平といった有名スキー場がある路線です。十日町からはトンネルに入っては谷筋の川を渡り、またトンネル、そして鉄橋の繰り返し。

徐々に雪の量が減ってきて、日本海側に抜けた六駅目のくびき駅に着くころには雪がやみました。

次の犀潟《さいがた》駅がほくほく線の終点。ここで、新潟から来る信越本線と合流します。ほくほく線の利用者はやはり少ない印象でした。犀潟駅では、直江津駅行きの列車に乗り換えるまで三〇分ほど時間があったので、周辺を散策。犀潟駅を降りて駅舎を出たところで、いきなり二、三ミリの霰《あられ》がざっと降ってきました。霰は、上空で液体の水、すなわち雨が凍ったもので、雪の場合よりも上空の気温が低い場合に降るようです。その後、霙《みぞれ》を経て雨に変わりました。日本海側では、積雪がほとんど見られなくなっていました。新潟というと豪雪地帯の印象がありますが、それは内陸部であって、日本海沿いではそれほど降雪がないのですね。

直江津駅は犀潟駅からふた駅先で12時30分に到着。直江津は大きな町です。ここを目指したのは、駅弁の「鱈《たら》めし」が目当てでしたが、残念ながら売り切れでした。この弁当はお勧めです。タラコと棒鱈の煮つけが絶妙なハーモニーで、とにかくおいしい。人気の駅弁です。直江津駅では一時間以上待ち時間があったので、少し離れた直江津郵便局まで風景印をとりに行きました。

直江津からの帰りは、超快速〝スノーラビット〟に乗りました。この列車は、直江津から越後湯沢駅まで一時間弱で移動しますので、北陸新幹線が開通する前の、ほくほく線の疾走感が味わえます。〝スノーラビット〟号は、直江津駅を出発したあと、終点の越後湯沢駅までの途中停車駅が、十日町駅のみ。ほくほく線の二つのターミナル駅である犀潟駅にも六日町駅にも止まりません。先ほど通ってきたトンネルや鉄橋をラビットですから、まさに脱兎のごとく走り抜けます。

戻ってきた越後湯沢駅周辺は、ふたたび雪景色。外国からのスキー客が大勢いて、にぎやかで華やかな駅です。じつは越後湯沢駅とガーラ湯沢駅の間のひと駅区間が、私のＪＲ全線完乗の最後の区間でした。忘れもしない平成十年（一九九八年）十二月二十二日に達成した思い出の場所です。当時とくらべると駅内はさま変わり。現在は商業施設がいくつかあって、日本酒のコーナーなど、半日くらいは楽しめます。石打駅に戻るころには、日も陰り、しんしんと雪が降りつづくなか、宿に戻りました。

直江津駅からは、えちごトキめき鉄道妙高はねうまライン経由で北陸新幹線の上越妙高駅まで一五分ほどです。東京からぐるっと雪国を巡って帰ってくることもできますので、訪れてみては、いかがでしょう。

（二〇一九年二月放送）

東海、天竜浜名湖の旅

──天竜浜名湖鉄道、豊橋鉄道市内線

静岡県の天竜浜名湖鉄道に乗ってきました。**天竜浜名湖鉄道**は、旧国鉄二俣線が一九八七年三月に転換して発足した、第三セクターの路線です。静岡県のなかほどにある、JR東海の東海道本線および東海道新幹線の駅、掛川駅から北西に向かい、天竜川を渡って西に向きを変え、浜名湖の北側を通って南下し、東海道本線の新所原《しんじょはら》駅に至る全長六七・七キロの路線。この間に終点を合わせて三八駅ありますので、駅間隔がとにかく短いのが特徴です。新所原駅は、東海道本線の静岡県内最西端に位置します。西にある愛知県側にふた駅進むと、東海道新幹線の駅、豊橋駅です。

二〇一九年二月十一日の祝日、掛川発9時57分の列車に乗って、まずは途中駅の天竜二俣《てんりゅうふたまた》駅に向かいました。掛川からはしばらく田園風景がつづきます。三駅目の桜木駅付近でしょうか、カカシかもしれませんが、キョエちゃん（「チコちゃんに叱られる!」のカラスのキャラクター）に似た人形がこちらをにらみつけていました。

駅間隔が短いので、発車と停車を繰り返しながら、徐々に丘陵地帯に。切通しと駅が連続する区間を抜けると、天竜川が見え、目的地の天竜二俣駅に10時44分到着。ここには、いまも現役で使わ

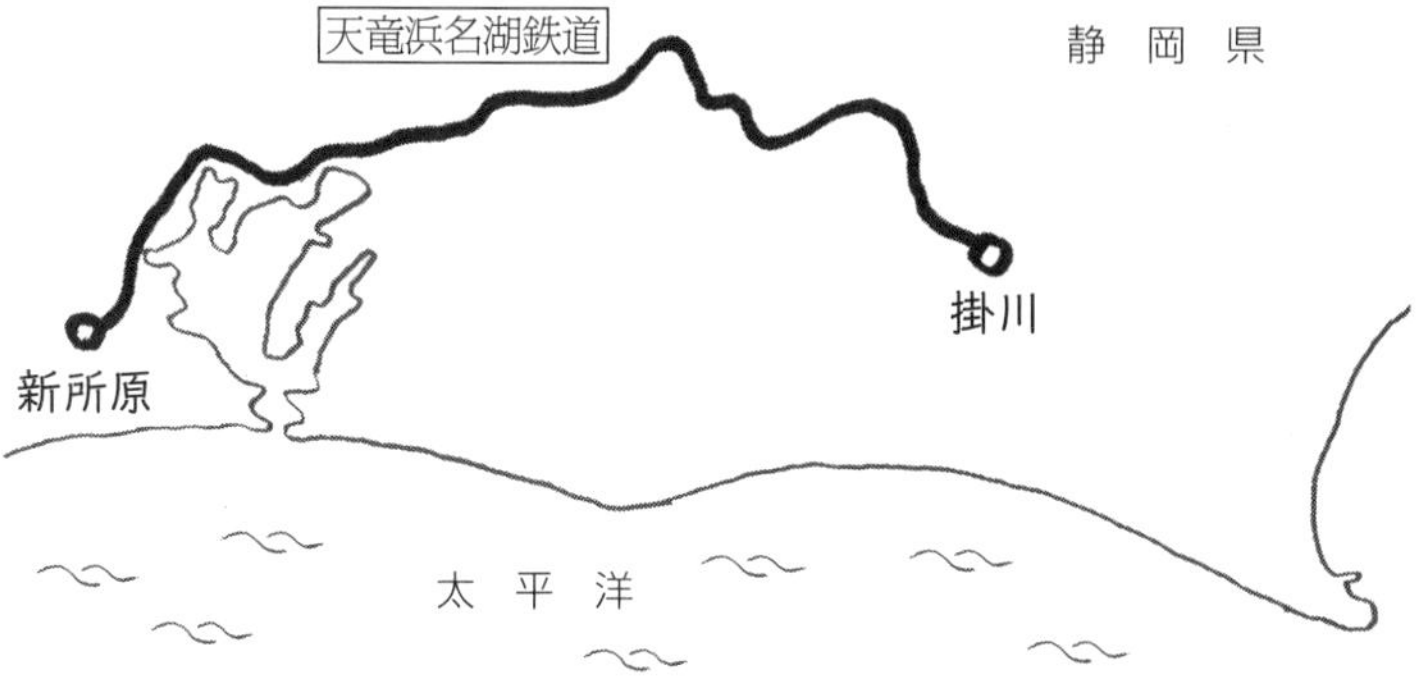

れている年代物の転車台があります。10時50分から始まる、転車台と鉄道歴史館の見学ツアーに合わせて、天竜浜名湖鉄道に乗車したのですが、全体で二〇名ほどが集まりました。車で駅に来られるかたがたもいました。じつを言うと、掛川駅でこのツアーがあることを知り、急きょ参加することにしました。偶然ですが、乗車した列車が接続していたので、まことに幸運でした。

駅舎に集合し、ツアーの料金二〇〇円を支払ったあと、女性社員の先導ですぐ近くにある転車台に向かいます。いまは使われていない、蒸気機関車に水を供給していた背の高い巨大なタンク。その奥に、事務室や従業員の休憩所としていまも使われている、木造の古い家屋が立ち並んでおり、その隙間を抜けたところに、転車台はありました（全体が、昭和の雰囲気！）。転車台というのは、機関車を乗せて回転し、向きを変える台のこと。

いまの機関車は前にも後ろにも運転できるよう、設計されていますが、蒸気機関車はそうはいきませんので、転車台で向きを変える必要がありました。転車台の先には、扇形に車庫が四つ配置されていて、機関車を、コンパクトに収めることができるようになっています。説明では、車庫の扉が木造なのが、ほかにはない特徴なのだそうです。天竜川の流域では、林業が盛んだったからです（二〇一八年の台風で被災し、扉が破損したそうです）。ツアーでは、実際に転車台を目の前で動かしてくれました。転車台としては大きなものではありませんが、大切に使われていることが、よくわかりました。

転車台の奥には、鉄道歴史館があり、薄暗い木造の建屋のなかに、旧二俣線の時代からの写真や機材が、所狭しと展示されていました。古い木造の建屋が多いのは、たぶん林業が盛んであったことと関係があるのだと思います。ツアーは乗り継ぎ列車の発車時刻にあわせて、約一時間で終了。

ふたたびホームに戻り、今度は新所原駅を目指しました。掛川駅で乗車するときに、反対側のホームに停車していたお座敷列車が、ツアーの間に到着したようで、車内は「出来上がった乗客」で満員でした。その多くは、ふた駅目の、遠州鉄道線との乗換駅、西鹿島《にしかじま》駅で降車しましたが（遠州鉄道線は、西鹿島駅と新浜松駅を結んでいます）、しばし、車内は喧騒のなか。その後、急に静かになった車内で睡魔に襲われました。目を覚ますと車窓からは浜名湖がきれいに見えています。このあたり、浜名湖の北側のへりを進み、浜名湖が見え隠れします。天竜川を渡る前は田園風景、渡ったあとには浜名湖の風景と違った車窓風景が楽しめる路線です。

新所原駅に着いて、天竜浜名湖鉄道の改札のところにうなぎ屋があり、弁当を売っていました。駅舎がうなぎ屋です。豊橋行きのJR東海道本線の待ち合わせには八分しかありませんでしたが、注文し、弁当を受け取るや否や猛ダッシュ。階段を駆け上がり、改札を抜けて階段を降りると、すでに列車の扉が閉まりかけていましたが、車掌さんに声をかけて何とか間に合いました。はっきり言って、注文は無謀でしたが、ここのうなぎ弁当は特別においしかったですね。浜名湖名物のうなぎですからね。

豊橋駅は大ターミナル駅。JR東海道本線のほか、長野県の飯田に向かう飯田線、名古屋経由で岐阜駅までを結ぶ名古屋鉄道の本線、そして豊橋鉄道渥美線、が乗り入れています。鉄道の旅の拠点として、利用価値が高いので、訪れてみてはいかがでしょう。

時間があったので、路面電車の**豊橋鉄道市内線**も二系統あるので、今回はそれぞれの終点まで乗車しました。一方の終点、運動公園前駅の手前には、日本一急なカーブといわれる通称「R11」がありました。また、もう一方の終点、赤岩口駅の奥には、「おでんしゃ」と書かれたネオンが妖しく光る車両が停車していて、外からのぞくと車内でおでんが食べられるようでした。こちらは、誰でも乗車できるようでした。当日は、豊橋鬼祭が開催されていたので、車内は超満員。時間がなかったので、豊橋で十分に見学ができなかったのは残念でした。でも、なかなかに充実した鉄道の旅になりましたので、ご参考まで。

（二〇一九年三月放送）

二〇一九年新線の旅

——三陸鉄道線、沖縄ゆいレール、相鉄・ＪＲ直通線

二〇一九年に新しく開業した路線を旅してきました。この年の一年を振り返ると、大型の台風がいくつも襲来して、大規模な水害が多発した年といえるでしょう。鉄道も不通となった区間がたくさんあり、いまでもいくつかは不通のままです。そんななかで、新たに開通した鉄道の区間もあります。

まず、三月に東日本大震災で被災して不通になっていた岩手県のＪＲ山田線、宮古駅と釜石駅の区間が、**三陸鉄道線**として開通しました。これで久慈《くじ》駅から宮古駅の北リアス線と釜石駅から盛《さかり》駅までの南リアス線とつながって、全長一六三キロが一本の路線となりました。ここはこの年の八月に、青森県の八戸駅から久慈駅に向かい、のんびりと四時間かけて、盛駅まで乗車しました。随所に海が見えてきれいな路線でしたが、ふたたび台風一九号による水害で寸断されていました。一部（田老—田野畑）は十二月中に開通しましたが、全線の復旧（残る釜石—津軽石および田野畑—久慈の区間）は二〇二〇年三月になりました。

十月一日には、沖縄の**ゆいレール**が延びて、首里駅から先の四駅区間が「てだこ浦西」駅まで開

通しました。なかなか時間が取れなかったのですが、十一月末に弾丸ツアーで乗車してきました。羽田発の飛行機が遅れて那覇空港には昼過ぎに到着。昼食に沖縄そばを食べたあと、ゆいレールにて、終点の「てだこ浦西」駅まで乗車しました。ゆいレールには一日乗車券八〇〇円があります。弾丸ツアーでなければ、二日乗車券一四〇〇円の利用がお勧めです。那覇空港からてだこ浦西駅の運賃が三七〇円ですので、観光で途中下車することを考えると、とてもお得です（料金は当時のもの）。

ゆいレールは、モノレールで高架を走ります。そのため、眼下に沖縄の基地が見えたり、遠景に海が見え隠れしたりします。ビジネス街から中心地である牧志《まきし》駅を過ぎると、郊外の市街地を北東に向かって曲がりくねる道路に沿って走ります。儀保《ぎぼ》駅のあたりからは、高台に首里城の赤い屋根が以前は見えたのですが、十月末の火災によって焼失したため、残念ながら見ることができません。大変でしょうが、一刻も早い、再興を願っています。

首里城の最寄り駅、首里駅から先が新しく開通した区間。那覇市の郊外を走りますが、モノレールからは、沖縄本島が、とても起伏の多い土地であることがわかります。そこを遠景まで家並みが埋め尽くすように建っているのを目のあたりにできます。

終点の「てだこ浦西」駅には約四〇分で到着。ここまで開通すると、琉球大学までタクシーで一〇分の距離です。検索すると、徒歩で一時間弱ですので、今度、学会があれば歩いて行こうと思います。以前あった学会（分析化学討論会）で、琉球大学から二時間かけて那覇市内の牧志駅まで歩いたことがあります。ただ、那覇市内では渋滞が常態化していたこと、バスの容量が学会の規模（参加者二〇〇〇人弱）に対して十分ではなかったことから、バスを待って乗車した人たちよりも私のほうが早く着いてしまいました。それくらい渋滞が激しかったんです。

折り返しの車両で首里駅まで戻り、首里城を見に行きました。立ち入り規制があって、城内には入れませんが、屋根瓦が落ちた屋根などが見えますので、外からでも火災の惨状がわかりました。二杯目の沖縄そばを食べたあと、牧志駅まで戻り、建て替え中の公設市場の仮店舗で夕飯にソーメンチャンプルーを食べて、最終のひとつ前の飛行機で羽田に戻りました（本当に日帰りの弾丸ツアーです）。

最後に、十一月三十日には、神奈川県のＪＲ武蔵小杉駅から、新たにできた羽沢横浜国大《はざわよこはまこくだい》駅を通って、相模《さがみ》鉄道線の西谷《にしや》駅に至る、**相鉄《そうてつ》・ＪＲ直通線**が開通しました。大学の先輩を誘って二人で、開通の翌日に乗車してきました。

武蔵小杉駅から羽沢横浜国大駅までは、ＪＲの東海道貨物線を利用しているため、トンネル区間は少なく、地上を走行します。家並みがつづき、時折貨物ターミナルも見えて、車窓風景は思ったよりも楽しめます。鶴見駅近くの貨物ターミナル駅を過ぎて少し行ったところからはトンネルに入り、羽沢横浜国大駅の少し手前にある貨物ターミナル駅、横浜羽沢駅を過ぎると羽沢横浜国大駅。ここから先は相模鉄道線区間になり、西谷駅の手前まで地下トンネルを走行。武蔵小杉から二〇分ほどで西谷駅に到着しました。新規に開通して間もない路線で、日曜日でしたので、駅には写真を撮る鉄ちゃんが大勢いました。車両の一番前には鉄ちゃんたちが群がっていました。二〇二二年には、羽沢横浜国大駅から、相模鉄道と東急東横線をつなぐ、相鉄・東急直通線の開業も予定されています。

この後、先輩からの情報で、寒川《さむかわ》駅から西寒川駅までの廃線跡を散策しました。相模鉄道で海老名駅まで行き、そこからJR相模線で寒川駅に行き、歩くこと三〇分ほどで、西寒川駅跡にたどり着きます。廃線跡は遊歩道になっていて、線路も残っていました。私は乗り鉄なので、興味がないのですが、ノスタルジックな気分にはなりました。

鉄道は、大量輸送機関として、環境にやさしく、経済性にも優れています。高齢化の進展もあり、今後も人口の多い地域では、新線の開通がつづくでしょう。リニアにも乗りたいので、まだまだ元気でいないといけませんね。

（二〇一九年十二月放送）

スコットランド鉄道の旅
――グラスゴー―エディンバラ間

初めて海外の鉄道についてお話しします。二〇一九年末、イギリスの最北部にあるスコットランドでの学会に参加しました。会場は、創立が一四五一年の名門グラスゴー大学。ハリーポッターの世界にでてくるようなゴシック調の石造りの建物がキャンパス内を占めている、歴史を感じさせる大学で、大学自体がグラスゴーで一番の観光地になっています。なお、ハリーポッターの映画が撮られたのではとの噂がありますがそうではなく、話はあったが大学として撮影を許可しなかったのだそうです（大学構内の売店のお嬢さん情報）。

ちょうどEUから離脱するブレグジット（Brexit）が争点となった総選挙の当日が、学会の初日、十二月十二日。私の発表がその翌日で、総選挙の結果が判明したなかでの講演でした。ただ、町なかはクリスマス前のセールやお祭りの時期で、華やかな雰囲気に包まれていて、選挙の影響はほとんど感じませんでした。テレビだけは選挙関連のニュース一色！　現地の人によれば、イングランドは保守党が勝ちすぎたので、スコットランドにとっては困るというような話をしていました。

学会が終わったあと、グラスゴー大学に留学経験のある関西学院大学の橋本秀樹先生が学生を連れて、スコットランドの古都エディンバラまで行くとのことでしたので、お願いして、電車での往復に同行させていただきました。橋本先生によれば、スコットランド最大の都市グラスゴー（人口六〇万人）が大阪で、エディンバラ（人口五〇万人）が京都のような街とのこと。内陸にあるグラスゴーの約六〇キロ西、北海側にあるエディンバラにはスコットランドの女王メアリーが居城としたエディンバラ城があり、当時は政治の中心でした。電車で片道一時間ほどの両都市間を往復しました。

あいにくの雨模様でまだ薄暗い午前九時に、グラスゴーのクイーンズストリート駅に集合して、学会に参加した日本人十数名で、エディンバラに向かいました。グラスゴーには約一キロ離れたところに中央駅、セントラルもありますが、エディンバラ行きは一五分ごとに発車する、クイーンズランド駅が玄関口になります。

英国の列車というと、コンパートメントが思い起こされます。コンパートメントとは、車両が対面シートの席で仕切られた車両で、車両内を自由に移動できないのですが、今回の車両は日本と同じ開放型で、車両間の行き来もできるようになっていました。子供のころ、父の仕事の関係で三年間、ロンドンに住んでいましたが、そのころの英国の鉄道はすべてコンパートメントでしたが、いまは違うようです。

グラスゴーで、往復割引きっぷ（14ポンド、およそ二〇〇〇円）を購入し、自動改札を抜けて濃紺の黒光りする車両に乗車。スコットランドの車窓風景を楽しみました。スコットランドは、高い山がなく、緑色の丘陵地帯がつづき、樹木が少ない見通しのよい土地柄です。グラスゴー―エディンバラ間はスコットランドの大動脈ですので、家並みが多いのですが、それでも郊外に出ると微妙にうねった丘陵地帯の、見通しのよい風景がつづきます。

十二月のスコットランドは真昼でも太陽が仰角一五度くらいまでしか昇らず、薄暗く感じます（ずっと西日がつづく感じ）。途中、二、三駅しか停車せず、エディンバラ駅まで疾走。到着した駅の構内は複雑で、行き先の異なるホームが立体的に無秩序に配置されています。知っている人の案内がないと、目的とする列車に乗れないように感じました（橋本先生に感謝です）。

まずは、エディンバラ市内を見おろすカールトンヒルの丘の上にある展望台に登り、街を一望。その後、スコッチウイスキーエクスペリエンスという商業施設内にあるテイスティング場に行き、スコッチウイスキーの製造法、歴史、地域性についてレクチャーを受け、地域によるウイスキーの風味の違いを学びました。

製造所は大別して五つの地域に分かれていて、フレイバーがまったく違っていました。我々が口にするウイスキーは、これらのシングルモルトをブレンドしたものだそうです。私はお酒を飲めないので、味見で舐めただけ。各人一種類ずつしかたのめないのですが、十数人で分担して頼み、交換しあうことで全種類の味見ができました。

昼食にスコッチエッグを食べ、エディンバラ城の城内を巡ったあと、ふたたび、駅に戻り、帰途につきました。帰りは、南側を遠まわりしてグラスゴーのセントラル駅へ。せっかく別ルートを

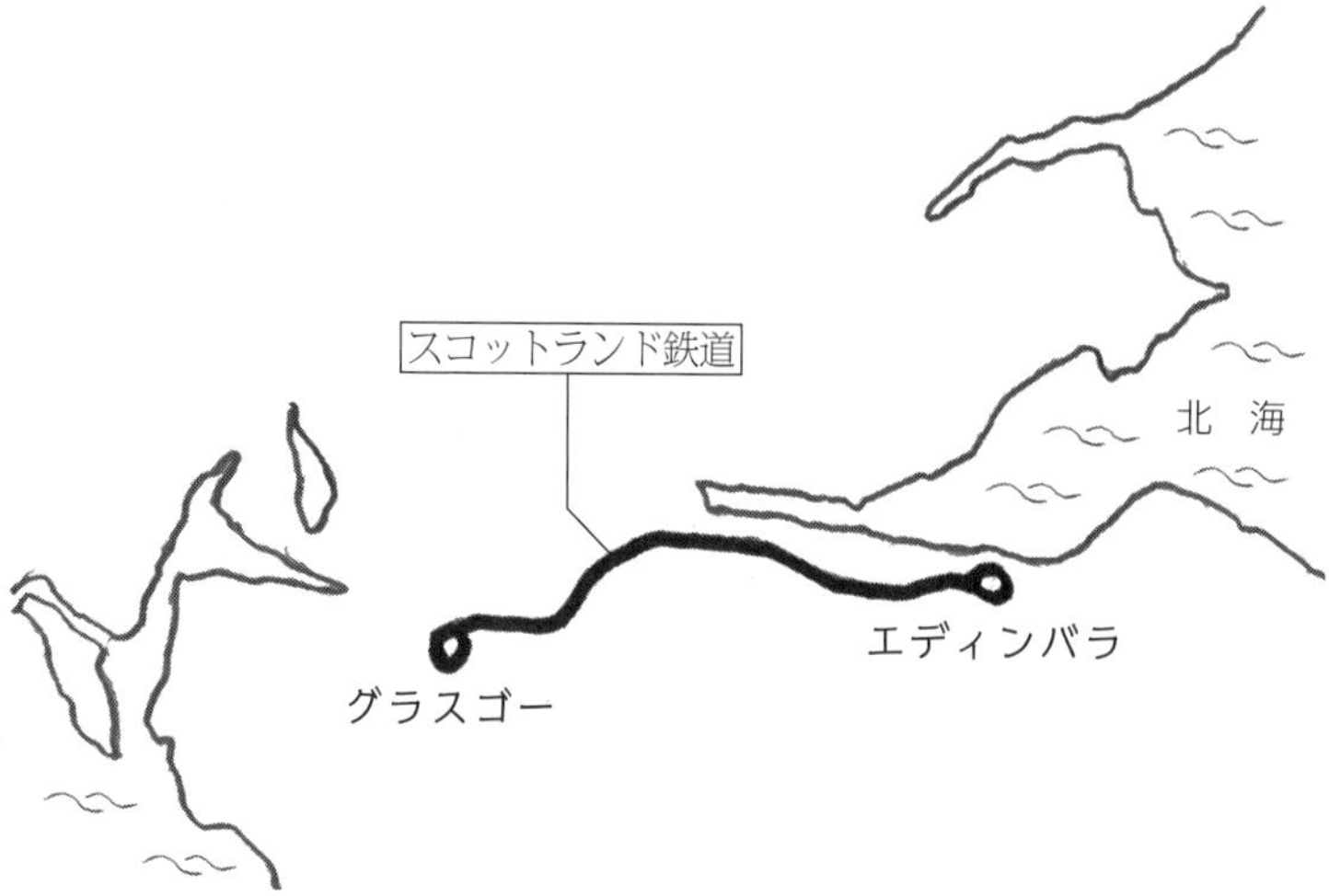

通ったのに、外は真っ暗。午後四時には暗くなってしまうスコットランドの冬の旅は、時間との勝負です。一方、長い夜を楽しむプロジェクトマッピングが盛んなようで、エディンバラ城でもおこなわれていましたし、グラスゴーの美術館（Art Galleries）でもおこなわれていました。

グラスゴーでは、出発が三〇分以上遅れる列車がありましたし、帰国途上で乗車したロンドンの空港行きの地下鉄では、何の説明もなく、いきなり途中駅止まりになり、乗客が全員降ろされたりしました。時間に余裕があったのでいいですが、一五分くらい到着が遅れました。定時運行があたり前の日本の鉄道の優秀さを実感した出張でした。

（二〇二〇年一月放送）

日本最東端の駅へ
――根室本線ノサップ号

北海道の東のはずれ、納沙布岬《のさっぷ》まで行ってきました。

納沙布岬は、東西に延びるJR北海道、**根室本線**の東側の終点、根室駅から、さらに東に向かうバスに乗って四五分。根室駅は日本の有人駅としてはもっとも東にある駅です。今回は、羽田空港午前8時05分発、釧路空港9時40分着の飛行機を利用して釧路駅に行き、11時12分発JR根室本線の快速列車〝ノサップ号〟で根室駅に向かいました。

飛行機が大幅に遅れ、釧路駅に着いたのが午前十一時。根室本線の、釧路駅から西側は、札幌行き特急列車が五往復を含み一〇往復以上も走っていますが、東側の根室駅との間は、一日五往復しか運行していません。急いで、駅弁の「いわしのほっかぶり」と「こぼれいくら！　サーモンちらし」の二つの弁当を購入してホームへ向かいました。いずれも逃せない、とてもおいしい駅弁です。「いわしのほっかぶり弁当」は、イワシのにぎりずしの上に、薄く切った大根が、ほっかぶりするように乗った寿司です。この大根の食感が絶妙で、一度食べると癖になる味です。量がちょいと物足りないので、もうひとつちらし寿司を買いました。こちらも美味しいですよ。北海道は何でもおいしいですね。

釧路駅では、根室行きのノサップ号と同じホームから、網走方面に向かう11時05分発の蒸気機関車、SL冬の湿原号が停車していて、盛んに汽笛を鳴らしていました。じつは、このSLの乗車も考えたのですが、今年はまだ流氷が着岸していなかったので、オホーツク海に向かわず、納沙布岬に行くことにしたのです。前に釧網《せんもう》本線のSL釧路湿原号は取り上げています。ただし、湿原号に乗車したのは逆方向で標茶《しべちゃ》発、釧路行きでした。このときは、行き違う列車が鹿と衝突して、その処理に手間取ったため雪原のなかで一時間四五分、立ち往生しました。

定刻に出発したノサップ号は、快速列車なので途中の一七駅のうち、八駅を通過します。それでも、根室までの所要時間は二時間一〇分で、普通列車よりも一七分しか早く着きません。釧路駅を出てしばらくは、雪景色のなかをゆっくりと走ります。途中で一番大きな町にある厚岸《あっけし》駅の手前で、太平洋が見えましたが、すぐに森林地帯に戻り、徐々に木々の本数がふえ、見通しが悪くなっていきます。やがて駅以外には民家がまったく見えなくなり、頻繁に警笛《けいてき》が鳴り出します。このあたりは、野生の鹿が多く生息していて、車窓からも鹿の群れを頻繁に目にします。運転席の横にいってみると、鹿の群れが次々と線路を横断していくのが見えます。ほかにも大鷲《オオワシ》または尾白鷲《オジロワシ》も見ることができました（資料で確認したところ、たぶんオオワシでした。三羽見ました）。

車窓風景は、丘陵地帯に変わり、丘の上から鹿の群れがこちらを見おろしているのがよく見えます。根室駅に近づくと、また海が見えてきます。島がいくつか見えますが、いずれも頂上がつぶれたテーブル状で、陸側の平面の延長上にあるように見えます。本州沿岸の島とは明らかに違った形の島でした。二〇分ほど海沿いに進んだあと、北向きに進路を変え、民家が見えてきたあたりで、日本最東端の無人駅、東根室駅を通過。三分ほどで終点の根室駅に到着。ホームには、「日本最東端の有人駅」の看板が立っていました。

納沙布岬までは、鉄道に連絡しているバスで四五分。木々がまばらな半島を進み、納沙布岬に到着。岬からは眼下に北方領土の貝殻島が見え、国後《くなしり》島の山々も、知床半島とつながっているかのように白く見えました。岬の灯台まで歩きましたが、強い風で凍えるような寒さ。早々に切りあげて、ほとんどの時間を北方領土資料館で過ごしました。とにかく風が強くて寒い。外に長くいるのは不可能。北方領土資料館では、東西南北の四極（東：納沙布岬、北：宗谷岬、南：佐多岬、西：神崎鼻）踏破証明書をいただきました。

五〇分後、折り返しのバスで根室駅に戻り、連絡している根室本線の普通列車で釧路に戻りました。帰りは、東根室駅に停車。ここには「日本最東端の駅」の看板がありました。日没の時間が迫り、南下する列車の右側に沈みゆく夕日が、オレンジ色に大きく輝いて見え、徐々に空が茜《あかね》色に染まっていきます。日没の瞬間まで見ていたら、地平線が一瞬緑色に変わったように見えました。ネットで調べたら、グリーンフラッシュという現象のようです！

その後、列車は向きを西向きに変え、夕焼けの空が左側に。このとき海が、息をのむほど美しく淡い草色に輝いて見えました。光線の具合だと思うのですが、薄暮のなか、淡く輝く空の茜色と海

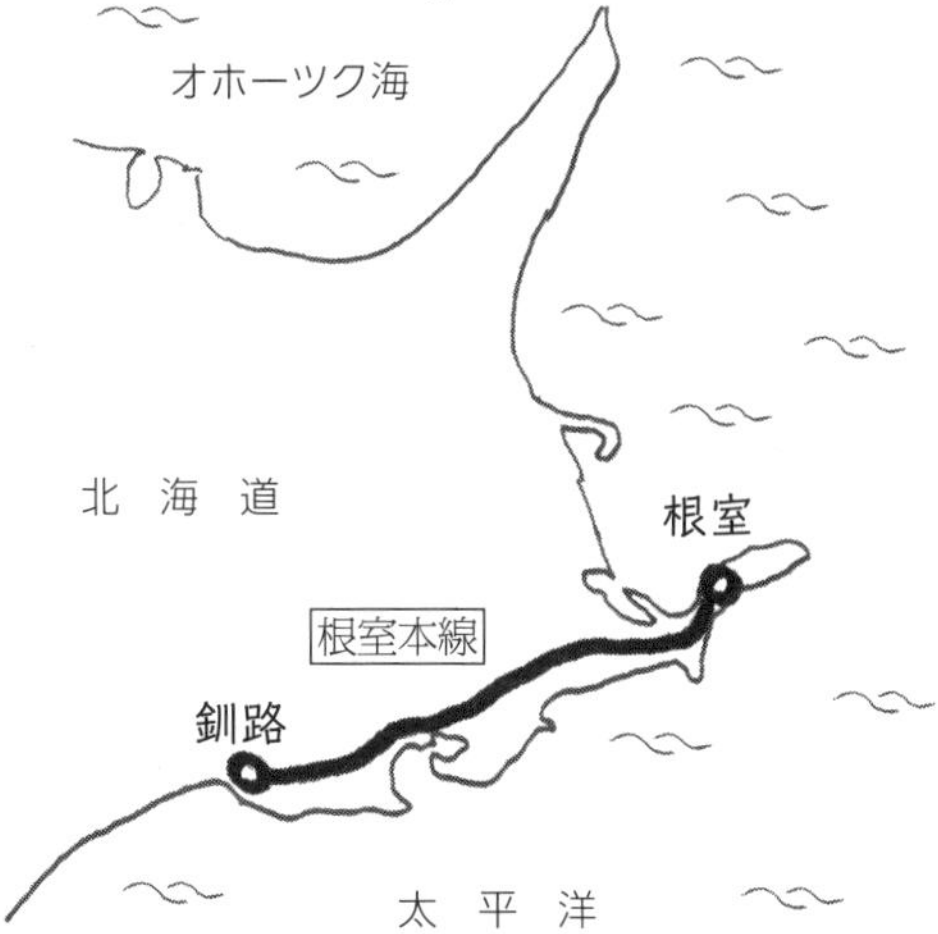

の草色の対比が絶妙でした。北の大地では、日の沈み方がゆっくりなようで、いつまでも薄明るく、そのなかで淡く輝く海や、大平原を流れる凍結した川がとても美しく、幻想的でした。やがて、周囲はゆっくりと暗くなり、釧路に着いた午後七時ごろには、真っ暗になっていました。その後、帯広のばんえい競馬、札幌雪まつり、旭川冬まつり、層雲峡氷瀑まつりを見学しました。

ほかにも、流氷や食事と、冬の北海道は、見どころが満載です。暖かい車内から、移りゆく雪景色を楽しむ旅に出かけてはいかがでしょう。

（二〇二〇年二月放送）

日光・宇都宮パワースポットの旅

——東武日光線、JR日光線、東武宇都宮線

年末年始にかけて、移動が新型コロナ自粛となることを見越して、二〇二〇年十一月中に三ヶ所（一日、秋田。七日、静岡。二十三日、栃木）を旅しました。そのなかから今回は、東武鉄道を使って旅した栃木県の日光と宇都宮の話をいたします。都道府県の魅力度ランキング２０２０で、栃木県は最下位に沈みました。しかし、県内には世界遺産に登録された日光の東照宮という、北関東随一の観光資源を有しているのです。

まず、時間があったので浅草寺に参拝。武蔵御嶽神社に続いて、凶のおみくじを引く！　その後、東武鉄道の特急スペーシアを使って、浅草駅から**東武鉄道日光線**で日光に向かいました。浅草駅のホームはせまくて短いため、六両編成の特急スペーシアは、その先端が駅からはみ出るように停車しています。都心から発車する特急列車としては短い車両編成です。その一番前の車両に乗り込み、８時30分に出発。すぐに隅田川を渡り、スカイツリーの真下を抜けて、一路北上していきます。乗降客数世界六位である、東京北部の大ターミナル駅、北千住駅を過ぎると少し視野が広がり、大都会東京に別れを告げます。ちなみに世界の乗降客数ランキングトップ10は、新宿、渋谷、

池袋、梅田、横浜、北千住、名古屋、東京、品川、高田馬場。知名度の高い東京駅や名古屋駅を抑えて六番目に位置しているのは驚異です。

振り返ると、通ってきたスカイツリーや、さらに遠く富士山がくっきりと見えました。家並みが埋めつくすだだっ広い関東平野を進み、埼玉県に入ると、朝日のなかに筑波山が右側に、左側には秩父連峰が遠くに見えてきます。ご参考に東京と栃木県をつなぐ路線のうち、東武日光線は群馬県の板倉町をかすめて埼玉から栃木へ向かうのに対して、JR東北本線は茨城県の古河市をかすめます。埼玉県と栃木県の県境にある渡良瀬遊水地の近くまでふたつの県がせり出しているためです。県境が遊水地なので、直接、鉄道でつなぐのが難しいため、栗橋《くりはし》駅の先で分岐して、東武は西の群馬県、JRは東の茨城県に向かいます。

JR東北本線との乗換駅である栗橋駅のさきで利根川を渡り、しばらくして栃木駅に停車。その先、左側から山が近づいてきて、日光街道の杉並木が見えてきたら、東武日光駅に10時22分到着。二時間弱の乗車でした。

東武日光駅前は観光地らしい賑わいで、整備されたゆるい坂道を三〇分ほど登っていくと、左側に日本最古のリゾートホテルである日光金谷ホテルが見え、その先に朱塗りの神の橋「神橋《しんきょう》」、そして東照宮への参道の階段の前に出ます。東照宮では、朝日に輝く陽明門《ようめいもん》、見ざる聞かざる言わざるや眠り猫の彫刻などをひと通り見てまわり、再びもときた道をくだって東武日光駅の先にあるJR日光駅まで戻りました。

JR日光駅は、東武日光駅よりはるかに静かなたたずまい。ここから今度は**JR日光線**に四〇分の乗車で宇都宮駅に向かいました。この区間は、しばらく日光街道の杉並木に沿って走ります。この杉並木はギネスブックに世界最長の並木道として登録されているそうです。時間があれば、今市駅で降りて散策するといいでしょう。

今回は、宇都宮で餃子をいただくため、先を急ぎました。13時10分に到着した宇都宮駅周辺には餃子の名店がひしめいていて、いずれも長蛇の列。有名店での食事はあきらめて、徒歩一時間ほどのところにある東武宇都宮駅に向かう途中で餃子定食をいただきましたが美味! 宇都宮はどの店もレベルが高そうです。やはり途中にある、栃木県の一宮《いちのみや》、二荒山《ふたらさん》神社にも立ち寄りました。

東武宇都宮駅からは**東武鉄道宇都宮線**で、14時20分再び浅草に向かいますが、途中、野州大塚《やしゅうおおつか》駅で14時48分に下車して、栃木大神《おおみわ》神社に参拝しました。この神社は、下野《しもつけ》の国の惣社《そうじゃ》であり、境内には松尾芭蕉の奥の細道にも登場する、名高い「室《むろ》の八島《やしま》」があります。平安時代から、多くの歌人によって歌が詠まれていますので、ご存知の方も多いと思います。なお、室の八島は大きなものではなく、全体が池のなかにあって、祠《ほこら》のある小島が橋で渡れるようになっている、巡回しても五分ほどのミニチュアのテーマパークのようなものです。「室の八島」は、湧き水の水路の周辺に、八つの島があり、有名な神社の名を記した祠がいくつも配されていますので、ここを巡ると各神社を参拝したことになります。東国、下野の惣社ですので、香取神社（千葉）、鹿島神社（茨城）、筑波神社（茨城）、二荒山神社（栃木）、雷電神社（群馬）、といった東国の神社が中心です（ほかに、

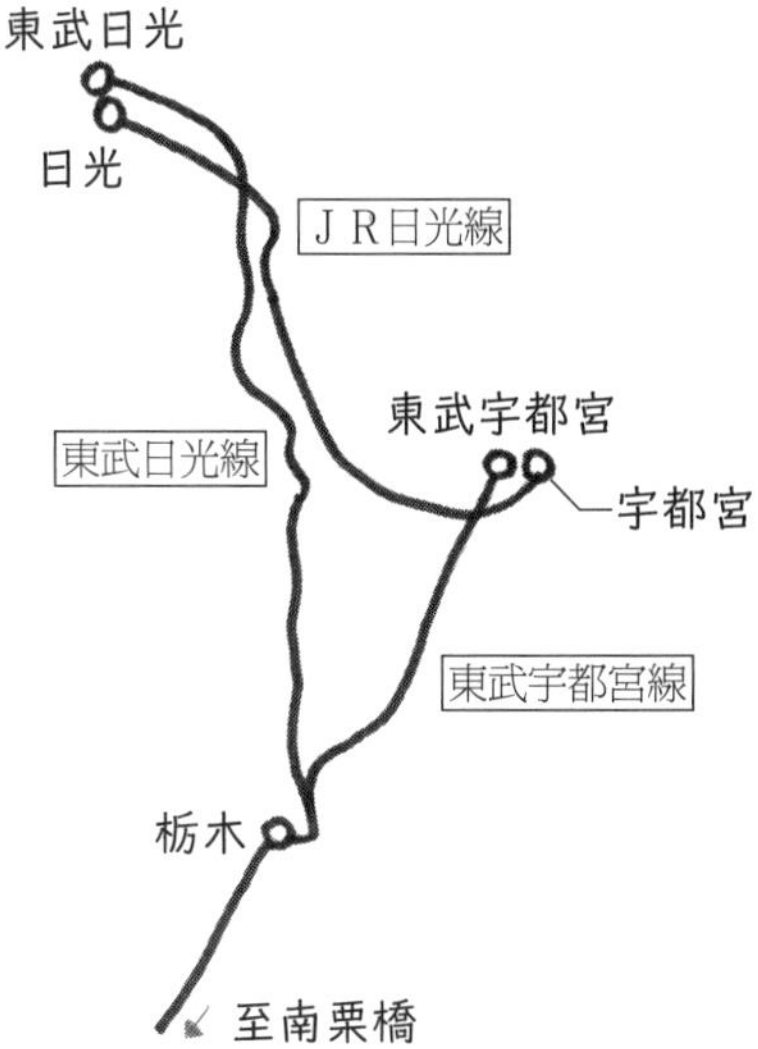

一番でかい祠の浅間神社や、熊野神社などもあります）。歌枕としては、「けぶりたつ室の八島」で、恋焦がれるさまを表すのだそうですが、詳しくないのでよくわかりません。

栃木大神神社の社《やしろ》や参道の杉並木は、惣社の名に恥じない、歴史を感じる立派なものです。むかしは、野州大塚の駅から周囲の田んぼのなかに鎮守の森としてぽっかり浮かんで見えていましたが、現在は駅の周囲が宅地開発されてしまい、駅からは見えません。徒歩で二〇分ほどの距離です。

野州大塚駅に戻り、東武鉄道宇都宮線の南栗橋行きに17時11分乗車。日も傾き、夕日のなか、広大な北関東の平野が徐々に赤く染まるのをながめながら、南下していきます。南栗橋駅では、向かいのホームに停車していた急行列車に乗り換え、曳舟《ひきふね》駅を経由して18時

11分浅草駅に戻りました。自宅（本郷）まで少し遠いのですが、歩いて帰りました（約九〇分）。よく歩くのは、コロナ禍を避けるためもありますが、趣味です。

今回の旅では、東照宮、二荒山神社、栃木大神神社と、栃木県を代表するパワースポットを巡りました。宇都宮餃子からもパワーをもらいましたし、ぐるっと回遊するようにまわれますので、コロナ禍が一段落したところで、訪ねてみてはいかがでしょう。

（二〇二〇年十二月放送）

春のおとずれ

大分から福岡筑豊地区の旅

――さるっこレール、日豊本線、筑豊電気鉄道、平成筑豊鉄道、日田彦山線

鉄道マニアであることをあちこちでカミングアウトすると、よく鉄道ネタの話をふられます。先日も知り合いから、大分にある珍しい鉄道を知っているか？　と言われました。てっきりJR九州のクルーズトレイン〝ななつ星〟のことかと思ったら、違いました。高崎山自然動物園の**さるっこレール**のことなんです。これはスロープカーと呼ばれる一種のモノレールで、最近あちこちの公園に設置されているので、ご覧になった方も多いと思います。九州のメーカーが作っているので、九州にたくさん設置されていますが、東京にも桜の名所として有名な北区の飛鳥山《あすかやま》公園にありますし、韓国にもあるそうです。

もう少しスロープカーについて説明したほうがいいかもしれません。一本のレールの上を走りますので、モノレールといってもよいでしょうが、通常のモノレールとくらべると車両の幅に対するレールの幅が細く感じます。モノレールには車両がレールの上にまたがるように乗っている跨座《こざ》式と、ロープウェイのように車両がレールから吊り下がった懸垂式がありますが、スロープカーは跨座式ということになります。とはいっても、レールの幅が細いせいか、バランスをとりながらゆっ

くりと進んでいく感じです。でも、このゆっくりとした動きが景色を見るのにはかえって好都合。そのためでしょうか、北九州の皿倉山《さらくらやま》や京都府の天橋立など、景色のよいところに設置されるケースが多いようです。ただ、このスロープカーは個人宅や旅館にも設置されていて、すべて乗ることを目指す乗り鉄でも、それはほぼ不可能です。なので、乗れるものには乗るというスタンスで気長に乗っていくことにしています。で、大分の高崎山の〝さるっこレール〟ですが、知り合いが乗っているのにこちらが乗っていないというのは悔しいので、二〇一四年のゴールデンウイークに乗りに行ってきました。

午後二時ごろに着いた大分空港から高崎山自然動物園へ行き、さっそく〝さるっこレール〟に乗車。サルたちがたむろしている動物園のへりをゆっくりと登って行きますので、サルたちの様子をじっくりと観察できます。まあ、こちらから見ればそうなのですが、実際はサルのほうが多いので、こちらが檻《おり》のなかにいて、サルたちに見られているようなものです。二、三分で山の上にあるサル寄せ場に着きました。これでまた新たに鉄道をひとつ乗車。運よく一日に二回しかないイモの餌《え》づけタイムの直前に着いたので、スタッフが猛スピードで走りながら荷車からイモを均等に落としていく技や、たくさんのサルたちがイモを奪い合うさまを見ることができました。

このあと、大分駅から**日豊本線**《にっぽう》で小倉《こくら》を経由して福岡県の北九州市にある門司《もじ》港の駅まで行きました。いまは関門海峡に橋もトンネルもありますが、むかしはここから本州側との行き来はフェリーでしたので、駅のすぐわきが港です。残念ながら風情のある駅舎は改装中で見ることができませんでしたし、観光トロッコ列車の〝潮風号〟はすでに営業が終わっていました。それでも、暮れなずむ港町の風景を堪能することができました。名物の焼きカレーもしっかり堪能し終えて出てくると、すっかり日が暮れて、街はライトアップ。まったく別の風景に変わっていました。移りゆく風景を楽しむにはこの時間帯がいいでしょう。関門橋の夜景を横目に見ながらフェリーで本州側の下関にわたり、下関駅から関門鉄道トンネルをくぐって門司側に戻ることにしました。

下関駅を出た車両は暗闇のなか、高架をひた走り、しばらくしてから関門トンネルへと降下。両側に壁が迫っていますので単線のように見えますが、実際には二つ鉄道トンネルがあるので、複線として運用されているそうです。また、海底に鉄道トンネルができたのは、ここ、関門海峡が世界初だったそうです。九州側に顔を出すともう門司駅はすぐそこですが、ここで一瞬明かりが消えます。電源が直流から交流へ切り替わるためです。夜の旅ですので、暗いはずの外の風景が急に明るくなったように感じました。そこから北九州市の黒崎へ行き、一泊しました。

じつは、今回の旅の一番の目的は「香春岳《かわらだけ》」と「ボタ山」でした。「香春岳」は、変わった形の異形《いぎょう》の山として知られ、筑豊地区の福岡県側にあります。石灰石でできた山のため、むかしからセメントや鉄鋼の原料として採掘がおこなわれた結果、円錐型の山の上半分がすぱっと切り取られて円錐台《えんすいだい》になっています。平成筑豊鉄道やＪＲ日田彦山線の車窓から間近に見ることができます。一方、「ボタ山」は筑豊地区の炭田で採掘した石炭のくずが積みあがって山になったものです。崩れやすいため、その多くは撤去されましたが、福岡県の飯塚市には、保存された「忠隈《ただくま》のボタ山」が

あり、筑豊本線の車窓から間近に見ることができます。「香春岳」が採掘によって喪失した山であるのに対して、「ボタ山」は採掘によって生成した山という対比が興味深いですし、我が国の鉱工業の産業遺産としても意味深いものだと思います。

翌日は黒崎の宿を出て、まず**筑豊電気鉄道**にて福岡県の直方《のおがた》に向かいました。JR黒崎駅の南西側にある筑豊電気鉄道の駅舎からトンネルを抜けると、北九州市の街並みがずっとつづきます。その間、五分おきに対向車両とすれ違います。時折、遠賀川《おんががわ》が見えますが、ほぼ平坦な平野部を走ります。車両は路面電車の仕様ですが、二両連結で終点までの約三〇分間、運転手と車掌の二人で運行していました。ワンマン車両が多い昨今、珍しいですね。終点の筑豊直方駅からJR線の直方駅までは徒歩で約一五分ほどでした。

　直方からボタ山のある飯塚まではＪＲ筑豊本線ですぐですが、香春岳を見るために、**平成筑豊鉄道**に乗って田川伊田駅《たがわいた》を目指しました。こちらは筑豊電気鉄道と違い、電化されていませんし、運転手のみのワンマンで運行されていました。第三セクターには珍しく単線ではなく、複線です。むかし、石炭を効率的に運ぶため、複線になったそうで、いかに大量の石炭が運ばれたかがわかります。

　途中、後藤寺に向かう糸田線との分岐駅である金田と書いてカナダと読む駅を通り、ＪＲとの乗換駅である田川伊田駅に向かいました。香春岳は糒《ほしい》駅あたりから見えはじめ、田川伊田までの間、進行方向左側にずっと眺めることができます。まるで刃物で切り落としたように山の中腹から上がなくなっていますので、とても印象に残る山です。田川伊田駅わきの階段をのぼると石炭歴史博物館があり、その高台の広場から香春岳をよく見ることができます。広場には、炭鉱の竪坑《たてこう》の櫓《やぐら》と大きな二本の煙突が保存されており、往時の炭鉱のにぎわいを感じることができます。お勧めです。

　福岡県と大分県にまたがる筑豊地区は良質の石炭や石灰石の産地として知られ、北九州の鉄鋼業ばかりではなく、我が国の戦後の復興にも大きく貢献しました。その鉱石の輸送のため、鉄道網がとても発達した地域でした。しかし、エネルギー資源の石油への転換が進んだため、炭鉱は閉山となり、鉄道もその多くは廃線となってしまいました。

　田川伊田からはＪＲ**日田彦山線**《ひたひこさん》でひと駅の後藤寺《ごとうじ》に出て、後藤寺線に乗り換えれば、新飯塚《しんいいづか》に出に向かいます。新飯塚駅から飯塚駅まではやはり筑豊本線でひと駅ですが、飯塚の街並みを見学するために四〇分ほどかけて歩きました。飯塚駅が近づいてくると、駅の向こうに山が二つ並んで見えます。木々が生い茂っているので普通の山にしか見えませんが、これが「忠隈《ただくま》のボタ山」です。せっかくなので、ボタ山の裏側まで歩き、高台のグラウンドまで登りましたが、とくに見た目の変化はありません。見た目は本当にただの山でしかありません。途中、炭鉱の石碑がある公園がありましたが、それ以外、ボタ山であることを示すものはほとんどありませんでした。ただ、近づくと黒い石炭のような小石が周囲に散乱していましたので、石炭くずが積み上がったものであることがわかりました。

（二〇一四年五月放送）

富士山周辺の鉄道
――岳南電車、富士急行線、東海道新幹線

テーマは富士山にしました。富士山は日本人なら誰でも知っているとおり、静岡県と山梨県の県境にある日本一高い山です。むかしから信仰の対象ですし、富嶽百景《ふがくひゃっけい》など、絵画の題材としても取り上げられてきました。これらの点が評価されて、二〇一三年六月、世界遺産に登録されました。その結果、世界中から注目を集めることになり、いまでは全世界からの登山者が数珠つなぎになるほどの人気と聞いています。初めて私が登ったのは三〇年以上前。登っておいてよかった。誰でもやるのでしょうが、登山前に買っておいたポテトチップスの袋が気圧の低下で八合目付近で破裂するのを経験しました。

この富士山、日本一高い独立峰だけあって、遠くからもよく見えます。関東一円はもとより、遠くは和歌山県にも見える場所があるそうです。鉄道では、関東平野の路線ならば、多くの場所から見ることができます。関東平野はさえぎるものがありませんので。ネットによれば、ざっと五〇以上の路線から見えるそうです。でも、間近にその雄姿を見るには、やはり富士山のある山梨県と静岡県の路線でしょう。富士山を取り囲むようにＪＲの路線が走っています。東から北側にはＪＲ東

日本の中央本線。JR東海では、西に身延《みのぶ》線、南に東海道本線と新幹線。そして、南東側に御殿場《ごてんば》線があります。いずれの路線からも間近に見ることができますが、今日はその内側を走る民鉄を二つご紹介します。

まず、静岡県側の岳南《がくなん》電車。**岳南電車**は、二〇一三年、公的資金投入のため、岳南鉄道から分離された路線です。東海道線の富士駅のひと駅東京寄りにある吉原《よしわら》駅。そこからいったん北にある富士山へ向かって走り、吉原本町《よしわらほんちょう》駅付近から富士山を左に見ながら東へ向かって、岳南江尾《がくなんえのお》駅までの一〇駅九・二キロを走る短い路線です。終点からは、もと乗ってきた車両で戻ってもいいですし、南に向かって歩けば四、五十分ほどでJR東海道線の田子の浦駅に出ますので、そこから次の目的地に向かってもいいでしょう。岳南電車は、お座敷列車を運行していて、夏にはビール列車が走ります。車窓風景をほろ酔い気分で楽しむのもいいでしょう。

山梨県側では、**富士急行線**がお勧めです。富士急行線は、中央本線の大月駅から富士山に向かって延びる富士山にもっとも近いところを走る鉄道です。JRから直接乗り入れる列車もありますし、パノラマカーであるフジサン特急もあります。大月駅から富士山駅まで進行したあと、富士山駅で折り返すようにして河口湖駅まで進みます。ちなみに、先ほどの岳南電車は、富士急行の関連会社です。

二〇一四年の春は、研究室の合宿地が富士五湖のひとつ、山中湖。そこで、合宿の帰りに富士山駅から、富士急行線に乗ってきました、富士山駅はむかし、富士吉田駅と言っていましたが、改名された駅です。その名のとおり、ホームから富士山が間近に見えます。この年は冬に大雪が降ったため、富士山はまだ冬化粧のままでした。今回は、二〇〇円余計に払い、富士山駅10時08分発の富士登山電車二号に乗車。富士登山電車は富士急行電鉄が運行する観光列車で、座席指定ではありませんが、座席定員制の快速電車。車内はサロンカーのようになっており、随所にソファーが配置されていて、ゆったりとくつろげます。動きまわったり、背伸びをしたりできるのが、鉄道のよさです。車掌さんが乗車していて、車内放送で観光案内をしてくれますし、車内や停車駅ではカメラのシャッターを押してくれますので、サービスも満点。

富士登山電車の始発駅は河口湖駅。富士急ハイランド駅を通ってから富士山駅に入り、進行方向を反対にしてもとに戻るように富士山駅を発車。乗車しているのは半分以上が海外からのお客さんでした。富士山駅に到着する高速バスからもアジア系の旅行者が大勢降りてきましたので、世界遺産の効果は絶大ですね。電車内で同乗した外国人に声をかけてみたところ、ノルウェーからの旅行者でした。鉄道会社の方でしたが、視察ではなくて純粋に富士山観光に来られたそうです。鉄道マンから見ても、日本の鉄道網には感心させられると言っていました。好印象を持たれたようで、今後、日本への旅行者は増えるだろうとも言っていました。鉄道会社の方なので、日本行きのツアーを企画するのかもしれません。

富士登山電車の停車駅は下吉田《しもよしだ》、三《み》つ峠《とうげ》、そしてJR中央本線の乗換駅である大月の三駅です。下吉田駅では五分ほど停車して雄大な富士山をバックに写真撮影。途中には芝桜が植えられた一角

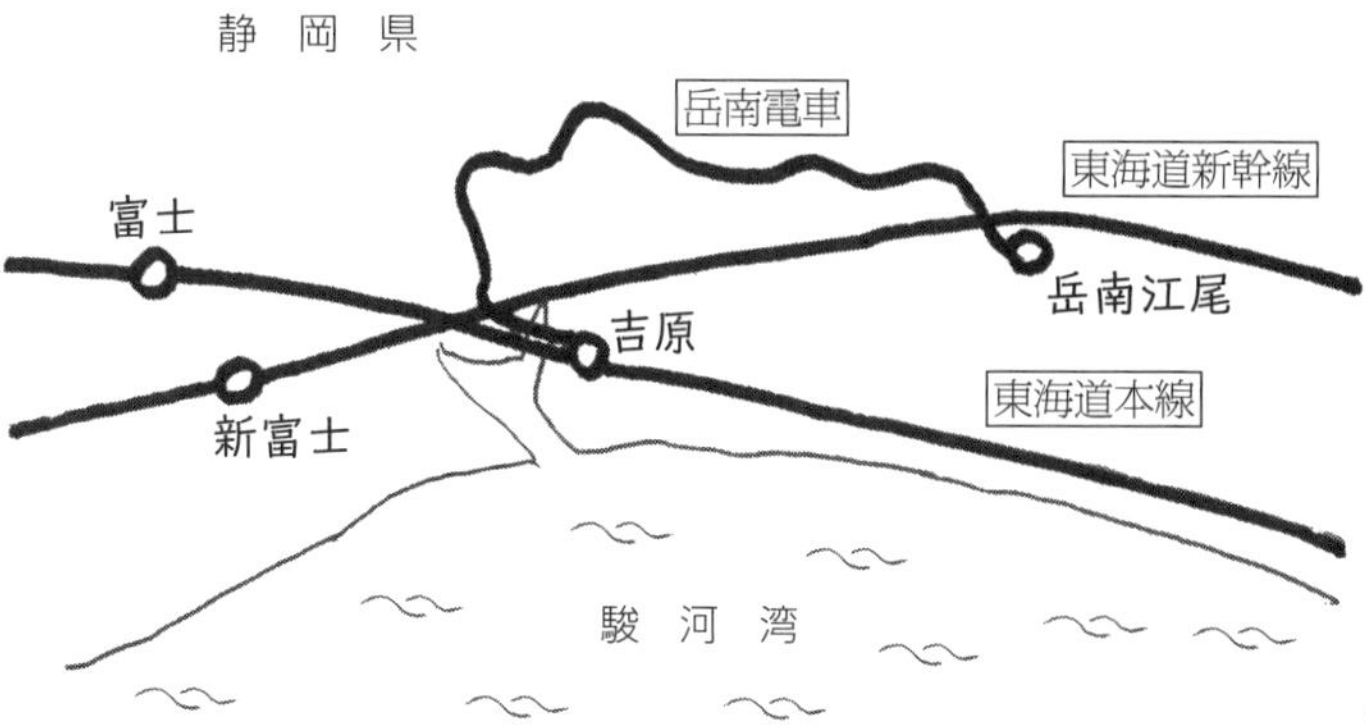

を通りますし、風光明媚《ふうこうめいび》な路線です。徐々に遠ざかる富士山を左右に見ながら富士山駅から約五〇分かけて大月駅に着きました。

　最後に、とくに海外からの旅行者がよく利用する、**東海道新幹線**についても話しておきましょう。海外から私の職場を訪れる人たちも、たいていは東京から近畿、主な目的地は京都ですが、そこへ移動する際に、日本が誇る新幹線への乗車を希望します。新幹線そのものも素晴らしいと言ってくれますが、その満足感は、車窓から富士山が見えるかどうかによっても大きく変わります。見えたときは必ずべた褒めですね。

　新幹線に乗って富士山を見るのでしたら、北側の席を予約するとよいでしょう。二人がけのDE席のEということになります。東京から名古屋に向かうときには三島駅付近から見えはじめて、新富士駅近辺でもっとも間近に見えます。梅雨時は見えないことも多いですが、晩秋から冬にかけては空気が澄んだ晴れの日も多く、富士山も雪をかぶるので、美しさが際立ちます。夏の黒く見える富士山もいいですが、やはり秋から冬にかけて雪をかぶった富士山は陽の光の加減で赤く見えたりもしますので、格別な車窓風景です。

ところで、北側の席を取るとよいといいましたが、じつは南側の席からも富士山が見える場所があります。静岡駅と掛川駅の間にある安倍川の西側を新幹線が南北に走る区間があり、その区間を走るときには東側に富士山が見えます。東京に向かう上り列車では、ここで見える富士山が登場の合図になりますし、下り列車では、ここで富士山とお別れになります。

（二〇一四年六月放送）

なつかしい都電荒川線

東京の都電荒川線についてお話しします。近場です。私が住んでいる東京の話です。「夏のいざない」の章で富山県の、富山地方鉄道の市内線や高岡市の万葉線が路面電車として市民の足になっていることを紹介しました。ほかにも路面電車が市民の足になっている都市は札幌、函館、熊本、長崎、鹿児島、高松、松山、高知、広島、岡山などです。

東京にも、路面電車の都電が縦横無尽《じゅうおうむじん》に走っていました。私が小学生のころにはまだ都内を何本も路面電車が走っていたのを覚えています。しかし、自動車の数の増加とともに交通の妨げになるとして廃止され、東京では地下鉄へと置き換わっていきました。唯一残ったのが都電荒川線。車道ではない、電車専用の軌道部分が多かったため、転換されなかったそうです。

都電荒川線は、都《みやこ》の西北、早稲田大学に近い新宿区の早稲田駅と北東に位置する荒川区の三ノ輪橋駅の間、三〇駅を結ぶ全長一二・二キロの路線。東京の北部を東西に、約一二キロを一時間かけて走りますので、平均時速は一二キロということになります。新幹線の時速二〇〇キロとは大きな違いがあります。

東京二三区のどのあたりか、よそに住む人にもイメージできるよう路線を説明します。

早稲田駅を出たあと、すぐに北上して新宿区の北に位置する豊島区に入ります。このあたり、雑司《ぞうし》が谷《や》の霊園もあって、緑が豊か。雑司が谷の鬼子母神前《きしぼじんまえ》駅近辺は道路わきにある専用軌道を走行。東京にはもうひとつ、「恐れ入谷《いりや》の鬼子母神《きしもじん》」で知られる鬼子母神が台東区の入谷にありますが、雑司が谷の鬼子母神は、鬼の字に角《つの》がありません(鬼)。なお、入谷の鬼子母神は荒川線の終点、三ノ輪橋駅で地下鉄日比谷線に乗り換えてひと駅先の入谷駅が最寄り駅です。

急な坂道を下るとＪＲ山手線の大塚駅。ここで高架をくぐり、山手線の内側から外側に抜けます。そこから東に向かって今度は文字どおり東京の北に位置する北区に入り、桜の名所として名高い飛鳥山《あすかやま》公園のわきに出ます。公園わきの坂を下り、埼玉県と神奈川県の間を南北に走るＪＲ京浜東北線の高架をくぐると王子駅。ここから先は路線名にもなっている荒川区を東西に横断。遊園地のある荒川遊園地前駅近辺は、住宅街を走行。このあたり、とくに小台《おだい》駅周辺は、むかしよく歩いたところです。道が狭かったが、そのときは、拡幅工事が進められていて、何期かに分けて線路の付け替えをおこなっていました。京成線の町屋駅の高架をくぐって専用軌道を走り、最後は三ノ輪橋駅に到着。

全行程約一時間。沿線にはいたるところ、ツツジがたくさん植えられていて、晩春が見ごろのせいか、乗車当時、車内はとても混雑していました。終点の三ノ輪橋駅から西側にかけての沿線にはバラもたくさん植えられていて、こちらはこれからが見ごろ。三ノ輪橋駅のわきにはバラのミニ庭

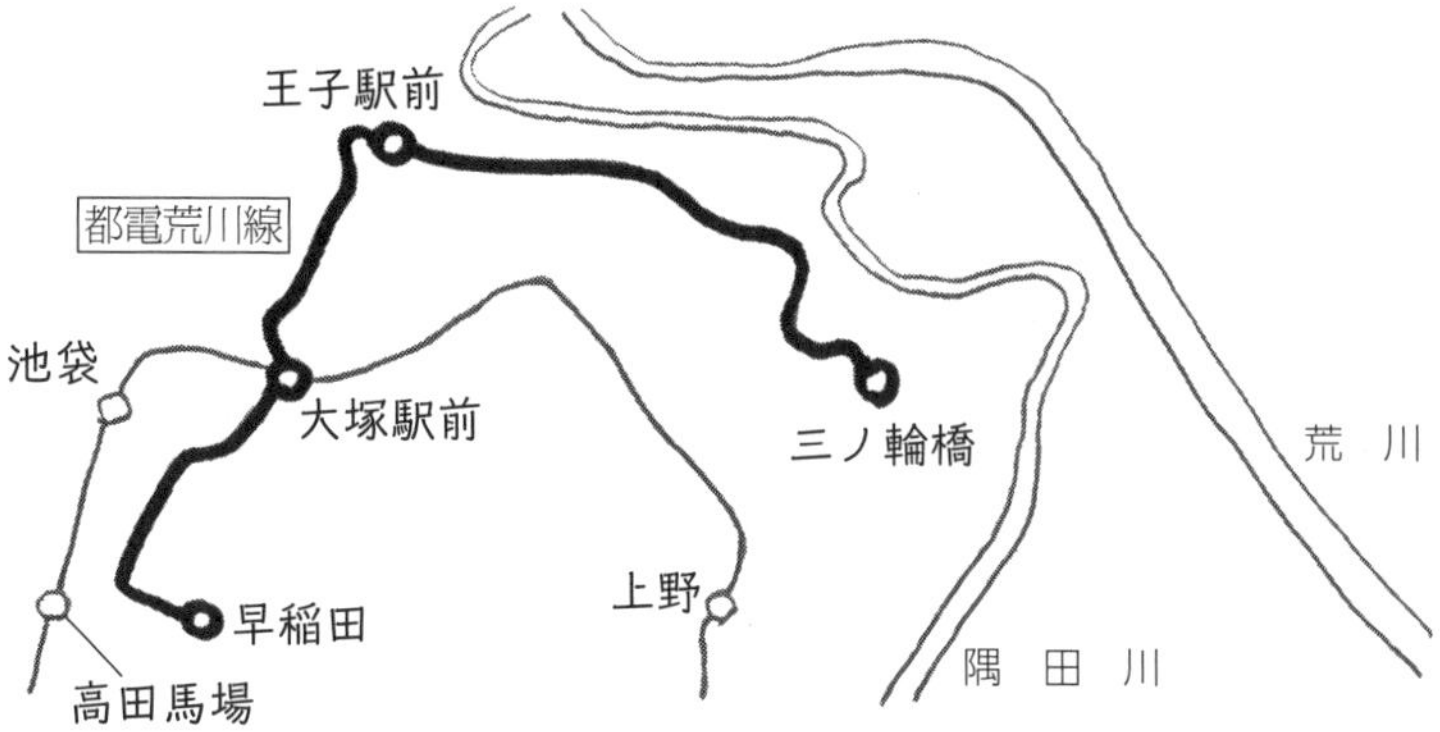

園があり、すでに咲き始めていました。関東の駅百選にも選ばれた駅だそうです。

全行程が約一時間といえば、山手線一周も同じですが、一時間で東京の都心から住宅街まで、そして沿線のツツジやバラを車窓から眺められる都電荒川線はお勧めではないでしょうか。一回の乗車料金が一七〇円、ICカードだと一六八円、一時間乗っていても一六八円というのはかなりお得では？　一日乗車券が四〇〇円。三回乗車すればもとが取れます。途中で降りて寄り道しながら行くなら一日乗車券がお勧めです。

ほかにも、都営地下鉄も含めて、都営線がすべて乗車できる〝都営まるごときっぷ〟七〇〇円や東京メトロ、都区内のJR線にも乗車できる〝東京フリーきっぷ〟一六〇〇円もあります。山手線一周も約一時間ですが、こちらはほとんどが大都会東京の風景。都電荒川線のほうがバラエティに富んでいて楽しいですよ。東京フリーきっぷなら両方楽しめますが倍以上の料金がかかってしまいます。

ところで、私が住んでいる文京区は皇居の北側にある都心の区、山手線の内側にあるのですが、地上を走るＪＲの駅や都電荒川線の駅がない（都営地下鉄・東京メトロの駅はあります）。ＪＲの線路はほんの一〇〇メートルほど文京区を走るのですが、駅はありません。都電荒川線にいたっては、文京区の北側をちょうど巻くように走り、文京区に入る直前、道のど真ん中にある早稲田駅でなぜか止まっています。あと数百メートル延びれば文京区で、地下鉄の駅がある江戸川橋なのに、中途半端なところで止まってしまっているのです。

新幹線もよいですが、都電にのんびり乗車して東京を楽しむのもよいのではないでしょうか。


（二〇一五年五月放送）

福井市周辺の旅

――福井鉄道福武線、えちぜん鉄道三国芦原線

福井県の福井鉄道福武線とえちぜん鉄道三国芦原《みくにあわら》線に乗ってきました。そして、ついでに東尋坊《とうじんぼう》を訪ねました。二〇一五年三月に長野から金沢までの北陸新幹線が開業し、金沢や富山は訪れる人が増えましたし、開業に合わせて鉄道のインフラも整備されました。一方、並行する在来線の区間も第三セクターの運営に変わりました。その結果、北陸本線は、滋賀県の米原《まいばら》駅から石川県の金沢駅までの一八〇キロと短縮されています。第三セクターに移行した区間も一八〇キロですので、ちょうど半減した格好になります。

二〇一六年春、滋賀県の米原駅から北上し、敦賀《つるが》駅を経由して、福井県の武生《たけふ》駅まで北陸本線に乗り、さらに武生駅で**福井鉄道**に乗り換えて福井市まで行きました。福井では、福井駅周辺の鉄道の整備が進んでいますので、見にいった次第です。

米原駅から五〇分。ＪＲ西日本の北陸本線で福井県の武生駅で下車。その武生駅から五分ほど北陸本線の線路に沿って北上すると、**福井鉄道福武線**の越前武生《えちぜんたけふ》駅があります。そこから福井駅を経由して福井市内の田原町《たわらまち》駅に向かいました。福井鉄道はほとんどの区間、専用軌道を走りますが、

福井駅周辺にくると路面電車になります。ほぼＪＲ北陸本線に沿って少し日本海側を北上しますが、残念ながら日本海は見えません。田園風景の福井平野をひた走ります。

福井市の市街地に入ると、車が増え、車両は大通りの中央部を路面電車として走ります。川を渡り、福井城址大名町駅で進行方向を変えて、ＪＲ福井駅との乗換駅である福井駅前にいったん入線。ふたたび方向を変えて福井城址大名町駅に戻り、終点の田原町駅に向かいます。運転手は福井城址大名町駅で車内を通り、いったん反対側、後方の運転台に移動し逆走。福井駅でふたたび車内を通ってもとの運転台に戻ることになります。ちょっと面白いですね。福井城址大名町駅から田原町まではふた駅区間。終点田原町駅は、**えちぜん鉄道三国芦原線**の乗換駅です。じつは、旅をした三月二十七日にこの田原町駅で福井鉄道とえちぜん鉄道は相互乗り入れを開始しました。すでに線路は接続されていましたが、えちぜん鉄道の田原町駅の代わりにすぐわきに設置された仮駅舎で営業していました。これが見たくて福井まで足を運んだ次第です。

田原町駅からはえちぜん鉄道で三国芦原線の終点、三国港《みくにみなと》駅まで乗車。海は終点近くでないと見えません。せっかくここまできたので、名勝、東尋坊まで行ってきました。東尋坊は日本海に突き出た柱状節理《ちゅうじょうせつり》で有名です。冬場の日本海の荒々しい波に洗われる姿を期待していきましたが、思っていたより波は穏やか。とはいえ、やはり波しぶきは立ち、波の音は迫力がありました。岩場まで降りている観光客もいましたが、その姿はまばら。周辺にも週末なのにそんなに観光客は訪れていませんでした。カニのシーズンですし、観光の穴場かもしれません。

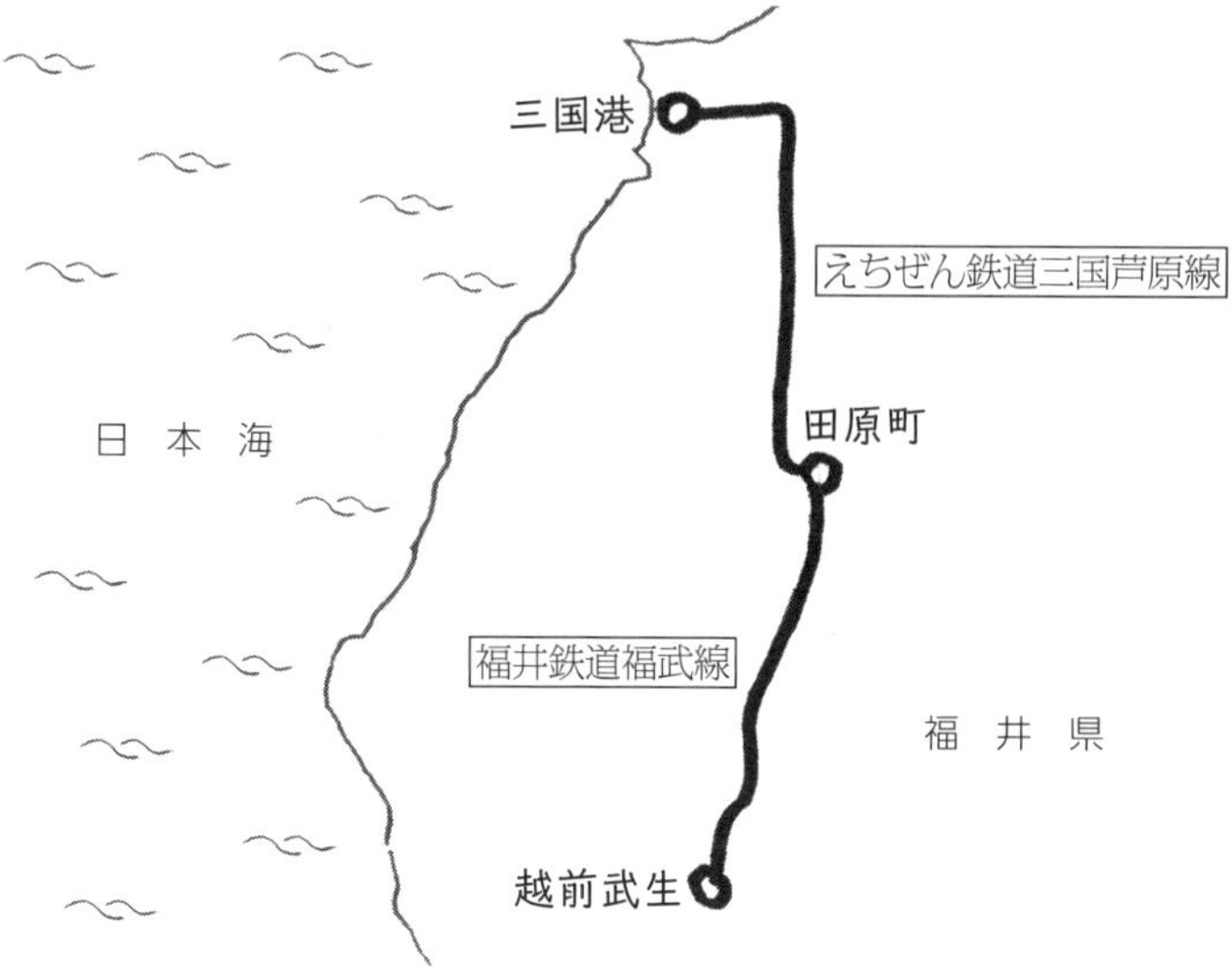

東尋坊からは日本海の海岸線沿いに遊歩道を歩き、約一時間で三国港駅に戻れます。高台を歩きますので、波をかぶる心配はありません。三国港駅からは約一時間で田原町駅を経由して福井駅に戻ります。車内には「勝山《かつやま》左義長《さぎちょう》まつり」の赤いはっぴを着た車掌さんが乗車していました。

えちぜん鉄道の福井駅はＪＲ福井駅の東側にあり、高架になっていました。新幹線が来ることを想定して整備が進められている様子がわかりました。えちぜん鉄道と福井鉄道の相互乗り入れが間近に迫り、両社の鉄道が乗り放題のフリーきっぷも発売されています。土日祝日が中心ですが一四〇〇円です。ちなみに別々にフリーきっぷを買うとえちぜん鉄道が一〇〇〇円、福井鉄道が五〇〇円で合計一五〇〇円ですから一〇〇円お得です（料金は当時のもの）。

まだ新幹線（二〇二三年春の開通予定）が通っていませんが、大阪からですと特急サンダーバードで二時間、東京からですと新幹線で米原に行き、特急しらさぎに乗り換えて合計二時間半。日帰りだって可能です。相互乗り入れが始まれば、また福井を訪れることになります。そのときのためにえちぜん鉄道勝山永平寺線は残してあります。

週末にちょっと出かけてみるのもいいのではないでしょうか。

（二〇一六年三月放送）

北海道新幹線開業

二〇一六月三月二十六日に、北海道新幹線が開業しました。この年、四月の日曜日に時間が取れましたので、日帰りの予定で乗ることにしました。東京駅から新函館北斗駅まで、新幹線で四時間ほどの行程ですが、今回は青森空港まで飛行機で行き、新たに開業した新青森駅から新函館北斗駅までの区間を乗車し、そこからアクセス線である函館ライナーで函館駅に行き、函館空港から最終便の飛行機で東京に戻る計画を立てました。

青森駅に着いたのが、新青森発の新幹線の発車時刻の一時間前。駅前で訊《き》いたところ、歩いても約一時間とのことでしたので、新青森駅まで歩きました。国道沿いに歩きましたが、東京よりも気温が低く、まだ花も咲いていませんでした。桜はまだ先でしょう。新青森の駅に着いたのは発車の一〇分前。新函館北斗駅まで約一時間の乗車です。全席指定席の車両はほぼ満席。

新青森駅を出てからしばらくは高架を走りますが、防音壁のなかを通るため、外の風景はあまり楽しめません。やがて車内の乗客から、そろそろ青函《せいかん》トンネルではないかとの声があがり始めました。通りかかった車掌に年配の女性が「そろそろ青函トンネルでしょうか？」と声をかけると約五分後ですとの返事。「アナウンスはあるのでしょうか？」と訊けば、車掌はそのときに車掌室に戻っていたらアナウンスしますが、あちこちで質問されていると間に合わないかも知れません。との返事。問答を巧みに打ち切りました。そのおかげもあってでしょうか。青函トンネルに入ったところで「いま青函トンネルに入りました」とのアナウンス。どこで入るのかといえば、いくつかトンネルが連続したあと、左側に展望台が見えたあとに入ります。

北海道側に出てしばらくすると津軽海峡が見えますが、ほんのわずかで、あっという間に新函館北斗の駅に着いてしまいます。新函館北斗の駅では、一〇両編成の車両から満員の乗客がひとつしかないエスカレーターに殺到したため、ホームに人があふれ、アクセス線のホームにたどり着くまで一〇分ほどかかりました。アクセス線は五稜郭《ごりょうかく》駅と函館駅に停車。函館駅のひとつ手前にある五稜郭駅からは、北海道新幹線の駅である木古内《きこない》駅までＪＲ江差《えさし》線が転換した第三セクターの道南いさりび鉄道線がでています。

函館では、腹ごしらえをしたあと、函館の市電を、終点である函館どつく前駅と谷地頭《やちがしら》駅まで、一日乗車券を駆使して、端から端まで乗車。夕刻には北東側の終点である湯の川駅まで乗車し、そこから函館空港まで小一時間歩きました。

空港についてみると、ただならぬ様子。最終便が強風のため、欠航になったことをそこで知らされました。別の航空会社の便は飛ぶそうですが、座席は空いていないとのこと。仕方なく函館に一泊し、翌日の始発便で東京に戻りました。飛行機に浮気した罰が当たったようです。

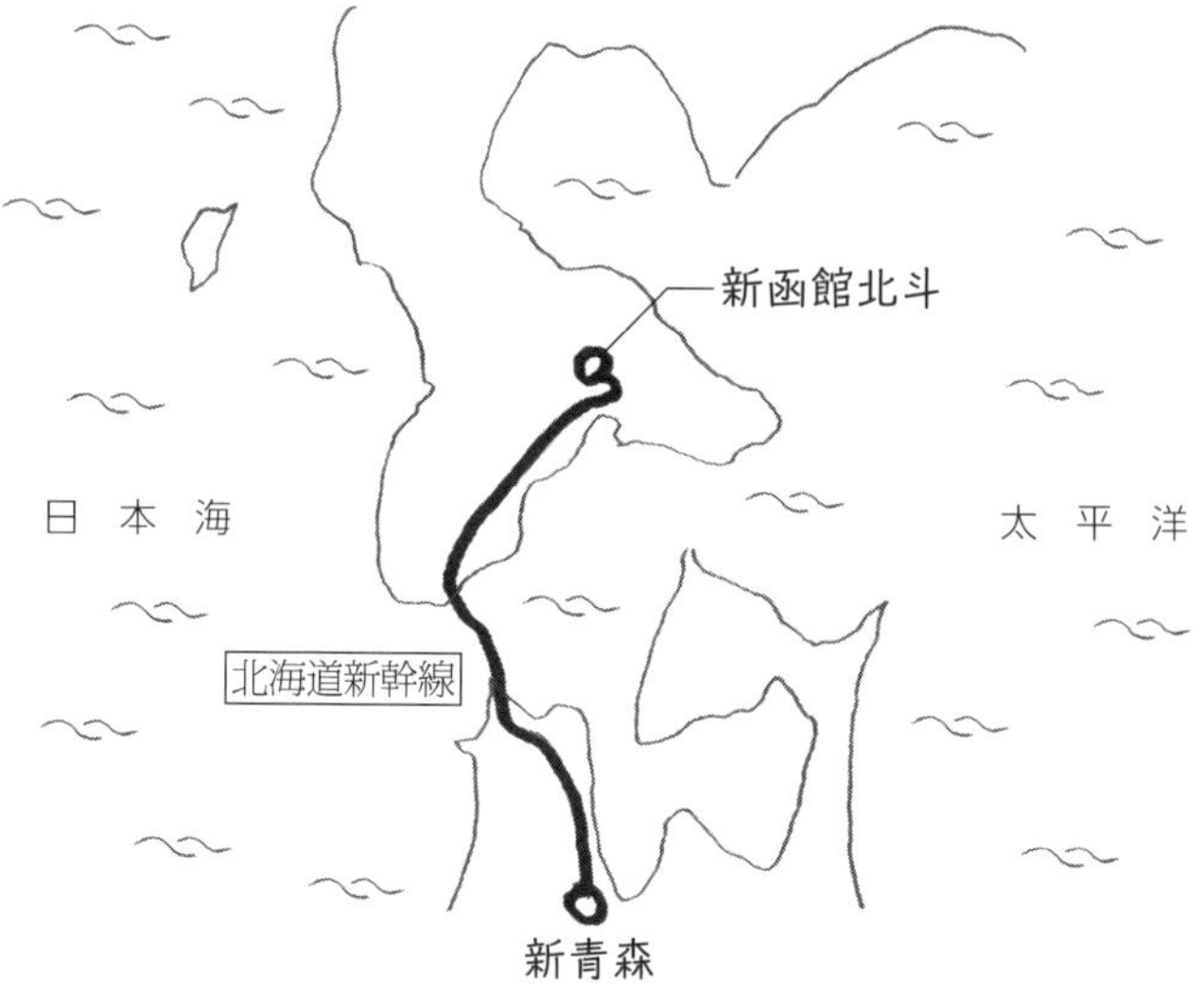

四〇年前、学生時代に駅で夜明かしをしたときのことを、今回思い出しました。それは福島県の会津若松から新潟県の小出《こいで》駅まで当時の国鉄只見《ただみ》線に乗ったときのことです。只見線は山のなかの渓谷やダム湖のわきを走るとても景色のよい路線。秋の紅葉も見事ですが、春から夏にかけて、新緑の季節も車窓風景を楽しめるお勧めの路線です。

只見線と上越線の乗換駅である小出駅が間近に迫ったころ、車内にアナウンスが響きました。上越線の下り特急列車が遅れたため、接続する只見線最終列車が小出駅で待っているとのこと。只見線は単線なので、その最終列車とすれ違う駅で、小出駅に向かう私の乗った車両も立ち往生。その後予定から三〇分ほど遅れて、小出駅に到着しました。問題は、この時点で東京の上野行最終列車である急行列車は発車したあと。幹線である上越線の列車は、ローカル線である只見線の到着を待ってはくれませんでした。すでに駅の周辺は真っ暗。街灯の裸電球の下、始発列車の時刻まで駅周辺で時間をつぶすことになりました。夏場でしたが、夜はひんやりとして肌寒い。でもこのとき見た夜空の美しさは忘れられないものでした。

旅にトラブルはつきもの。今回の旅も只見線の旅もトラブルがなければ、どこまで記憶に残ったかわかりません。

（二〇一六年四月放送）

連絡船の話
――青函連絡船、宇高連絡船

若いかたがたにはわかりにくいかもしれませんが、私が学生のころには、関門トンネルで本州と九州は鉄道でつながっていましたが、青函トンネルや瀬戸大橋はありませんでした。青函トンネルを通る海峡線は昭和六十三年（一九八八年）三月十三日、四国への瀬戸大橋線も同じ年の四月十日が開業です。三十一歳のときにやっと、四島が鉄道でつながったことになります。なお、国鉄民営化は、前年の昭和六十二年（一九八七年）四月のことでした。

それまでは、北海道に行くには、青森駅と函館駅を結ぶ、所要時間三時間五〇分ほどの**青函連絡船**に乗り換える必要がありました。いまは、新幹線を使ってたったの四時間で東京駅から新函館北斗駅まで直接行けるのですからすごいですね。学生時代は、北海道周遊券を学割で購入し、いったん北海道に渡ったら、最低二週間は戻らない日程を立てて、ほぼ毎年、夏か冬に旅していました。

出発はいつも上野駅発の夜行列車。「津軽海峡冬景色」の歌詞と同じです。急行の自由席は周遊券で追加料金なしで乗れましたので、当時の学生は皆、ボックスシートで寝ながら北に向かいました。ボックスに一人だけだとラッキー！　青森に向かう夜行の急行は、東北本線でまっすぐ向かう急行八甲田以外にも、常磐線《じょうばん》を経由する急行十和田や、福島から奥羽《おうう》本線に入り秋田を経由する急行津軽もありました。いずれも夕方に上野駅を出て一〇時間以上走り、早朝から昼にかけて青森駅に到着。

青函連絡船に乗ると、広いじゅうたん敷きの船室があり、ほとんどの乗客は雑魚寝《ざこね》して長旅の疲れを癒《いや》します。船便ですので、ひどく揺れるときもあり、そのときはじゅうたんの上をごろごろと転がる羽目になります。それでも運行すればよしで、冬場は欠航することもありました。夜に青森に着いて、青函連絡船に乗ったこともありますが、このほうが、函館に近づいたときに漁火《いさりび》が出迎えてくれるので、景色は楽しめました。

青函連絡船が廃止になる前に、一度だけ贅沢して、連絡船の寝台を使ったことがあります。寝台料金二四〇〇円（助手になったので、金まわりがよくなりました）。じゅうたん敷きの部屋の奥に、寝台車のような上下二段の寝台があって、とても快適だったのを覚えています。ちなみに、料金が高いので、ほとんど使う人はいなかったように思います。

函館駅では、接続列車にダッシュ。急行の自由席を使うので、とにかく急ぐ必要がありました。席を確保したあとで、駅弁を二〜三個買って札幌に向かうのが常でした。お気に入りは、「鰊《ニシン》みがき弁当」。甘辛く炊いた身欠きニシンがご飯の上に載ったシンプルな駅弁でしたが、あれば必ず買っていました。いまも売られています。ほかに、ホタテ弁当、大沼牛の弁当、イカめしなどがあり、函館には質の高い弁当が揃っていました。もちろん、量も質のうちです。

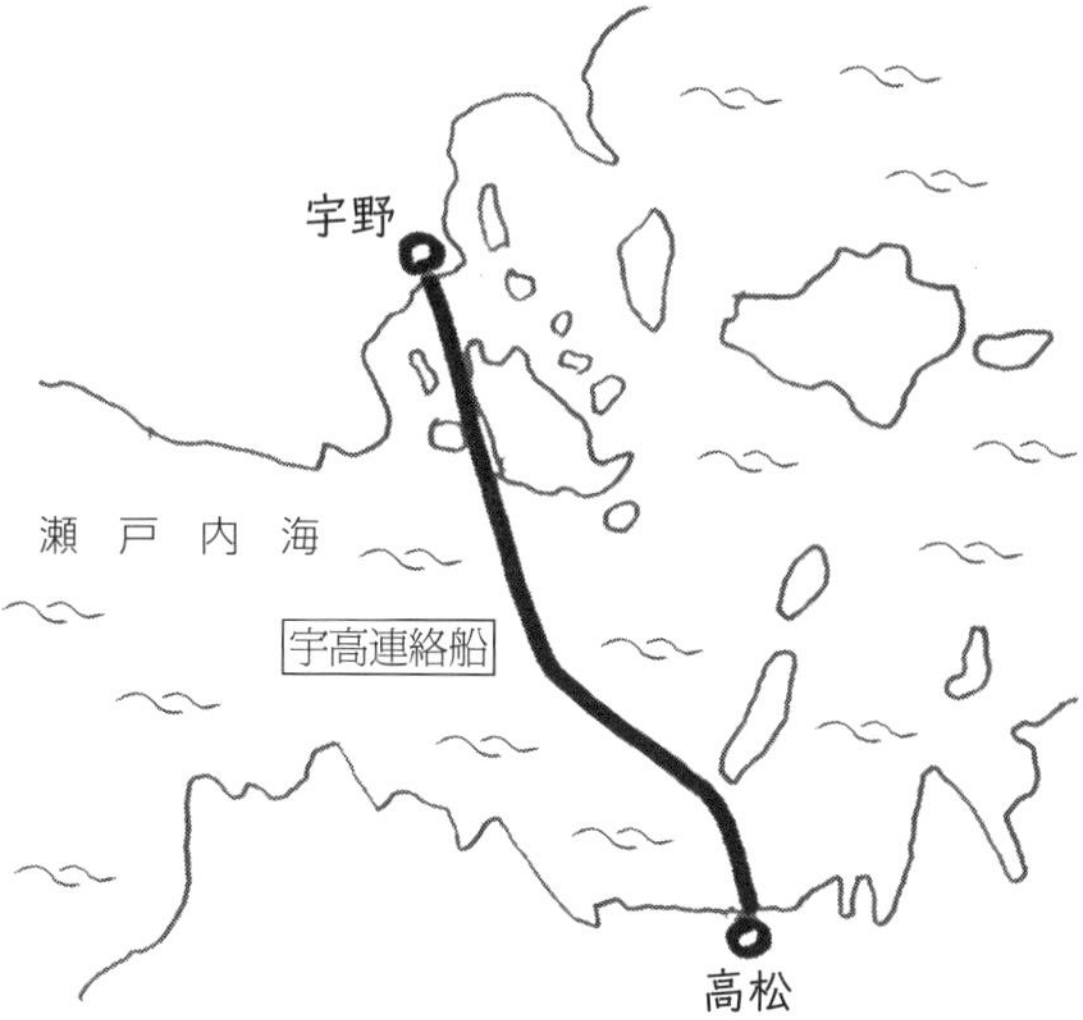

これが、青函トンネルが開業するとさま変わり。欠航することもなくなり、青森駅乗り継ぎで直接北海道に入れるようになりました し、何よりも寝台特急列車も、北海道に直接乗り入れるようになりました。さらに青函トンネルの開通で、二つの海底駅が開業しました。北海道側が「吉岡海底駅」で本州側が「竜飛海底駅」。前者が海面下一四九・五メートル、後者が一三五メートルの世界でもっとも低い地点に開業した駅でした。後者はインクライン（トンネル内のケーブルカー）で地上にある青函トンネル記念館に出ることもできました。このケーブルカーはいまも運行していますが残念ながら、寝台特急も海底駅も北海道新幹線の開業とともに廃止されました。

次は四国への連絡船です。四国への連絡船は、本州側が岡山県の宇野駅、四国側が香川県の高松駅を結ぶ**宇高《うこう》連絡船**でした。一時間ほどの船旅ですが、これに乗らないと四国には行けませんでした。

岡山駅まで新幹線で行き、そこから宇野線で宇野駅まで四〇分。宇高連絡船に乗り換えてさらに一時間で高松駅でした。東京から直接、寝台特急瀬戸で宇野駅に行くこともしばしばでした。瀬戸内海の島々をデッキから見ながらの船旅は爽快でした。

こちらも瀬戸大橋線ができるとさま変わり。岡山駅から南下して、高架の瀬戸大橋線から眼下に瀬戸内海の島々を見おろしながら、鉄道で直接、四国に渡ることができます。新幹線もよいのですが、東京から行くときのお勧めは、夜行列車の特急サンライズ瀬戸号。ちょうど明け方の時刻に瀬戸大橋を渡るので、朝焼けに輝く瀬戸内の絶景を高いところから一望できます。

本州と四国の間には広島県の尾道《おのみち》と愛媛県の今治《いまばり》を結ぶしまなみ海道と、兵庫県の明石から淡路島を経由して徳島県の鳴門《なると》をむすぶルートもでき、人の流れが変わりました。徳島からは高速バスで神戸までたったの二時間（ちなみにJR四国、高徳線の快速マリンライナーでも、高松・徳島間は二時間かかります）。徳島はもはや四国ではなく、近畿だと徳島大の先生は言っていました。瀬戸大橋線を経由する鉄道も高松駅の手前、坂出駅や宇田津駅に愛媛や高知に向かう列車が接続していて、高松駅は四国の玄関口ではなくなった印象です。どこが四国の玄関口かと言えば、いまは山陽新幹線との接続駅である岡山駅という印象をもっています。

（二〇二〇年六月放送）

茨城県復興の五年目

――ひたちなか海浜鉄道湊線、鹿島臨海鉄道大洗鹿島線

二〇一六年四月十四日の熊本地震では、鉄道にも大きな被害がでていました。二〇二〇年には熊本と大分を結ぶ豊肥《ほうひ》本線は全線復旧しましたが、阿蘇山の外輪山の内側にある南阿蘇鉄道は全線開通はまだ先とのことです（二〇二三年、全線再開予定）。いずれも地元のかたがたにとって貴重な生活路線。そして、雄大な阿蘇の風景を車窓から見ることができる観光路線です。早期の復旧を願っております。

震災の年の四月、被災した南阿蘇鉄道の復旧に向けて、第三セクターの鉄道会社四社が支援を目的とした乗車券〝南阿蘇鉄道　希望の光　復興祈念切符〟を発売しました。四社は、秋田県の由利《ゆり》高原《こうげん》鉄道、千葉県のいすみ鉄道、鳥取県の若桜《わかさ》鉄道、そして茨城県のひたちなか海浜鉄道です。南阿蘇鉄道と同様、各社は社長を公募しているという共通点があるそうです。

〝南阿蘇鉄道　希望の光　復興祈念切符〟の発売開始日である、二〇一六年の大型連休初日、購入を目的に茨城県のひたちなか海浜鉄道の湊《みなと》線に乗ってきました。じつはひたちなか海浜鉄道も、二〇一一年の東日本大震災で被災し、運転再開まで四ヶ月かかりました。その復興ぶりも見てみた

いと思った次第です。

ひたちなか海浜鉄道湊線は、東京から北東に走るJR常磐線の勝田駅から終点阿字ヶ浦《あじがうら》駅まで東に向かう全長一四・三キロの路線です。JR常磐線特急ひたち号で東京から八〇分の勝田駅には、南東の端《はし》にひたちなか海浜鉄道の小さなきっぷ売り場があります。職員一名がブースに座ってきっぷを売り、その外で二名が乗客の誘導をおこなっていました。勝田駅では復興祈念きっぷは売ってなく、途中駅の那珂湊《なかみなと》駅まで行ってくださいとのこと。まずは終点の阿字ヶ浦駅まで乗車。

ひたちなか海浜鉄道湊線は勝田駅から常磐線に沿って少し南下したあと、大きく左旋回し東西に流れる那珂《なか》川の北側を東に進みます。ひらけた那珂川の河口周辺の広い平野部をひたすらまっすぐに線路が延びています。東日本大震災では線路がぐにゃぐにゃに曲がったそうですが、乗車時は完全に復旧していました。町なかに入り那珂湊駅に到着。ここから大きく左旋回し、今度は海沿いに北上します。この区間では、海をかいま見ることができます。海浜鉄道という名称ですが、海から少し離れたところを走るので、車窓からは海があまり見えません。終点の阿字ヶ浦駅からは国営ひたち海浜公園行きのバスが接続しており、ほとんどの乗客はそちらに向かいます。こちらは復興祈念のきっぷの購入が目的ですので一〇分後に発車する折り返しの列車に乗車し、那珂湊駅へ戻りました。

ところで、阿字ヶ浦の駅では銚子電鉄の「ぬれせんべい」とともに、ひたちなか海浜鉄道オリジナル商品の「ポ鉄」が、売られていました。価格は一五〇円。何だと思いますか。この「ポ鉄」、

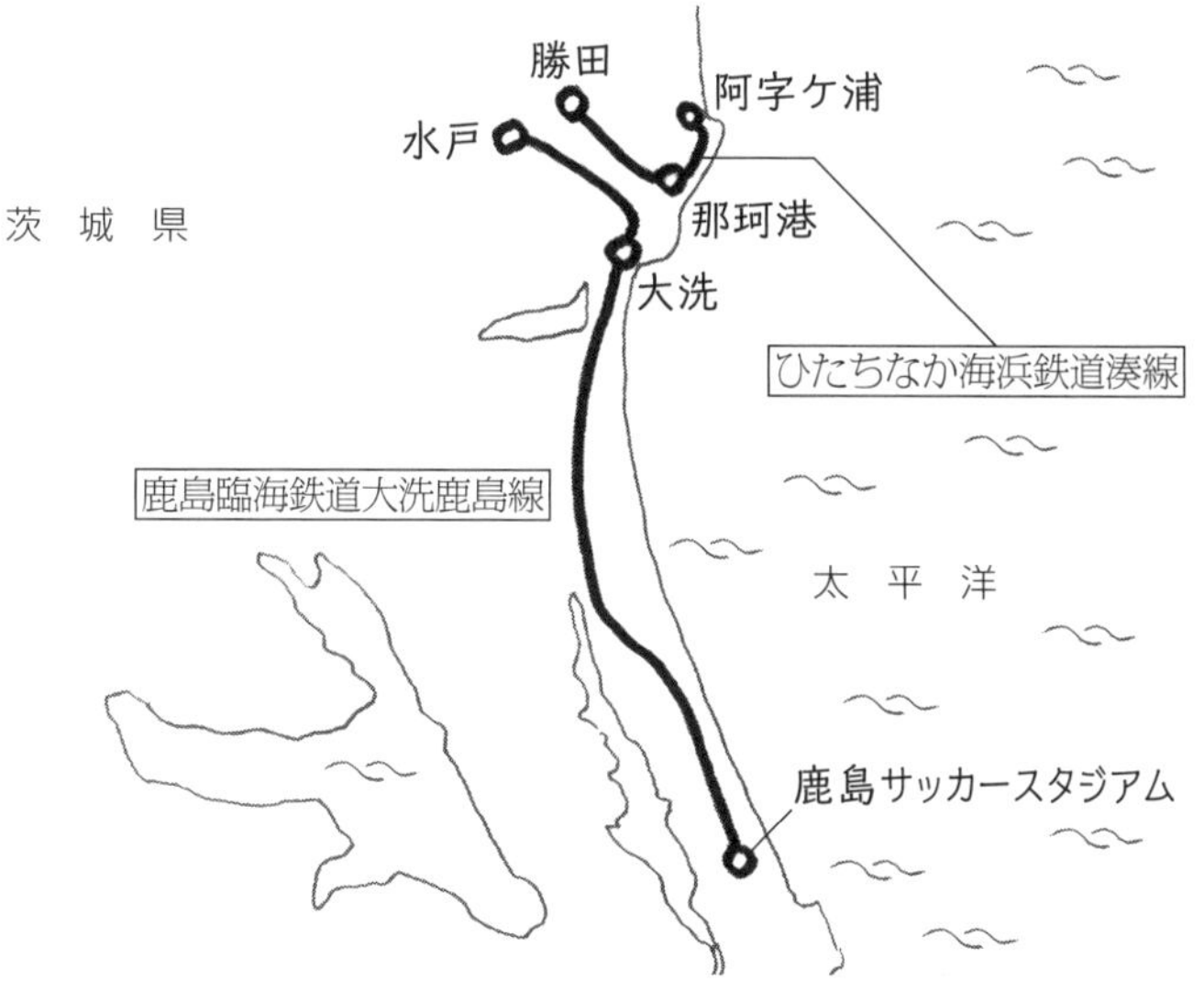

ひたちなか名産の干しイモです。どうやら「ポテト」のしゃれで「ポ鉄」のようです。あるいは「ポ鉄道」で「ポテト」かもしれません。この年の一月に販売が始まったそうです。オレンジ色のパッケージで、サツマイモと車両が合体したシュールなキャラクターが印刷されています。また、ひたちなか名産のシークレット・スイーツとも書かれています。

折り返し列車に乗って那珂湊の駅に戻り、改札わきのきっぷ売り場で復興祈念のきっぷを購入したところ、テレビ局（テレビ朝日）の取材を受けました（放送はされなかったようです）。

那珂湊駅から徒歩一〇分ほどのところには魚市場《うおいちば》があり、観光客でにぎわっていました。ここも被災したのでしょうが、それを感じさせない賑わいでした。雑踏を抜けて、那珂川にかかる真っ赤な橋を歩いて渡り、「アクアワールド茨城県大洗水族館」に足を延ばしました。大きな水族館でこちらも観光客でにぎわっていました。

アクアワールドからは、バス便もあるのですが、**鹿島臨海鉄道大洗鹿島線**の大洗駅まで一時間ほどかけて歩きました。日も傾《かたむ》き、西日のなかにシルエットのように筑波山が見えてとてもきれいでした。高架を走る鹿島臨海鉄道で水戸駅に向かう間も同じように筑波山が遠くに見えます。水戸駅からはＪＲ常磐線の特急ひたち号で一時間強で東京駅です。

南阿蘇鉄道の復興にはまだ時間がかかるでしょうが、ひたちなか海浜鉄道のようにみごとに復興した鉄道もありますので、少しでも早い復興を願っております。

（二〇一六年五月放送）

静岡県沼津港、神奈川県三崎港
——東海道線、御殿場線、小田急線、京浜急行線

静岡県の港町、沼津《ぬまづ》に行ってきました。二〇一七年三月最初の日曜日は久しぶりに用事のない休日でした。思い立って、前から気になっていた京浜急行電鉄の〝みさきまぐろきっぷ〟で三浦半島に行くことにしました。この〝みさきまぐろきっぷ〟は、京浜急行本線の終点である三崎口駅までの往復運賃、そこから先を運行する京浜急行バスのフリーきっぷ、そして三浦海岸周辺のすし屋で使える食券とレジャー施設利用券がセットになった、とてもお得なきっぷです。

品川駅に着いて、きっぷを買おうとしたところ、当日は、三浦国際市民マラソンのため、販売中止とのこと。またしても、調べがたらず、旅がとん挫してしまいました。まあ、想定外のことが起きるのが旅です。築地《つきじ》に行ってマグロを食べてもいいのですが、悔しいので、ちょっと足を延ばして静岡県の沼津港に行くことにしました。マグロにこだわれば、焼津なんですが、遠すぎました。ちなみに、マグロの水揚げが多いのは境港、焼津、塩釜、三崎の順とのホームページがありました。

神奈川県の三崎港は、東京湾と相模《さがみ》湾を隔《へだ》てる三浦半島にありますが、静岡県の沼津港はさらに西になります。湘南海岸のある相模湾と、静岡市のある駿河《するが》湾を隔てる伊豆半島。その西側の付け

根にある漁港が沼津港です。したがって、駿河湾の魚介類を中心に水揚げされます。駿河湾は水深が深く、深海魚が水揚げされることでも有名です。

品川駅から東海道新幹線に乗り、三島駅で下車。そこから接続する**東海道線**の列車でひと駅乗れば、沼津駅です。新幹線の三島駅に降り立ったところ、白い雪をかぶった富士山を稜線まできれいに見ることができました。現在の富士山はふもと近くまでほぼ真っ白です。週末でしたので、沼津駅前から沼津港までは、無料のシャトルバスが運行されていました。結構混み合いますので、二〇〇円（料金は当時のもの）かかりますが、路線バスを使うのもよいでしょう。

沼津港では、旬をはずしているのですが、駿河湾名物のさくらエビとシラスのどんぶりをおいしくいただきました。駿河湾のシラスは三月下旬に解禁され五月までが旬です。また、さくらエビは四月から六月が旬ですので、これからがおいしい季節になります。イワシの稚魚であるシラス漁は、解禁になりましたので、月末あたりから賑わうことになるでしょう。春の味覚ですので、ぜひ訪れて食べてみてください。

沼津港には、干物などを扱う商店が軒を連ねていますし、大型展望水門である「びゅうお」もあります。沼津の内港を津波から守る水門である「びゅうお」はなかを昇ることができ、入場料は一〇〇円（料金は当時のもの）。エレベーターで高さ三〇メートルの展望回廊に昇ると、港全体を見渡すことができます。当日は富士山がきれいに見えました。お勧めの観光スポットです。

沼津からの帰りは、東海道線に乗って熱海、小田原を経由して相模湾の風景を眺めながら帰って

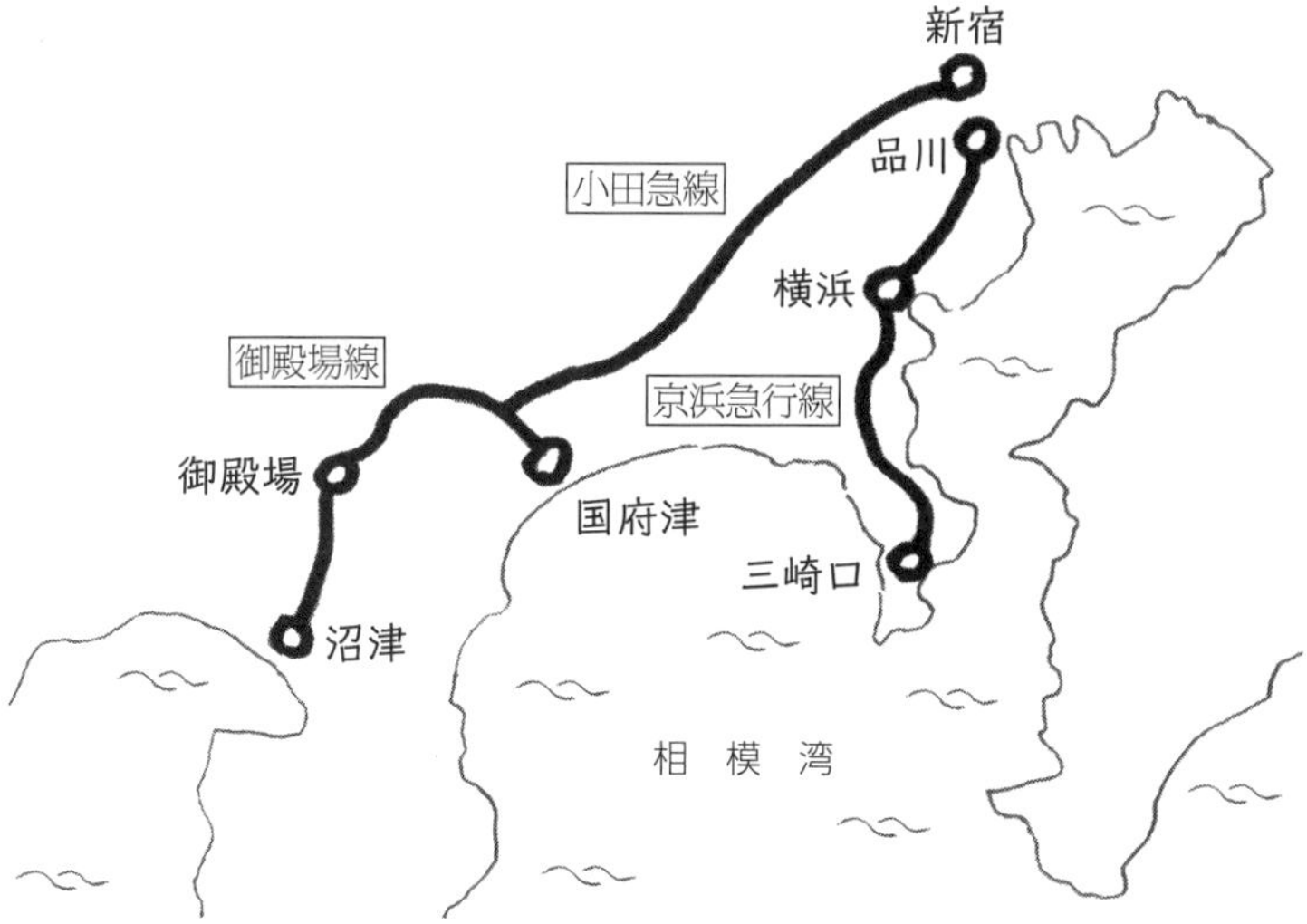

もよかったのですが、富士山がきれいに見えましたので、JR東海の御殿場線に乗って帰ることにしました。できるだけ違う経路を通って回遊するようにするのが、鉄道の旅のポイントです。

御殿場線は、沼津駅から御殿場駅を通ってJR東海道線の神奈川県にある国府津《こうづ》駅までを結ぶ全長六〇・二キロの路線です。箱根の外輪山を挟んで、南側を東海道線と新幹線、北側を御殿場線が通ります。御殿場線のさらに北側に富士山がありますので、富士山のふもとを南西から北東に向かって走ることになります。車窓からは、北側にずっと富士山を眺めることができます。とくによく見えるのが、裾野《すその》駅から御殿場駅にかけての区間。富士山を南西側から見あげますので、江戸時代（一七〇七年）に噴火した宝永火口がよく見えます。

御殿場駅からは、**小田急線**に乗り入れているロマンスカーのあさぎり号に乗り換えました。あさぎり号は、松田駅までＪＲ東海の御殿場線を通り、そこから接続線を経由して小田急線に入ります。東京の新宿まで一日四便が運行されています。関東の私鉄からＪＲ東日本ではなく、ＪＲ東海に直接乗り入れている唯一の列車で、御殿場から新宿までの所要時間は一〇〇分（一時間四〇分）です。今回の旅では、品川駅を午前十一時過ぎに出て、午後五時四十分に新宿駅に戻りましたので、六時間ちょっとの旅でした。

なお、次の土曜日にリベンジで三崎港まで行ってきました。結論から言えば、三〇六〇円の〝みさきまぐろきっぷ〟はかなりお得なきっぷです（料金は当時のもの）。**京浜急行線**の終点である三崎口駅まで品川駅から一時間二〇分で、往復一八六〇円。施設利用券を利用すれば入園料一七〇〇円の油壺《あぶらつぼ》マリンパークに入園できますので、それだけでおつりが出ます。油壺、そして三崎港やその対岸にある城ヶ島までのバス運賃、マグロ料理のお食事券もついていますので、日帰りの旅としては利用価値の高いきっぷです。施設利用券は、三崎港にある「うらり」という産直センターの六〇〇円相当のおみやげ券に代えることもできます（ここは時間次第です。料金は当時のもの）。

ここのところ、ＪＲ東日本の週末パスが便利なので、北に向かうことが多かったのですが、南も魅力的です。春は暖かいですし、旅に出るにはよい季節ですので、ぜひ出かけてみてください。

（二〇一七年三月放送）

旅のトラブル②

旅のトラブルのお話をします。二〇一七年四月、ユナイテッド航空機でオーバーブッキングが発生して、乗客が強制的に引きずりおろされるショッキングな事件が起こりました。オーバーブッキングというのは、席数よりも多く予約を取ったことによって生じる、トラブルです。鉄道でも、システムトラブルによって、まれにオーバーブッキングが起こることがありますが、立って乗ることができます。航空機のように、引きずりおろされることはないでしょう。

さて、私も鉄道で、オーバーブッキングに似た経験をしたことがあります。それは、寝台列車で旅をしていた時です。寝台に横になり、熟睡していた私は突然、男女のカップルにたたき起こされました。そのカップルは、寝台の指定席券を持っていて、私の持っている寝台の指定席券と同一の日にちで同じ寝台の番号でした。オーバーブッキングというよりも、ダブルブッキングです。すでにピンときた方もいるのではないでしょうか。じつは、零時をまわって日付が変わっていることが、このトラブルの原因です。たたき起こされた段階で、すでに零時をまわり、日付が変わっていました。そのため、カップルの持っている指定席券は、前日のものであり、無効ということになります。前日に運行を終えた寝台列車の指定席券をもって、乗車したことになります。幸いにして、私は寝台から引きずりおろされずに済んだことになります。また、列車がすいていたため、車掌が来てカップルは別の寝台に案内されていきました。たたき起こされて、私だけが損をしたようなかたちにはなりましたが、無事に丸く収まってよかったです。

夜行便の指定席を買うときは、このように、零時を境に日付が変わることを意識して買う必要があります。最近は、羽田空港を発着する航空機の深夜便には、零時をまわってから発着するものもあります。予約をするときには、日付に注意が必要です。

このように、旅にトラブルは付き物ですが、日本の鉄道は遅延も少なく、トラブルは少ない方です。

想定外のトラブルとしては、鉄道事故があります。乗っている電車が乗用車と衝突したのは、関東平野の茨城県を南北に走る関東鉄道常総線の水海道《みつかいどう》駅の北側にある踏切でのことでした。突然、警笛が鳴り響き、見る見るうちに乗用車が近づいてきて、衝突し、乗用車は前側が大破。乗っていた鉄道車両は、激しい衝撃があったものの、脱線することもなく、衝突現場から数百メートル離れたところで停車できたのは不幸中の幸いでした。

大変だったのはそれからです。警察官が乗り込んできて、ひとりひとり住所と氏名を聴取されました。後日、体調に異変があるようであれば、事故証明を出すこと、事故の処理が終わるまでそのまま待たねばならぬこと、乗っている車両は事故車両なので、この車両で終点まで行くことはできないこと、などの説明を受けました。

ちょうど夕方から夕暮れにかけての一時間余り。車窓から、西日を受けてきれいに輝く筑波山がしだいに輝きを失い、夕闇に包まれていくさまを、特等席で観賞することができました。

ほかにも京成電鉄の上野駅、地下構内で起こった脱線事故にも巻き込まれました。このときは脱線した車両に乗っていたのではなく、脱線した車両がでたあとに入線する車両に乗っていました。京成電鉄の上野駅は地下にホームがあり、脱線した車両はその駅のホームを少しでたところで止まってしまいました。私が乗っていた車両は、そのため駅へとつづくトンネルのなかで停止しました。アナウンスで、上野駅構内で脱線事故が発生して、その処理が終わるまで動けないことが判明。前方には、赤信号の向こうに脱線して動けなくなった車両と、ターミナル駅である上野駅の灯りが、かすかに見えます。

目と鼻の先に終着駅があるのですが、それから一時間、暗いトンネルのなかの車両で過ごすことになりました。ただ上野駅につづくトンネルのなかには、平成十六年（二〇〇四年）に廃止になった博物館動物園駅のホームが残っています。暗闇のなかですが、車両の灯りで廃止になった駅のホームをじっくり見ることができましたのは、ラッキーでした。

三崎港に行こうとしたときに、国際市民マラソンのため、京浜急行電鉄の〝みさきまぐろきっぷ〟が購入できなかったことをお話ししました。同じようなトラブルに、二〇年くらい前にも遭いました。たしか二月のことです。大阪での仕事が午前中に終わったので、午後に臨海部にある大型のテーマパーク、ユニバーサルスタジオジャパンに寄ることにしました。当時のＪＲ都島線に乗って、向かったのですが、車内が閑散としていて、テーマパークに向かう車内らしくありません。最寄り駅のユニバーサルシティ駅に着くと、当日のユニバーサルスタジオは、メンテナンスのための休業であることがわかりました。年に一回しかない休業日に当たってしまったことになります。

駅を出て、周囲を散策しましたが、入園口までの店舗もすべてしまっていますし、まったくと言ってよいほど、ひとけがありません。後日、リベンジでユニバーサルスタジオの営業日に行きましたが、ＯＮとＯＦＦの違いが際立っていて感動した思い出があります。考えようですが、休業日のテーマパーク周辺を散策する経験はほとんどの方はしないでしょう。静まり返ったテーマパーク周辺の様子をこうやってお話しできるのも、このトラブルがあってこそですね。

旅のトラブルはいろいろと経験していますが、幸い、人身事故には遭遇していません。トラブルは得難い経験という面もあり、強く記憶に残るものですが、無事が一番です。

（二〇一七年四月放送）

愛媛県宇和島

二〇一七年、愛媛県の宇和島に行ってきました。この年の大型連休は、後半に五連休があったため、遠出をすることができる日程でした。そのうち、三日間を使っての旅です。母を連れての旅でしたので、このときは鉄道をほとんど使わず、妹夫婦が運転する車での旅となりました。妹の旦那さんが宇和島の出身で、案内をしてくれた次第です。高齢の母を連れての旅ですので、ご容赦ください。

さて、宇和島市ですが、四国の北西部に位置する愛媛県の南部にある港町です。豊後《ぶんご》水道を挟んで大分県と対峙していて、リアス式の海岸線のなかにあります。真鯛《マダイ》やハマチなどの新鮮な魚介類が水揚げされることで知られていますし、海岸線の斜面を利用した、柑橘《かんきつ》類の栽培も盛んです。冬から夏にかけて、さまざまな品種のミカンが収穫されています。食べ物がとにかくおいしい街です。

東京からは、松山空港まで一時間半、そして宇和島までは高速道路でさらに一時間半かかりました。家を出てから宇和島市内に到着するまでは、五時間弱でした。鉄道で行く場合には、東京駅から新幹線で岡山駅まで三時間二〇分、特急しおかぜで松山まで二時間四〇分、さらに宇和島まで一時間二〇分かかりますので、約八時間の行程です。日帰りでの旅という訳にはいきません。今回のように二泊以上することをお勧めします。

宇和島に着いたらさっそく、名物の鯛めしを食べに行きました。鯛めしというと、魚の鯛を炊き込んだご飯を思い浮かべるでしょうが、宇和島の鯛めしは違います。鯛の刺身を、醤油ベースのつゆに放り込み、生卵の黄身を入れて混ぜ込みます。そして、それをご飯の上にかけて、掻き込むようにして食べます。お好みで薬味を加えますが、鯛の刺身がぷりぷりの食感で、いくらでも食べられる絶品の鯛めしです。義弟によれば、宇和島の鯛は新鮮なので、火を通してはもったいない。鯛独得のぷりぷりの食感を味わうのが、宇和島自慢の鯛めしだとのことです。これは、お勧めです。

宇和島の郷土料理には、ほかに「さつま」があります。これは、さつまいもとは関係がなく、宮崎の冷や汁に似た汁もの。鯛のすり身を味噌とだしでのばしてあります。たぶん、名前からして九州から伝わったのだろうと弟は言っていました。こちらは、独特の甘みがあって、するすると腹に入りますが、好みは分かれるかもしれません。

宇和島周辺の海岸線をドライブして弟の実家を訪ねたあと、夕飯は寿司を食べに行きました。回転ずしの店ですが、驚きは新鮮さとその安さ。妹夫婦お勧めの鯛やブリは、ふた貫で二〇〇円ほどですし、手許の端末で注文をすると回転する寿司の上を走る新幹線が、直接テーブルまで運んでくれます。鉄道マニアの心をくすぐる演出にうれしくなりました。地元で有名な回転ずしの店だそうで、少し早目に入ったので、二〇分ほどで席に着くことができましたが、食事どきは一時間待ちがあたり前とのこと。たらふく食べて、一人あたり一三〇〇円ほどでした。鯛やブリなど、地元の魚は安くておいしいので、これらを中心に食べるのがよいでしょう。

一泊した翌日には、伊達《だて》秀宗《ひでむね》公入城を再現した武者行列のイベントがありました。仙台藩の伊達政宗の長男、伊達秀宗公が宇和島藩一〇万石の城主として赴任してから四〇〇年が経ったことを記念して、入城した伊達家の五七人衆の行列を二年前から再現したものです。伊達秀宗の正室は井伊《いい》直政《なおまさ》の娘です。大河ドラマ「おんな城主　直虎」、井伊直虎のあとを継いだ井伊直政の娘ですので、大河ドラマとの関係でも、この年の武者行列は盛りあがりを見せていました。この武者行列は、大型連休中のイベントでしたが、宇和島では、七月に牛鬼まつりも予定されています。牛鬼は、『枕草子』にも記述がある鬼です。宇和島の牛鬼は、赤い胴体から、一〇メートルほどの首が伸びており、その先に角のある牛の顔がついています。愛媛県の南部、南予《なんよ》地方では江戸時代ごろから作られるようになったそうです。この年は七月二十二日から二十四日までの開催で、例年、町が一番盛りあがるそうです。牛といえば、宇和島では闘牛もおこなわれています。こちらは年に五回程度の開催です。

市内の中心にある小高い丘の上には、武者行列で入城する宇和島城があります。歩いて二〇分ほどで登れ、こぢんまりとした天守があります。この天守は、築城時からの姿を残している全国に一二ある天守閣のひとつであり、国の重要文化財に指定されています。ちなみに、四国には築城時の天守の残る城が、ほかに松山、丸亀、高知にあり、全国的にも数が多いことで知られています。

宇和島の周辺にも観光スポットが沢山あります。宇和島周辺はリアス式の海岸線で、平野部が少なく、海からすぐに山という地形がつづきます。そのなかに、国の重要文化的景観に選ばれている、遊子水荷浦《ゆすみずがうら》の段畑《だんばた》があります。ここも車で案内してもらいましたが、半島の斜面を頂上まで埋め尽くすように段畑がつづく景観は圧巻です。主にジャガイモが栽培されているそうで、作物をふもとで販売しています。

高知県に向かって南下すると、四万十川《しまんとがわ》の清流が見られます。ちょうど松丸《まつまる》の駅近くの踏切で、宇和島駅から四万十川沿いに高知県に南下するＪＲ四国、予土《よど》線のトロッコ列車と出会いました。黄色い車両の最後尾、三両目にトロッコ車両が接続されていました。まだ肌寒かったので、トロッコに乗っている人がいなかったのは残念です。乗車していきたいところですが、母を連れていますので、自重しました。

さらに南下して高知県側に入り、沈下橋《ちんかばし》を見に行きました。沈下橋というのは、川の水面近くにかかる橋で、通常は橋として使えるものの、増水時には水面下に沈む橋です。そのため、沈下橋といいます。四万十川には数多くかかっています（四七あるそうです）。車で渡りましたが、欄干がありませんので、歩行者が落ちてしまわないかと心配になりました。沈下橋には、水面下に沈んだときの抵抗を減らすため、欄干はないのだそうです。周囲の景観も素晴らしいので、一度訪れてみてください。

さらに宇和島市内に一泊し、松山に出て松山城にロープウェイで登ったあと、飛行機で帰途につきました。松山と宇和島の間には、古い町並みの残る内子《うちこ》や、城のある大洲《おおず》などもあり、見どころ満載です。

今回は、車で巡りましたが、いずれの街も鉄道が通っています。次回は、ＪＲの四国フリーきっぷなどを活用して巡ってみたいなと思いました。

（二〇一七年五月放送）

福岡県筑豊地区周辺
――篠栗線、筑豊本線、平成筑豊鉄道

地方入試の試験監督業務が福岡市であり、二〇一八年、出張のついでに福岡県の中央部、筑豊《ちくほう》地域を旅しました。博多駅から、筑豊へは篠栗線《ささぐり》が便利です。

まずは、筑豊の中心地、飯塚市を目指しました。JR九州の**篠栗線**は、大都会福岡市から東、内陸部に向かう通勤路線です。単線ですが運行本数が多く、終点の桂川駅《けいせん》を超えて、ほとんどの車両が、さらに筑豊地域を南北に走る筑豊本線に乗り入れています。博多駅を出るとしばらく篠栗線の車窓からは、大都会福岡市の市街地の町並みがつづきます。篠栗駅を過ぎるころから山間部に入り、トンネルを抜けると筑豊の広大な平野部に出て、篠栗線の終点、桂川駅に約三〇分で到着。

乗車した車両は、さらに遠賀川《おんがが わ》に沿って走る**筑豊本線**に乗り入れて北上し、飯塚駅を経由して直方駅《のおがた》まで行きます。桂川駅からは約一〇分で、筑豊本線で筑豊地域の飯塚駅に到着。ここからは、別名、筑豊富士の、「忠隈《ただくま》のボタ山」が見えます。

ボタ山というのは、炭鉱からでた鉱石のうち、良質な石炭を取り除いたあとに残る、捨て石が積み上がってできた山。崩れやすくて危険なため、多くは撤去されましたが、忠隈のボタ山は、産業

遺産として飯塚市が保存しています。一四〇メートルの高さがあり、普通の山と区別はつかなくなっていますが、近くまでいってみると、石炭が混じった小石でできていることがわかります。今回は行きませんでしたが、数年前に訪れています。すぐ近くまで行くことができます。

飯塚駅から二〇分で、終点の直方駅に到着。飯塚から直方に至る地域は、遠賀川の周囲に広がる平野部で、田園風景がつづきます。筑豊地域は平野部が広く、炭鉱がいくつもあったことから、旧国鉄の鉄道網が発達していましたが、炭鉱の閉山とともに乗客が減り、その多くが廃線になりました。残っているのは、JR九州では、筑豊地域の飯塚市から直方市を経由して北九州市まで北上する筑豊本線。これに並行して大分県の日田市から田川後藤寺《たがわごとうじ》駅を経由して北九州市に向かって北上する日田彦山《ひたひこさん》線。そして、両者の途中にある新飯塚駅と田川後藤寺駅を東西に結ぶ後藤寺線の三路線です。いずれも、筑豊の平野部や丘陵地帯を走る、車窓風景がきれいな路線。とくに、田川市周辺から見える香春岳《かわらだけ》は、石灰岩の採掘のため山の上部が切り取られたような形の異形《いぎょう》の山として知られており、周辺の炭鉱関連の遺産とともに、ぜひ見ておきたい車窓風景です。

直方駅に戻ります。ここからは、JR以外に二つの路線が出ています。JR直方駅から、平成筑豊鉄道が遠賀川の支流、彦山川に沿って南東に延びています。途中に車両基地であるちょいと変わった名前の金田《かなだ》駅、金に田畑の田と書きますが、カナダ駅があり、ここで、JR日田彦山線の後藤寺駅に向かう糸田線が南側に分岐しています。平成筑豊鉄道の本線、伊田《いた》線は、金田駅からさき、JR日田彦山線の田川伊田《たがわいた》駅を経由して、そこから田川線となって太平洋側を走るJR九州日豊本線の行橋《いくはし》駅まで延びています。いずれも、筑豊の平野部とその間にある丘陵地帯を走るので、変化にとんだ車窓風景が楽しめます。

　ＪＲ九州の直方駅から、少し離れたところにある筑豊直方駅からは、筑豊電気鉄道線が遠賀川の東側を北九州市の黒崎まで結んでいます。こちらは風情のある車両が走る路線なんですが、今回は、遠賀川の西側を走るＪＲ筑豊本線経由の黒崎駅行き列車に乗り換えました。筑豊本線は遠賀川が流れる広い平野部を直線的に北上します。まっすぐ延びる線路が見え、開けた平野部を走る車窓風景がとてもきれいな路線です。乗車した二月初旬には雪が降ったため、あちこちに雪が残っていました。筑豊地域は結構雪が降るそうです。

　北九州市の市街地に入ると、ＪＲ九州の大動脈、鹿児島本線の高架が見えてきます。高架をくぐる筑豊本線と交差する位置にある駅が折尾駅になります。左側が博多駅方面、右側が小倉駅方面。折尾駅では、筑豊本線が、鹿児島本線の下をくぐる立体交差になっています。乗車した黒崎行の車両は、折尾駅の高架の手前で右側にある鹿児島本線と接続する短絡線に入ります。この短絡線の部分にも折尾駅があります。交差する位置にある折尾駅から一〇〇メートルほど離れており、博多方面に乗り換えるためにはいったん改札を出る必要があります。このような駅は珍しく、鉄ちゃんはワクワクしますね。

　今回は、わざわざ短絡線を経由して黒崎駅まで行き、鹿児島本線で折尾駅に戻り、そこでふたたび筑豊本線に乗り換えて、北側にある終点の若松駅に向かいました。当時は、折尾駅では立体交差

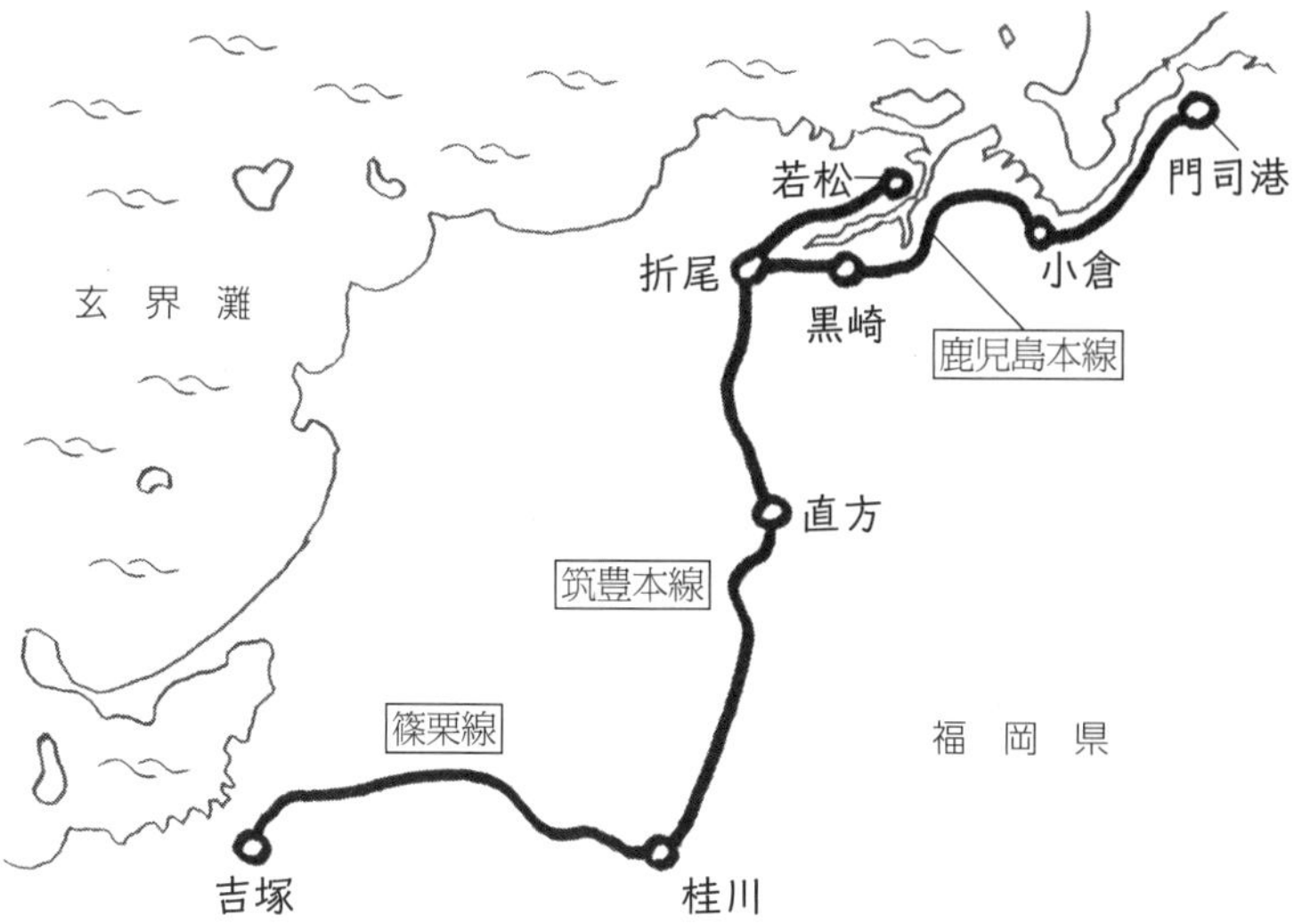

を解消するための工事が進んでいました。筑豊本線を折尾駅の手前から高架にして、少し西側に折尾駅ができることになっています（二〇二一年に短絡線の線路切り替えを経て全面高架化されました）。

なお、若松駅からはバスに乗り換えて真紅の若戸大橋で洞海《どうかい》湾を渡り、小倉駅に出て鹿児島本線の終点、門司港駅まで行きました。関門海峡を挟んだ対岸にある本州側の下関の町が倉庫群の間から見えます。薄暮から夕闇へと変わるころの門司港駅周辺は、レトロな建物群がライトアップされ、幻想的な風景で、こちらもお勧めの風景です。

（二〇一八年三月放送）

長崎島原半島の旅

――西日本鉄道線、フェリー、島原鉄道、長与線

二〇一八年、長崎県の島原鉄道に乗ってきました。島原鉄道は、島原半島の付け根にある、JR九州、長崎本線の諫早《いさはや》駅から島原半島の東側、有明海沿いに島原港駅まで南下する路線です。博多駅からJR長崎本線で諫早駅に行って乗ることもできますが、今回は福岡市の繁華街、天神から西日本鉄道の天神大牟田線に乗って終点の大牟田駅の近くで一泊。翌朝、大牟田の三池港からフェリーで対岸にある長崎県の島原外港にわたりました。このルートですと、島原鉄道線を往復する必要がありません。

西日本鉄道の天神大牟田線は、日本海側の福岡市から有明海沿いの大牟田市まで、福岡県内の広大な筑後平野を、南北に縦断する路線。沿線はひらけていて、郊外の住宅街と田園風景が広がります。並行するJR九州の鹿児島本線との競争もあってか、特急電車がJR線とほぼ同じ七〇分で大牟田駅とを結んでいます。この特急電車、かなりの疾走感があります。

大牟田駅から三池港まではバスで一〇分。徒歩でも四〇分ほど。あいにくの雨でしたが、少し早起きをして大牟田の市内を抜けて、歩いて三池港を目指しました。三池港は「明治日本の産業革命

遺産」のひとつとして、世界遺産に登録されています。近くには展望所もありますが、フェリーの第一便が出る時間（8時55分）には残念ながら、まだ閉鎖されていました。

三池港から島原港までの**フェリー**は所要時間五〇分。晴れていれば雲仙岳《うんぜんだけ》が見えるはずですが、雨とともに霧もでていてほとんど何も見えませんでした。島原外港のフェリーターミナルから**島原鉄道**の南側の終点、島原港駅までは坂を上がって徒歩五分。三〇分後、諫早駅行きの電車が発車するころには、雨があがり、霧も晴れて薄日が差してきました。

島原港駅を出発した列車は、車両基地のある島原船津駅を通り、すぐに島原の市街地に入ります。ここから、左側に雲仙普賢岳《ふげんだけ》を見ながら北上。途中、島原城も見えます。島原市は平成三年（一九九一年）の噴火時には火砕流や土石流が発生して、大変な被害がでたところですが、復興していました。

市街地を抜けると、右側から有明海《ありあけかい》が迫ってきます。対岸の熊本側もうっすらと見えるようになりました。左には田園風景、右には有明海。どことなく、のどかな風景がずっとつづく、景色のよい路線です。途中駅の大三東《おおみさき》駅には、海にもっとも近い駅との看板がありました。ホームの向こう側が波よけの壁になっていて、すぐそこが波打ち際です。駅には、黄色いハンカチがひもに吊り下げられており、風に揺れるさまがきれいでした。

島原半島はスクリューの羽の形で、有明海側に円弧状に突き出ています。そのため、海沿いに北上する島原鉄道は、その円弧に沿って北向きから徐々に西へと向きを変えていきます。多比良《たびら》駅を過ぎると、ほぼ西向きになり、前方に有明海のなかにある巨大な建造物が見えてきます。これが全長七キロにおよぶ潮受《しおう》け堤防で、有明海を二つに隔てています。ギロチンと呼ばれたこともありましたが、あまりいい言葉ではありません。車窓から見ると、徐々に近づいていくので、その巨大さがよくわかります。堤防を過ぎるあたりからは、干拓事業で造成された広大な平野が延々とつづき、諫早の市街地に入るとJR長崎本線との乗換駅、諫早駅に到着。全行程七〇分ほど。さまざまな車窓風景を楽しむことができました。

諫早の駅前には、九州新幹線長崎ルート、通称、長崎新幹線の大きな看板があり、地元の大きな期待を感じます。駅舎も工事中で着々と準備が進んでいるようでした。なお、整備新幹線計画では、九州新幹線長崎ルートですが、長崎県や佐賀県では、九州新幹線西九州ルートと呼んでいるようです。

諫早駅から長崎駅までは、JR長崎本線の特急で二〇分（普通列車でも三五分）。しかし、トンネルが中心です。長崎本線には、特急が通る路線の北側に、長与《ながよ》駅を経由する、通称、**長与線**があり、時間はかかるのですが、こちらは大村湾に沿って走るとても景色のよい路線。今回はこちらを経由して、長崎駅に向かいました。

諫早駅を出発すると、二つ目の喜々津《ききつ》駅で長与線が分岐。北側に針路をとります。すぐに大村湾が見えてきて、海の縁《へり》をかすめるように進みます。遠く、大村湾に浮かぶ長崎空港も見え、海の景色が抜群です。一〇分ほどで海から離れ、長与駅を経由して長崎市内へ。路面電車が右側に見え、

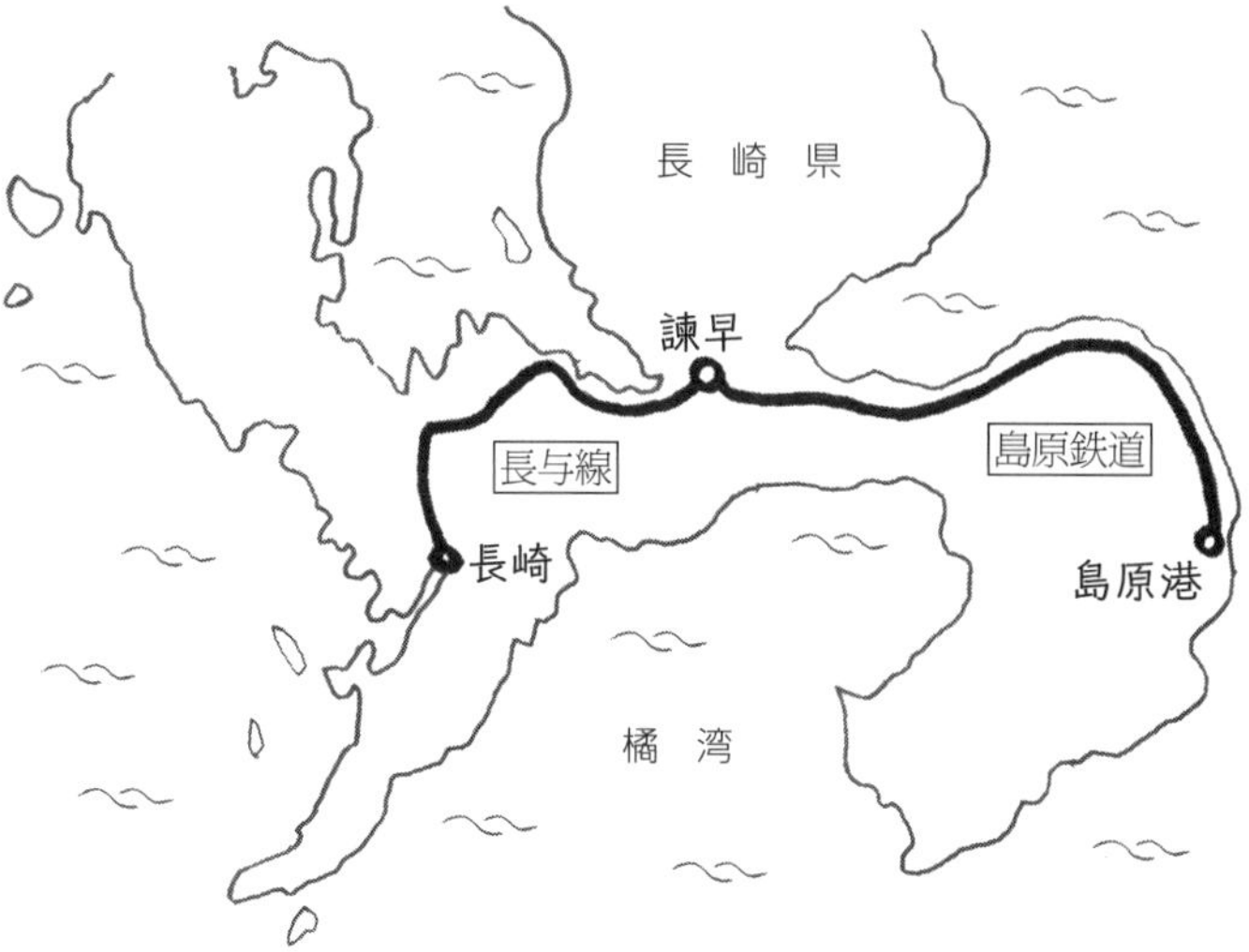

長崎本線と合流後、浦上駅に到着。

長崎駅には、四五分で到着。こちらも新幹線の開業を控えて、線路や駅舎の整備が進んでいました。長崎駅前には、路面電車の停留所があり、路線網も充実していて、観光地への足として重宝します。一回の乗車が一三〇円ですが、一日乗車券が五〇〇円で乗り放題。四回以上乗車すれば、こちらのほうがお得です。

長崎と言えば、中華街の有名店、四海樓《しかいろう》で遅い昼食。美味でしたが、約一時間待たされました。それでも食べられただけよくて、早い時間で受付が終了になったので、断られた人もたくさんいました。チャンポンと皿うどんを食べてから、路面電車で観光地へ。最後にお土産のカステラを購入して、帰りました。

（二〇一八年四月放送）

都営地下鉄線

——浅草線、三田線、大江戸線、新宿線

都営地下鉄線を取り上げます。東京の地下鉄には、都営地下鉄線四路線（一〇九キロ）と、東京地下鉄、通称東京メトロが運営する九路線（銀座、丸ノ内、日比谷、東西、千代田、有楽町、半蔵門、南北、副都心の計一九五・一キロ）の合わせて一三路線があります。

都営地下鉄線は、東京都交通局が運営しています。ここはもともと、路面電車の都電を運営していました。都内をくまなく都電は走っていましたが、その多くが廃線となり、今では都電荒川線のひとつしか残っていません。代わって、地下鉄網が整備されていきました。東京の地理に詳しくない方に路線を説明するのは難しいので、地上を走るＪＲの環状線、山手線を基準にして説明することにします。ＪＲの環状線である山手線は、東西にはほぼ対称形ですが、南北に延びた卵型の路線です。南側がとがった卵型ですが、これを円形の時計の文字盤に見立てて、北が十二時、南が六時とします。すると、東京駅は三時、新宿駅が九時の方向になります。これで説明していくことにします。

まずは、四路線ある都営地下鉄のひとつ、都営**浅草線**です。これは、四時の方向にある新橋駅と、七時の方向にある五反田駅を通ります。東京の南東部分を、ずっと北東にある押上駅から、名前の由来である浅草駅を通り、新橋駅と五反田駅で山手線と交差し、南西の西馬込《にしまごめ》駅までを結んでいます。新橋駅と五反田駅の間にある泉岳寺《せんがくじ》駅で、私鉄の京浜急行線に乗り入れていますし、北東側の終点、押上駅では、京成電鉄押上線に乗り入れています。このため、京浜急行電鉄の羽田空港駅と、京成電鉄の成田空港駅を直結する、エアポート快特《かいとく》が走っています。

二〇二〇年には、東京オリンピックが開催（新型コロナウイルスの影響で二〇二一年開催に延期）されます。都営浅草線は、二つの国際空港に到着する、海外からの来訪者を都心に運ぶ路線。押上駅のスカイツリー、浅草駅の浅草寺、大門《だいもん》駅の芝の増上寺と近接する東京タワーという、外国人にも人気の観光地が沿線にあります。地上を走っていたら、さぞ景色がよかったでしょうが、残念ながらずっと地下を走ります。車窓風景はトンネルの連続です。

都営浅草線の南側の終点、西馬込駅で降り地上に出て徒歩五分。そこに、馬込の車両検修所、いわゆる車両基地があります。線路の上をまたぐ、道々女木《どどめき》橋という跨線橋《こせんきょう》がリニューアルされて、地下鉄車両の車両基地が一望できます。鉄道の写真を主に撮る鉄ちゃん、撮り鉄たちが、カメラを向けていました。

東京の地下鉄を乗ってまわるには、都営線も東京メトロ線も乗り放題の一日乗車券があります。関東と山梨の一都七県以外から東京への旅行者ですと、四八時間および七二時間乗り放題のきっぷを買うことができます。ただし、東京までの交通機関のきっぷと同時に購入する必要があります。

今回は、東京都在住でも購入できる、都営地下鉄線だけが乗り放題の、週末限定販売のきっぷ〝春のワンデーパス〟、五〇〇円を購入して、ほかの都営地下鉄にも乗りまくりました（このきっぷはお得です！）。

次に、都営**三田線**。これは、JR山手線の八時方向にある、目黒駅を起点に北上して、皇居の東側を通り、十二時方向にある巣鴨駅を通って、さらに北西にある西高島平駅までを結んでいます。目黒駅から南側は、東急電鉄の目黒線に乗り入れており、郊外の住宅街として知られる田園調布を経て、神奈川県方面と接続しています。面白いのは、目黒駅から白金高輪駅までのふた駅区間は、東京メトロの南北線も乗り入れていて、どちらを使ってもよいことです。東急線への乗り入れはほぼ交互におこなわれています。

都営三田線は、南北に長い路線で、途中に見どころが満載です。この路線も都心部は地下を走りますが、全長二六キロのうち北部の五キロほど、志村三丁目駅の手前で地上に出て、高架を走ります。このあたりの景色はよく、右側に志村の車両基地が見え、やがて高島平団地のある高島平を経て、終点の西高島平駅に着きます。東京では、増える人口に対応するため、郊外にいくつも団地が建設されました。そんな団地の風景が、高島平駅周辺では車窓からも見ることができます。

三つ目に紹介する都営**大江戸線**は、ラケット型の環状線です。JR山手線の九時方向にある新宿駅の少し外側、西側に東京都庁があり、都庁前駅がラケットのかなめの位置にあたります。そこから山手線の内側に入り、新宿西口駅から東に向かい、山手線の二時方向にある御徒町《おかちまち》駅あたりで山

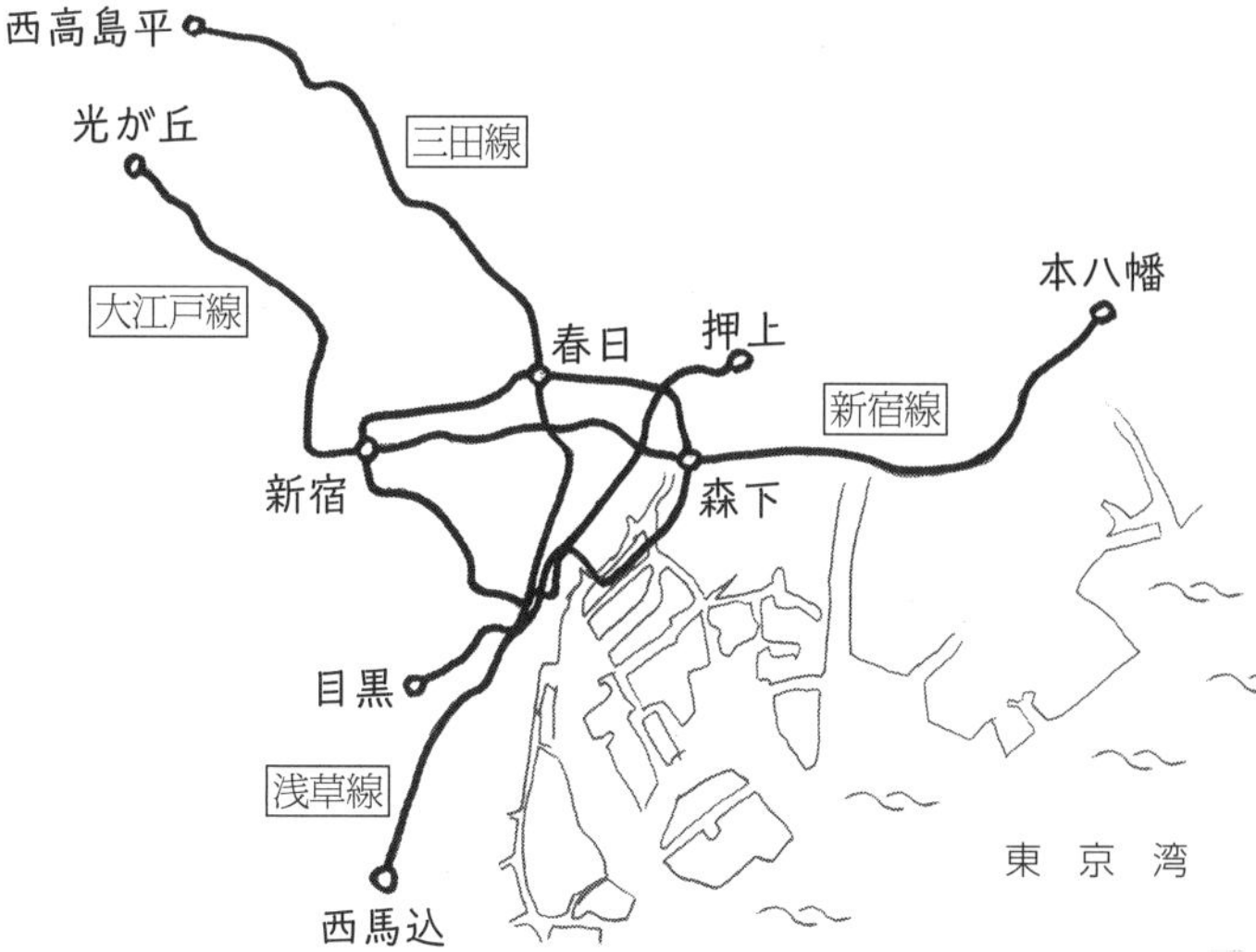

手線の東側に出て、そこから南下。ふたたび西に向きを変えて、四時方向にある浜松町駅あたりでふたたび山手線内に入り、新宿駅を通って都庁前駅に戻ります。少し東西に長い環状線になります。ここからさらに、ラケットの柄の部分に相当する、都庁前駅から、西《せい》北西《ほくせい》にある、郊外の光が丘団地のある、光が丘駅までの区間に乗り入れます。大江戸線も、ずっと地下に潜りっぱなしです。ところがこの路線、一番前に陣取って、走っていく先を見ていると、結構、アップダウンがありますし、新宿駅の近くでは、急角度のカーブがあります。ほかの地下鉄を通した後の、新しい路線なので、ほかをよけて縫うように走るからでしょう。トンネルしかないのですが、車窓風景が意外に楽しめます。

最後に四つ目の都営**新宿線**ですが、名前の由来である、新宿駅を起点に東に向かい、三時方向にあるＪＲ山手線の秋葉原駅の少し南側で山手線の東側に抜けます。隅田川をくぐったあと、大河である荒川の手前、東大島《ひがしおおじま》駅で地上にいったん出ます。ここから荒川を鉄橋で渡り、次の船堀《ふなぼり》駅の先でふたたび地下に潜り、さらに千葉県との県境を流れる江戸川をくぐって、ＪＲ総武線との乗換駅、千葉県市川市にある、本八幡《もとやわた》駅までを結んでいます。東京都交通局が運営する都営地下鉄ですが、この最後の区間だけは、千葉県内を走っています。

本八幡駅からは、ＪＲ線で都心に戻りました。やはり地上を走るほうが、車窓風景は楽しめますね。それでも、たったの五〇〇円で、一日中鉄道に乗っていることができました。沿線に見どころも多いので、都心を巡る旅に活用するといいでしょう。

（二〇一八年五月放送）

駅からハイキング

——都内旧神田区、埼玉県長瀞町

ＪＲ東日本が主催する〝駅からハイキング〟について、お話しします。

〝駅からハイキング〟は、午前中にＪＲ東日本の駅で参加登録し、地図をもらって駅周辺を散策するイベントです。毎週、どこかの駅で開催されますので、〝駅からハイキング〟のホームページや、駅に置いてあるパンフレットで確認して参加します。ほとんどが予約不要で、どなたでも参加できますが、年配の方の参加が多い印象です。時間に余裕があること、外出する習慣をつけること、健康のためなど、理由はさまざまでしょう。私も還暦を過ぎましたので、時間に余裕があるときは、健康のため、参加することにしています。

今回は、参加した二《ふた》コースを紹介し、雰囲気をお伝えできたらと思います。二〇一九年二月の最終週は、東京の神田駅開業一〇〇周年（三月一日）を記念した〝駅からハイキング〟が、神田駅10時30分から12時00分の集合でした（二月二十三日に参加）。〝駅からハイキング〟に参加すると、ハイキングコースの地図のほかに、毎回、車両の缶バッジがもらえるのですが、この日はさらに、神田駅一〇〇周年記念の、少し大きな缶バッジと、クリアフォルダをいただきました。

ハイキングコースは、神田駅から北にひと駅の秋葉原駅、さらに西にひと駅の御茶ノ水駅を通り、皇居周辺を巡って神田駅に戻る、九キロほどのハイキング。ちょうど、旧神田区を巡るコースで（東京の中心、皇居を含む千代田区は、旧神田区と旧麴町区の合区でできました。旧神田区は、皇居の北東部にあたります。なお、皇居は旧麴町区）、ゆっくり歩いて三時間ほどの軽いウオーキングでした。

御茶ノ水駅の近くには、万世橋《まんせいばし》駅がありました。この駅にはホームがあって、神田駅と御茶ノ水駅の間を行き交う中央線の車両を間近に眺められるのですが、車両は止まりません。ホームが強化プラスチックで囲まれた檻のようになっている、車両を観賞するためだけの駅です。西端にはカフェもあります。東京駅から新宿方面に向かって中央線に乗りますと、神田駅を過ぎたところで、右側に、いきなりこのホームが出現します。

もうひとコース、三月三日の日曜日には、埼玉県の北部にある長瀞町《ながとろまち》で、JR東日本と秩父鉄道との共同開催の〝駅からハイキング〟がありました。埼玉県北部を、東西に横断する秩父鉄道。その西寄りにある皆野《みなの》駅に集合して参加登録。寺社を巡り、当日開催の「長瀞火祭り」を訪問する約一〇キロのハイキングコースでした。

コースのなかには、火祭りの会場も入っていますので、ハイキングと祭りの見物が同時にできます。ただ、今回の〝駅からハイキング〟は、山登り（権田山）があって、私を含めて年配の参加者には「激辛ハイキング」とまではいきませんが、中辛くらいのハイキングでした。権田山、標高二三二メートル、桜の名所ですが、桜には早すぎました。

街なかのハイキングとは違い、空気がきれいですし、山登りや荒川沿いの散歩コースも含まれていましたし、ハイキングの終わりに「長瀞火祭り」があって、盛り沢山。さらに、火祭りの会場のすぐわきには秩父三山のひとつ宝登《ほど》山の山頂へのロープウェイもあって、乗って上がると、火祭りの会場や長瀞の町が一望できました。

ご参考に、不動寺の境内でおこなわれる「長瀞火祭り」は、「秩父夜祭《よまつり》」（十二月二、三日開催）とは違って、昼間におこなわれます。不動寺の行者の修行で、木の山を燃やしたあとに崩して、まだ燃えている火のなかを歩いて渡るという行事です。一般の方もつづいて火のなかを歩いて渡ることができます。

鉄道の話もしておきましょう。

ハイキングの途中で、懐かしい汽笛の音が聞こえます。その方向を見るともくもくと白い煙の帯が見えてきました。ＳＬパレオエクスプレスです。長瀞駅11時37分発、秩父方面行きのＳＬとすれ違うように、出会いました。また、火祭りの帰りに長瀞の駅でも、15時05分着、15時13分発の熊谷方面行きのＳＬを、今度は間近で見ることができました。

白状すると、今回の〝駅からハイキング〟はＪＲ東日本のイベントでもあるのですが、東京からの行きは池袋駅から、東武東上線の終点寄居《よりい》駅乗り換えで秩父鉄道に。帰りは、秩父鉄道御花畑《おはなばたけ》駅から乗り入れている西武秩父線と西武池袋線を経由して池袋に戻りました。池袋駅と自宅の往復も地下鉄を利用したので、ＪＲを使いませんでした。缶バッジをいただいたのに、ＪＲを利用しないで申し訳ありません。
〝駅からハイキング〟は、終点でのチェックがないので、体調に合わせて、適宜棄権することもできます。健康のために参加されてはいかがでしょう。

（二〇一九年四月放送）

臨時の高原列車に乗る
——中央本線、小海線、しなの鉄道線

ＪＲ東日本の小海線《こうみ》に乗ってきました。小海線は、山梨県のＪＲ中央本線、小淵沢駅《こぶちざわ》から、長野県を走るしなの鉄道線の小諸駅までを結ぶ、全長七八・九キロの路線です。ＪＲの路線のなかでもっとも高い地点があることでも有名です。桃の花が咲き誇る甲府盆地を、二〇一九年四月の週末に訪ね、一泊したのち小淵沢駅に向かいました。桜はすでに散りかけていましたが、甲府盆地の桃畑が見事に桃色に染まっていてきれいでした。桜は並木になっていることが多いのですが、桃は一面に植えられているので、見え方が違います。

ＪＲ**中央本線**は、南アルプスの峰々を左側に見ながら走る景色のよい路線。甲府盆地を抜けると標高が上がり、正面に八ヶ岳が見えてきて小淵沢駅。ここでも標高は八八七メートルあります。ここから、9時16分発**小海線**の臨時の高原列車、野辺山行きに乗り換えて三〇分ほどで終点の野辺山駅に着きました。この野辺山駅こそが、私鉄も含めてもっとも標高の高い位置にある鉄道の駅です。標高は一三四六メートル。その三キロほど手前に、「ＪＲ鉄道最高地点」の碑が立っていて、標高が一三七五メートルと記されているのが、車窓からも見えます。

小淵沢駅から乗車すると、八ヶ岳を左に見ながら、ぐんぐん高度を上げていくのがわかります。やがて白樺の林に入り、高原リゾートとして知られる清里駅に到着。まだ四月なので、閑散としていましたが、夏場になると避暑地としてにぎわいます。清里駅を出てさらに高度を上げていくと、視野がひらけ、長野県に入ってすぐの右カーブに差し掛かったところが、鉄道の最高地点になります。ここからは、開けた高原を走り、左に八ヶ岳、右には巨大な電波望遠鏡を見ながら進むと野辺山駅に到着です。

小諸駅行きの列車の発車まで五〇分の時間がありましたので、駅前のレンタサイクルで最高地点まで往復しました。線路沿いに道があって迷うことはありませんし、往復するのにちょうどよい時間でしたので、お勧めです。高原の風景や電波望遠鏡も見えて爽快です。

正直言って、今回は体力の衰えを実感しました。自転車に乗ってもなかなか進まないのです。しばらくして、ギアが四速になっていることに気づき、一速に戻しましたが、それでも結構きつかったですね。最高地点に到着したのが列車発車の二〇分前でしたので焦りましたが、でも大丈夫。最高地点までは上りですが、帰りは下りですので、ほとんどこぐ必要もなく、一〇分で駅に戻りました。帰りのギアは四速。レンタサイクルを借りたときにギアが四速だった理由もわかりました。

長野県側の野辺山駅から先の小海線は、標高を急激に下げながらトンネルに入り、そこからは千曲川沿いに狭い平坦地を抜けていきます。途中、駅のそばには桜が植えられていて、満開のところがいくつもありました。色の濃さが場所によって違うので、山桜なども植えられているようでした。

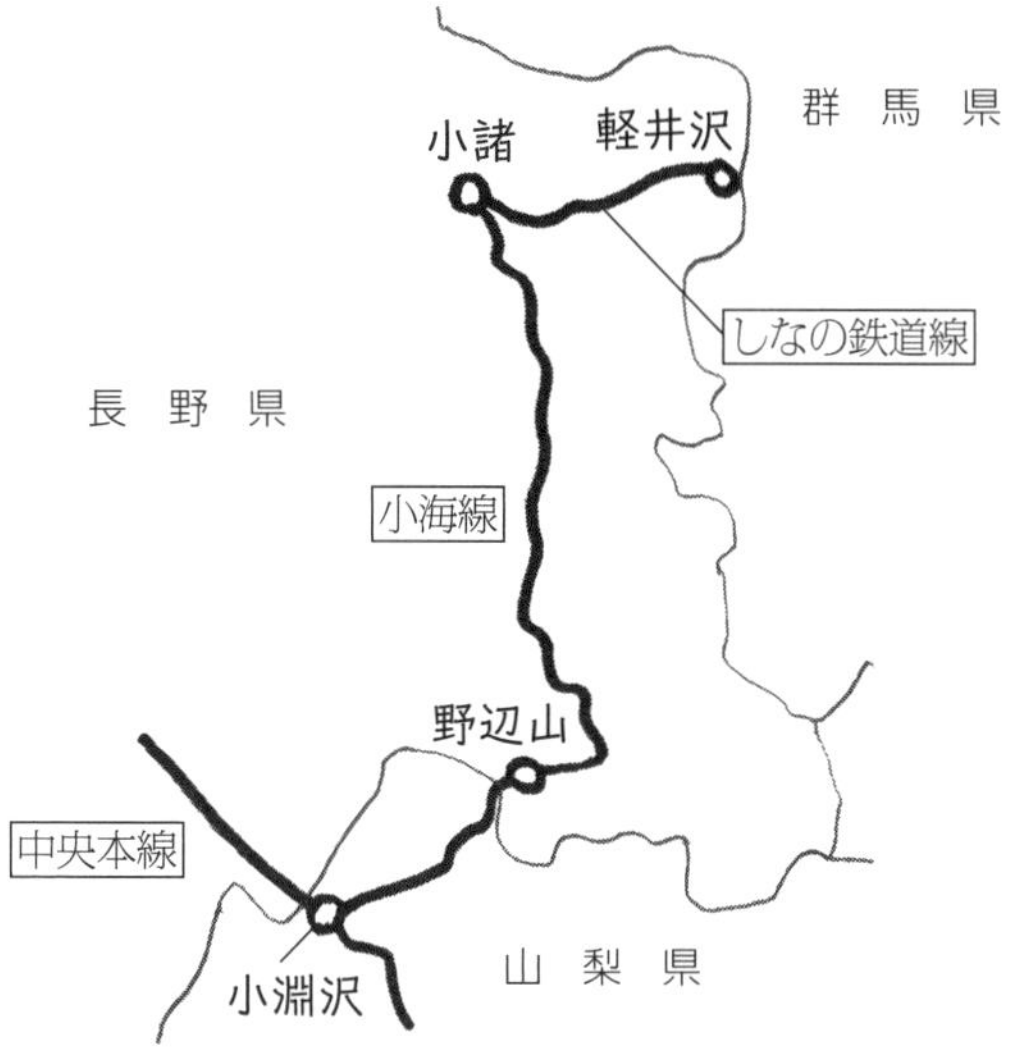

太田部駅あたりまで降りてくると車窓から見える千曲川も大河らしくなってきます。さらに下流まで行って新潟県に入ると、信濃川に名称が変わり、日本海にそそぎます。広大な佐久平に出て、間もなく北陸新幹線の高架が見えてくると思って目を凝らしましたが、一向に見えません。新幹線の佐久平駅は、小海線の高架の下にありました。交差する在来線のほうが高架になっている、珍しい駅ですね。

野辺山駅を出てから一時間四〇分後の12時20分に、小海線の終点、小諸駅に着きました。小海線は、山梨県と長野県の県境付近に最高地点があり、八ヶ岳が見えるひらけた高原の景色が楽しめる路線でした。長野県側は、千曲川沿いを進み、里山の風景を楽しむことができます。小諸駅周辺からは、わずかに噴煙を上げている浅間山が目の前に見えます。

連絡しているしなの鉄道に乗り換えて、浅間山を左に見ながら巻くように進むと、二五分で新幹線の駅、軽井沢。広大なショッピングモールが駅のすぐわきにあり、にぎわっていました。駅弁(横川の釜めし)を買って駅のベンチで食べて、時間があったので、バス便で鬼押出し園《おにおしだ》を観光。さらにバスを乗り継いで北上して、万座《まんざ》・鹿沢口《かざわぐち》駅に。JR東日本の吾妻《あがつま》線と上越線を経由して高崎駅に。そこから新幹線で東京に戻りました。

ご参考にバス便は、軽井沢駅13時25分発↓鬼押出し園14時10分着。鬼押出し園内を三〇分で観光したあと、鬼押出し園14時47分発↓万座・鹿沢口駅15時11分着(最終便)。

万座・鹿沢口駅始発の列車で戻ってもよかったのですが、せっかくなので、ひと駅西奥にある吾妻線の終着駅、大前駅まで歩き、17時29分発の列車に乗車。大前駅まで行く列車は一日四往復しかない、秘境駅といってよい存在。万座・鹿沢口駅から歩くと、丘を登るようにして四〇分。そこから一気に坂をおりたところに大前駅があります。

渋川駅で上越線に乗り継ぎ、高崎駅に19時17分到着。自宅にたどり着いたのは午後九時過ぎでした。

(二〇一九年五月放送)

叡山ケーブルと坂本ケーブル

――京阪電車、叡山電車、石山坂本線

京都府と滋賀県の県境にある比叡山を訪ねました。二〇一九年の大型連休に大阪で三泊して近畿地方を訪問。思い立って比叡山までケーブルカーを乗りに行きました。比叡山の山頂に行くには、大阪から京都に向かう京阪電車の終点、出町柳《でまちやなぎ》駅で叡山電車に乗り換えて、終点の八瀬《やせ》比叡山口駅まで行き、一〇分ほど歩いてケーブルカーの麓《ふもと》駅、ケーブル八瀬駅から叡山ケーブルと叡山ロープウェイを乗り継げば、比叡山頂《ひえいさんちょう》に到着します。

今回は、車窓風景がとてもよい大阪モノレールで終点の門真《かどま》市までいき、そこから**京阪電車**に乗って出町柳駅に向かいました。大阪モノレールは、沿線が立て込んできましたが、それでも大阪の郊外を巻くように高台を北から南西に向かって走るので、見晴らしのよい路線ですし、途中、万博公園の太陽の塔も見ることができます。

一方、門真市駅から乗車した京阪電車では、車両の最前列の席に陣取ることができましたので、普通列車でしたが、のんびりと車窓風景を眺めながら終点の出町柳駅まで乗車しました。急ぐ旅でもありませんので。本当は鉄道少年専用席なので、少年たちが近くによって来るのですが、譲りま

せんでした。

門真市よりも先の京阪電車は、線路の周辺がそれほど立て込んでいないので、鉄ちゃんにとっては楽しめる路線です。最前列、お勧めです。ただし、京都の町に入る前に地下にもぐってしまうので、京都の町は残念ながら見えません。代わりにオレンジの光があふれる地下世界を堪能できます。

地下駅の出町柳駅で降り、地上に出るとすぐそばに**叡山電車**の乗車口。きっぷを買ってホームに入ると、すぐわきに観光列車の〝ひえい〞が止まっていました。車両の前の部分を囲むように大きな金色の楕円が装着されていて、前から見ると、大きな「ゼロ」の文字が走っているように見える独特の風貌の車両です。そのひとつ前の列車に乗車したので、終点で接近してくる〝ひえい〞のお顔（フロントグリル）を写真に収めることができました。

叡山電車には二路線あり、宝ヶ池駅で北西に向かう鞍馬線が叡山本線から分岐しています。こちらの終点近くにある鞍馬寺にも参拝者用のケーブルカーがありますが、今回は叡山本線の終点八瀬比叡山口駅まで行き、**叡山ケーブル**に乗車しました。京都の町はずれにある路線ですが、終点近くまで来ると空気もきれいでひんやりとしていました。叡山ケーブルは、高低差が日本一で五六一メートルあります。乗車時間は九分で、さらに叡山ロープウェイに三分乗車することによって、一気に標高八四八メートルの比叡山の山頂に到着します。

この年は改元のため、一〇連休だったので、車内は混雑していましたが、思ったよりも人が多くない印象でした。混雑するケーブルカーやロープウェイからの景色はそれほど楽しめませんでした

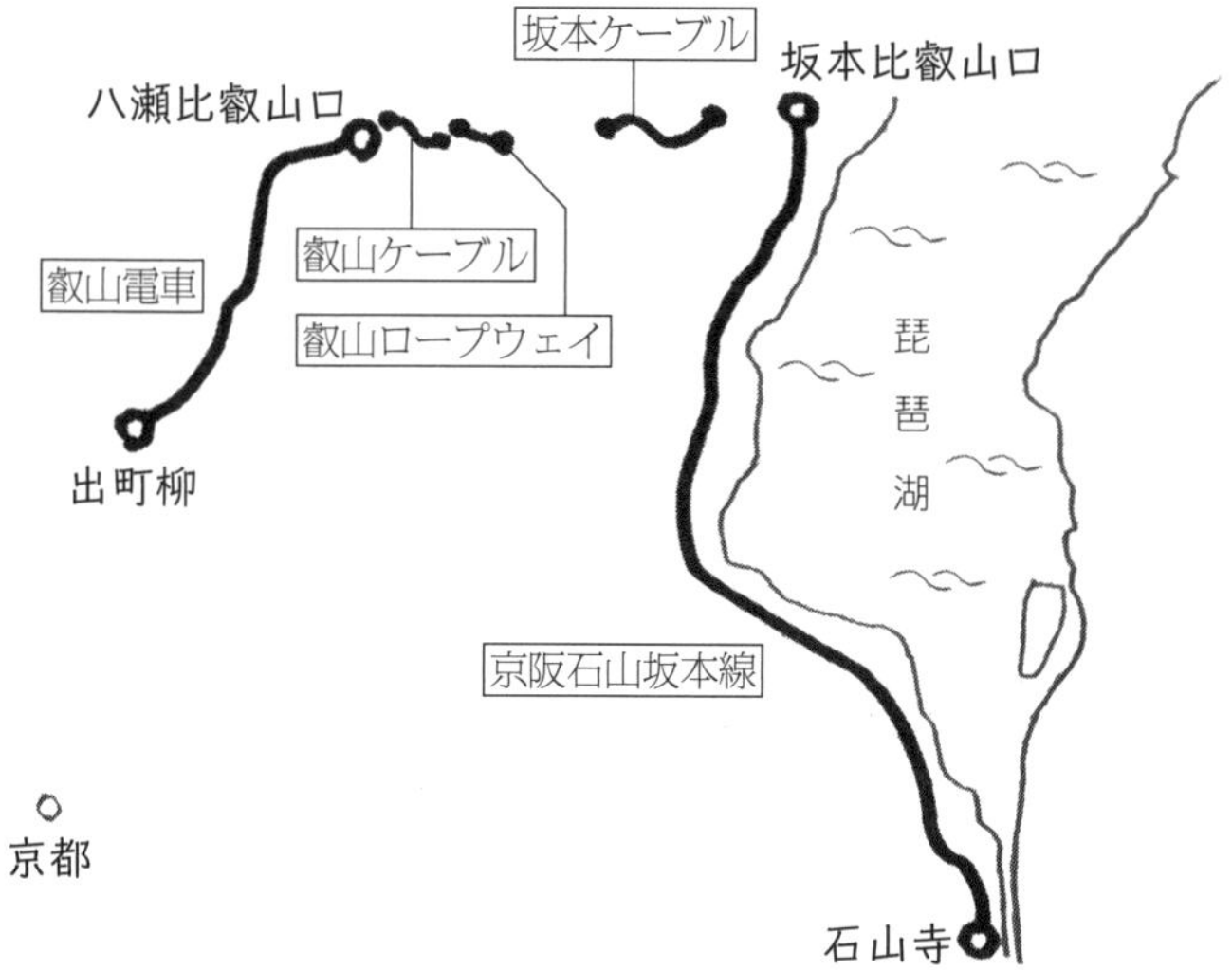

が、山頂からの眺めはやはり抜群でした。比叡山頂から延暦寺《えんりやくじ》までは、バスで一五分ほど。延暦寺バスセンターで下車して、根本中堂に参拝。そのときは改修中でしたが、修復のさまをなかからみる見学ルートができていました。元号が改まった直後だからでしょうか、高名な僧侶による法要が営まれており、見るからに立派ないでたちの高僧たちの行列も見ることができました。

比叡山の根本中堂から滋賀県側に歩いて一五分ほどくだると別のケーブルカー、**坂本ケーブル**の延暦寺駅があります。この坂本ケーブルは、標高差は四八四メートルと叡山ケーブルよりも低いのですが、長さが二〇二五メートルあって日本一長いケーブルカーです。一一分かけて琵琶湖に向けて降りていきます。目の前に琵琶湖の風景が広がるとても景色のよいケーブルカーでした。

ふもとのケーブル坂本駅からは徒歩一〇分ほどで京阪電車の**石山坂本線**の北側の終点坂本比叡山口駅。滋賀県の大津を通り、さらに石山寺《いしやまでら》駅まで結んでいます。京阪膳所《ぜぜ》駅まで乗車してJR東海道・山陽本線に乗り換えて、大阪に戻りました。もちろん、終点の石山寺駅まで乗車して折り返しています。鉄ちゃんは終点まで乗るものです。

ケーブルカーの魅力は、斜面を登る間の景色がひらけていること、一気に標高の高いところまで行けることです。関東や近畿地方にとくに多くありますので、週末に訪ねてみるといいでしょう。

（二〇一九年六月放送）

九州北部豪雨あとの旅
――日豊本線、日田彦山線

ＪＲ九州の日田彦山線《ひたひこさん》に乗ってきました。乗車したのは二〇一九年五月末。週末に北九州市の小倉駅を出発し、日田彦山線で日田駅まで筑豊地帯を南下し、さらに久大本線《きゅうだい》に乗り継いで、大分駅まで乗車しました。日田彦山線は、小倉駅から九州の東側を南下する、ＪＲ日豊本線《にっぽう》の城野《じょうの》駅から内陸に入り、筑豊地帯を南西に向かう路線です。

二〇一七年七月に発生した九州北部豪雨で大規模ながけ崩れが多発し、途中駅の添田《そえだ》駅から先の南側が不通になっていました。添田駅は、彦山駅の三つ北側の駅。日田駅はさらに南にありますので、路線名の由来になっている二つの駅は、日田彦山線の鉄道が通っていませんでした。その代わり、添田駅―日田駅間を代行バスが一日四往復走っていますので、時間はかかりますが、移動することはできました。

小倉駅を発車した列車は、**日豊本線**を南下し、日田彦山線の起点駅である城野駅から**日田彦山線**に入り、南西に向かいます。このあたりはまだ、大都会、北九州市の市街地ですが、北九州モノレールとの乗換駅である、志井公園《しいこうえん》駅を過ぎるあたりから、丘陵地帯に入り、まず見えてくるのが石灰石の大規模な採掘場、東谷《ひがしだに》鉱山です。北九州市のこのあたりは日本の三大カルスト台地のひとつ、平尾台で、石灰石の鉱山が集積しています。つづいて採銅所《さいどうしょ》駅。このあたりで銅を採掘していたのが、名前の由来だそうですが、いまは採掘していないそうです。一九一五年に開業したときのままの趣《おもむき》のある駅舎で、有形文化財に登録されています。

この次の駅、香りに季節の春と書く、香春《かわら》駅までの西側の車窓に、異形の山として知られる香春岳の三つの山が見えてきます。九州では、「春」が「はら」で、「原」が「はる」になるようです。三山を総称して香春岳といいますが、一番南側にある「一の岳」は山の上部がすぱっと切り取られた、プリンのような形をしています。香春岳は、いずれも良質の石灰岩からできているため、採掘が進んだ結果、もとの半分の高さになってしまったんだそうです。

さらに進むと、石炭記念公園のある田川伊田《たがわいた》駅に到着。西側の丘の上が石炭記念公園で、炭鉱跡にモニュメントが設置されています。良質の石炭と石灰岩によって、北九州市で重化学工業が興ったことがわかります。ここからは、香春岳がよく見えますので、立ち寄るといいでしょう。

田川伊田駅は、平成筑豊鉄道の伊田線と田川線の乗換駅。次の田川後藤寺《たがわごとうじ》駅は、平成筑豊鉄道の糸田線とJR後藤寺線との乗換駅です。鉄道が入り組んでいるのは、田川市が、伊田町と後藤寺町の合併でできた市で、市街地が二つあるためです。

広大な筑豊の平野部が徐々に狭まりはじめたところで、添田駅に到着。小倉駅から七五分でした。ここから先は不通区間なので、代行バスに乗り換えです。添田駅で降りたのは約四〇年前の学生時代のときなので、懐かしかったですね。そのときはまだ国鉄の時代で、添田駅と先ほど通った香春駅を結ぶ別の路線、旧添田線に乗車したのですが、国鉄の路線のなかで営業収支係数がワーストワンになったこともあって、こちらは一九八五年に廃線になってしまいました。添田線の痕跡を探しましたが、わからなかったですね。

代行バスに乗車して少し走ったところで、右側に大規模ながけ崩れの痕跡があり、日田彦山線の線路を土砂が覆っているのが見えます。彦山駅までの間には、ほかにもがけ崩れのあとが多数見えましたので、復旧は大変そうでした。ＪＲ九州のホームページを見ますと、鉄道として存続させる代わりにバス高速輸送システム、ＢＲＴ(Bus Rapid Transit) への転換が提案されているそうです。心配ですね（別の見出しでＢＲＴについて説明を記しておきます）。

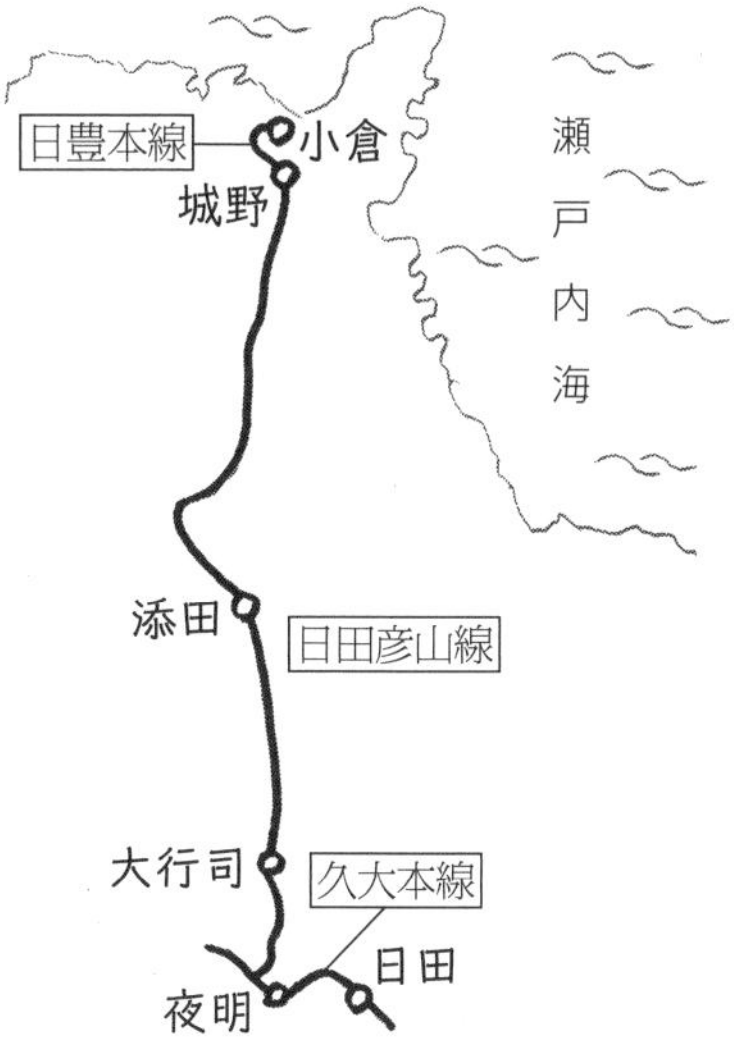

彦山駅からの代行バスは、次の筑前岩谷《ちくぜんいわや》駅には向かわず、ふたつ先の大行司《だいぎょうじ》駅に到着。彦山駅と筑前岩谷駅の間にある、長いトンネルの周辺がもっとも豪雨の被害が深刻なようです。この区間以外、代行バスはほぼ日田彦山線の線路

に沿って進み、福岡県の久留米駅と大分駅を結ぶ久大本線との乗換駅の夜明駅を経由して、終点日田駅まで、約八〇分かかりました。日田駅から大分駅までは、特急ゆふ号で二時間でした。

翌日、大分から熊本に抜ける、JR豊肥本線で阿蘇駅まで行き、熊本地震で不通になっているその先の区間を路線バスで通りましたが、二〇一六年四月の地震被害の大きさも実感しました。この年の六月には、南九州のJR吉都《きっと》線が豪雨による災害で、一ヶ月間不通になるなど、災害による影響が多発しています。大変でしょうが、日本の鉄道網の充実ぶりは、外国人観光者からの評価が高いので、時間をかけてでも、復旧に取り組んでほしいと思います。

ご参考に、一泊した翌日には、大分と熊本を結ぶJR豊肥本線の九州横断特急を、大分駅から阿蘇駅まで乗車しました。阿蘇駅までの二時間は順調でしたが、阿蘇駅から先、肥後大津駅までは、熊本地震の影響で不通になっていました。

豊肥本線最大の見どころは、阿蘇の外輪山を貫くトンネルを抜けて、阿蘇のカルデラのなかに入ったところです。広大な平坦部と、煙を上げる中岳が見え、林のなかを高度を下げて、平坦部に出てしばらく進むと阿蘇駅に到着。代行バスはないので、路線バスに乗り換えて、熊本に抜けましたが、この年のバスから見える景色からも地震の災害の深刻さがよくわかりました。この不通区間には、スケールの大きなスイッチバックがあって、急勾配の区間として知られていましたが、復旧までにはかなり時間を要するでしょう。

（二〇一九年八月放送）

BRTの話
――大船渡線、気仙沼線、白棚線、日立市BRT、かしてつバス

バス高速輸送システム、英語で「Bus Rapid Transit」略称BRTについて、前回の日田彦山線の回（三一五ページ）で取り上げました。そのなかで日田彦山線にある不通区間を、このバス高速輸送システム、BRTへと転換することが検討されていることを記しました。

BRTとは、廃線になった鉄道路線の線路を取り去り、バスを運行する専用軌道を設けて列車の代わりにバスを運行するシステムのこと。東北に三つと関東に二つの合計五つ（ほかに、今回取り上げるシステムとは違う、東京BRTがあります。東京オリンピックにともない、都心と臨海地域をつなぐ新しいかたちの路線）、廃線になった鉄道が転換したBRTがあります。鉄道がBRTになると、どう変わるのか、五つのBRTに乗車してきましたので、ご紹介します。

まず、東日本大震災で被災した、JR大船渡《おおふなと》線とJR気仙沼《けせんぬま》線がBRTに転換されています。二〇一九年三月に北は岩手県の久慈《くじ》駅から南は宮城県の盛《さかり》駅まで三陸鉄道一六三キロがつながりました。この年の夏休みにこのつながった三陸鉄道を北から南へ乗車したあと、**大船渡線と気仙沼線のBRT**にも乗車してきたのです。三陸鉄道の南の終点、宮城県の盛駅からは、JR大船渡線の鉄

道が岩手県の一ノ関《いちのせき》駅までを結んでいましたが、東日本大震災の大津波で被災し、いまは、盛駅から途中駅の気仙沼駅までの間がＢＲＴに転換されています。

ＢＲＴが鉄道と違うのは、遮断機がＢＲＴの専用軌道をふさぐように設置されているところ。鉄道ですと、踏切の遮断機は、線路ではなく道路をふさぐように設置されていますが、ＢＲＴでは、ＢＲＴの専用軌道をふさぐように設置されています。ＢＲＴのバスが交差点に接近するとＢＲＴ側を止めていた遮断機が上がり、バスが通れるようになります。遮断機がないと、一般車両が専用軌道に間違って侵入する恐れがあるからです。鉄道に慣れていると、不思議な感じがします。専用軌道は、バスが一台ようやく通れる幅しかありませんので、ところどころにバスの待避線が設けられていて、すれ違えるよう、信号によって管理されています。他のＢＲＴもそうですが、大船渡線のＢＲＴ路線は、一部、従来の鉄道路線と違うところを走っています。

山側の陸前矢作《りくぜんやはぎ》駅と上鹿折《かみししおり》駅の間が不通になったため、それぞれの手前にある、陸前高田駅と鹿《しし》折唐桑《おりからくわ》駅の間が海に近い側を通っています。陸前高田駅と陸前矢作駅間と、鹿折唐桑駅と上鹿折駅間は、ＢＲＴの支線となっていて、専用軌道が設置され、独立したＢＲＴが運行されています。支線となった陸前矢作駅までのＢＲＴに乗車しましたが、終点のバス停のすぐ後方に、陸前矢作駅の駅名標のあるホームがそのまま残っていました。降り出した雨のなか、もう鉄道が来ることもないホームに立って、陸前高田駅に戻るＢＲＴを待つ一時間ほどの間、ノスタルジーに浸《ひた》りました。陸前高田駅を出るころには日も陰りましたが、しばらく行ったところで薄暮のなかにライトアップさ

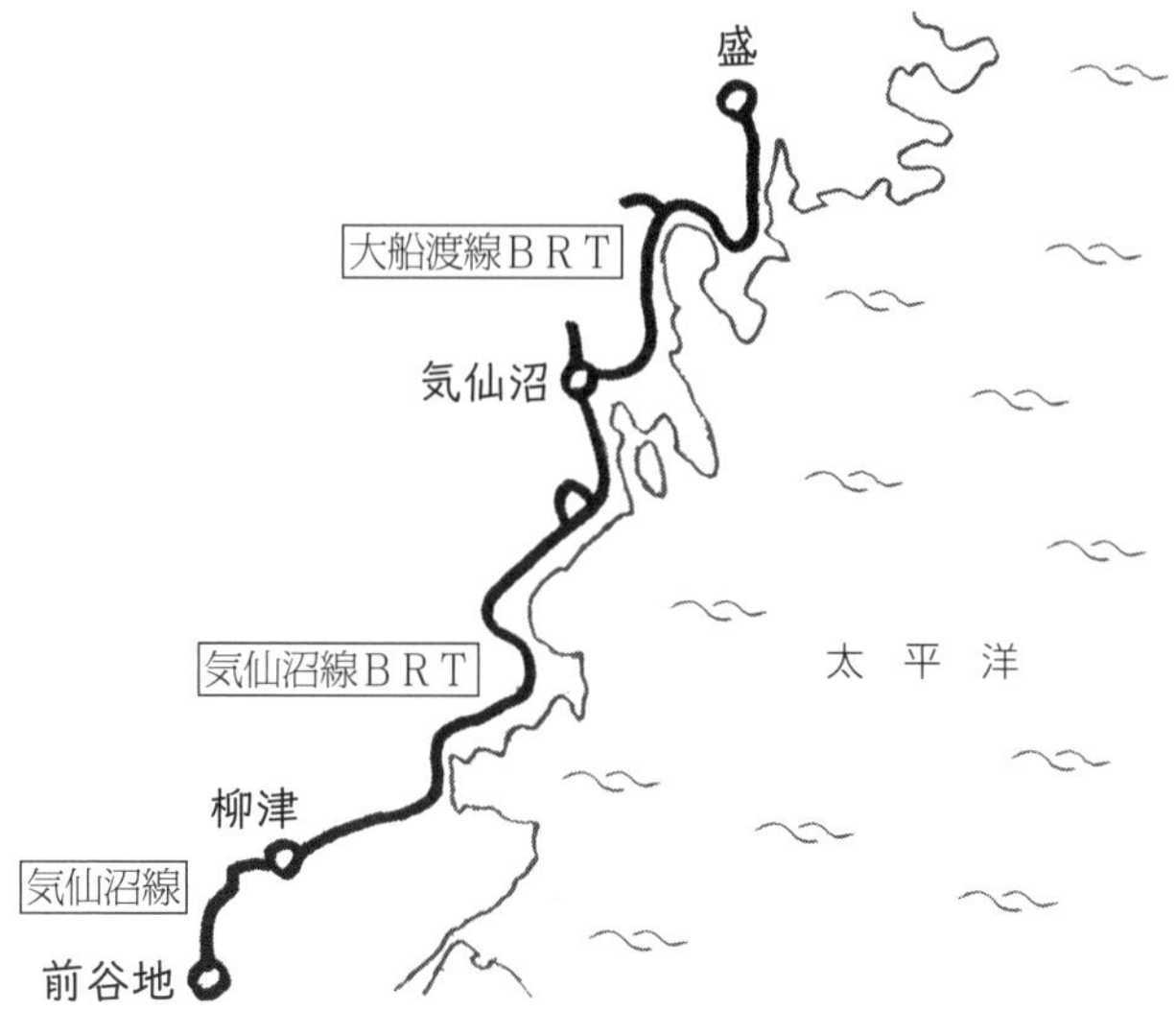

れた、奇跡の一本松が広大な平野のなかにポツンと見えました。大津波の被害の大きさを実感するモニュメントです。

日が暮れた気仙沼に19時14分着。一泊し、翌日、**気仙沼線のＢＲＴ**に乗車しました。気仙沼駅から南に向かう気仙沼線も大津波で被災し、柳津《やないづ》駅までの間が、ＢＲＴに転換しています。気仙沼線は太平洋が見え隠れする風光明媚な路線でしたが、そのために津波による甚大な被害が出て、ＢＲＴへの転換を余儀なくされました。内陸の平野部にある柳津駅までの間、高台を走るＢＲＴの車窓からは太平洋が見え隠れしていました。乗車したＢＲＴは気仙沼線の終点、前谷地《まえやち》駅行きでしたので、終点まで乗車し、石巻線経由で仙台に出て東京に戻りました。

東北地方ではほかに、福島県の南部、ＪＲ

東北本線白河駅とJR水郡線の磐城棚倉《いわきたなくら》駅の間を結んでいた**白棚鉄道**《はくほう》が一九四四年に廃線になり、その年からBRTに転換されています。戦時中ですが、被災したのではなく、線路の鉄が必要だったため廃止されたようです。乗車しましたが、専用軌道は全長の三割くらい。古くから転換されているためか、遮断機はなく、専用軌道への進入禁止の立て札で注意を喚起しているだけでした。

ほかに茨城県の太平洋側の日立市に日立鉄道の廃線跡を走る**日立市BRT**、内陸の石岡市から鉾田市の間を走っていた鹿島鉄道の廃線跡を走る**かしてつバス**の二つのBRTがあります。かしてつバスの終点、鉾田駅にはまだ鹿島鉄道のホームが残っていました。二〇〇七年の廃線直前に見た、ホームから駅舎に向かうスロープがそのままだったのが印象的でした。「かしてつを護《まも》れ」と大書きされた青い横断幕がかかげられていたホームからスロープを降り、振り返って写真を撮ったのをなつかしく思い出しました。

BRTの乗り心地は滑《すべ》るように走る鉄道とはくらべ物にならないですね。専用軌道の路面が思ったよりも早く荒れることもわかりました。ですが、代替交通機関としては、よくできたシステムだと感じました。ライトレールなどの路面電車との選択になるでしょうが、今後も増えていくように感じました。

（二〇一九年十月放送）

思い出の旅

——伯備線、紀勢本線、名寄本線

今回は、私が高校を卒業して、大学に入ったころの鉄道の旅について、お話しします。

高校を卒業したのは三六年前。三月中に高校の同級生数人とともに島根県出身の同級生の実家に転がり込みました。東京駅で落ち合って、新幹線で岡山駅に行き、そこから北に向かう伯備線《はくび》の特急〝やくも〟に乗り換えて松江駅に至る鉄道の旅でした。ちょうど、山陽新幹線が岡山から博多まで延長された直後です。この山陽新幹線は中学を卒業した一九七二年三月十五日に新大阪—岡山間が開業。高校を卒業した一九七五年三月十日に博多まで延伸されて全線開通。ちなみに東海道新幹線は前回の東京オリンピックの年、一九六四年十月一日の開業。

ずっとしゃべりながらの旅だったので、車窓風景はほとんど記憶にありません。新幹線と在来線特急のスピード感の違い、そして山間部を走る伯備線では風景ががらっと変わったのだけが、印象に残っています。都会っ子なので、里山の風景が珍しかったんだと思います。同行した友人たちとはいまも時おりゴルフをする仲です。

大学に入ると、同級生に旅好きの花輪君がいたので、休みごとによくでかけるようになりました。なかでも印象に残っているのが、三人で紀伊半島を泊まりながら移動した旅です。たしか一年生の夏休み。花輪君に誘われて、もうひとり灘高出身のH君とともに、鉄道は学割で南近畿周遊券、宿泊はユースホステルや国民宿舎を使ってめぐりました。当時のユースホステルは激安で、素泊まりで五〇〇円程度でした。その後、一〇〇〇円まで値上げされましたが、学生時代は休みごとに利用して旅歩きをしました。国民宿舎は二五〇〇円くらいだったと思います。調べたら、現在のユースホステルは素泊まりで三〇〇〇円程度、国民宿舎は四〇〇〇円から五〇〇〇円するようです。

新幹線で大阪に行き、阪和線で和歌山駅に到着。そこから**紀勢本線**で左回りに紀伊半島の海沿いを三重県までぐるっとまわって、名古屋駅から新幹線で東京に戻る旅だったと思います。ずいぶん前なので、記憶が断片的ですが、南紀白浜か南部《みなべ》のすし屋でなれずし、新宮《しんぐう》駅でめはりずしを食べました。どちらも若い世代には口に合わなかったと記憶しています。本州最南端の駅、串本《くしもと》駅では、レンタサイクルを借りて潮岬《しおのみさき》を一周しました。一周一五キロくらいで、とても景色がよいのですが、アップダウンが結構あってしんどかった思い出があります。

当時の紀勢本線は国鉄の運行でしたが、分割民営化されたあとは和歌山県と三重県の県境にある新宮駅で、西側がJR西日本、東側がJR東海に分かれて運行されています。現在でも、和歌山側の新大阪—新宮間が、特急くろしお号で四時間一〇分、三重側の新宮—名古屋間が、特急ワイドビュー号で三時間二〇分かかります。学生の貧乏旅行です。周遊券で乗車できる急行列車を乗り継いでの旅でしたので、とにかく時間がかかりました。覚えていませんが、三泊くらいしたと思いま

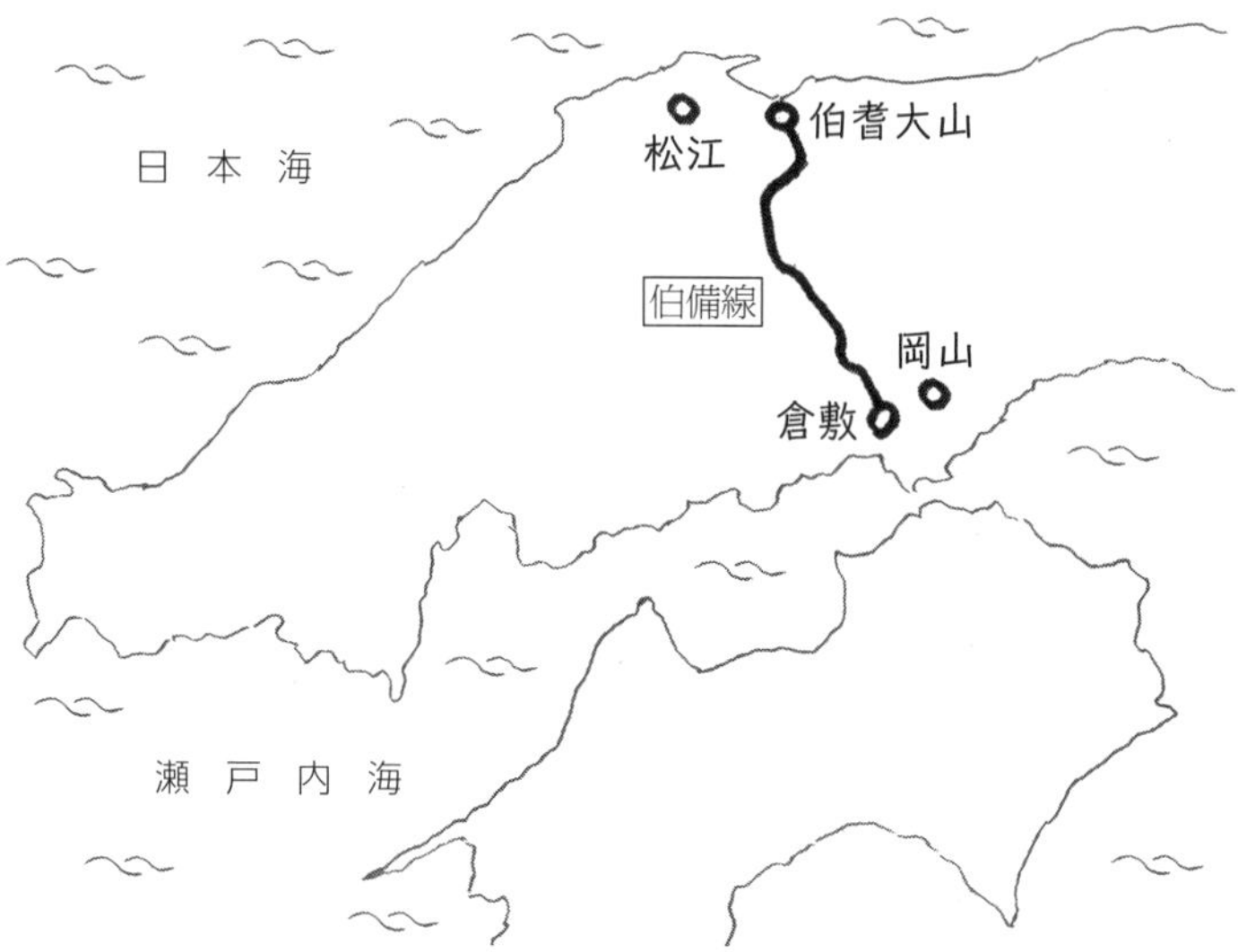

す。楽しかったですね。

当時、学割を使うと五割引きできっぷが買えました。周遊券は東京発で一〇日間くらいの有効期限で、急行の自由席には急行券なしで乗車できました。新幹線や特急列車は特急券が必要なので、できるだけ乗車しないように日程を組みました。

一緒に旅した花輪君は現在、千葉大学の物理の教授。もうひとりのH君は海外の大学で数学の教授になっています。面白いのは、いずれも理学部の教授になっていることです。旅をとおして観察眼が磨かれたのかもしれません。こじつけかな……。なお、旅のさなかに高尚な議論は一切ありませんでした。別々の分野に進んだこともあって、その後は一人旅で全国を巡るようになりましたが、この紀勢本線の旅が私の鉄道の旅の原点。ボストンバッグに時刻表とラジカセを入れ、夜行の急行列車で各地に向かい、最長一週間ほど消息を絶《た》つのが、私の旅のスタイルです。日本は海あり、山ありで本当に美しい国ですよね。帰国子女（アメリカ〇~五歳、イギリス十一~十四歳）だったこともあって、母国を詳しく知りたかったのです。

もうひとつ印象に残った思い出話をすれば、北海道のオホーツク海沿いを走っていた、**名寄本線**《なよろ》です。名寄本線は、札幌と稚内《わっかない》を結ぶ宗谷《そうや》本線の途中にある名寄駅から分岐して東側に向かい、オホーツク海沿岸北部の町、興部《おこっぺ》でオホーツク海に出て、そこからオホーツク海沿いに南下し、紋別《もんべつ》駅、中湧別《なかゆうべつ》駅を経由して石北本線の遠軽《えんがる》駅に至る路線で、中湧別と湧別を結ぶ支線と併せて全長一四三キロもありました。全国の旧国鉄の路線のなかで、名寄本線が唯一、本線でありながら全線が廃線になりました。

廃線になった路線で最長は天北《てんぽく》線一四九キロ。ほかに羽幌《はぼろ》線一四一キロ、深名《しんめい》線一二一キロ、標津《しべつ》線一一七キロが一〇〇キロ以上の路線で廃線になっていますが、いずれも北海道。九州では、大隅《おおすみ》線九八キロが最長。

この名寄本線、雪国独特の路線で、周囲に雪をおろせるように高台を通っていました。そのため、オホーツク海が見渡せる、本当に景色のよい路線でした。冬には海を埋め尽くす流氷を見ることができたのです。現在、流氷を見ることができるのは、さらに南にある、網走《あばしり》駅からオホーツク海沿いに南東に向かう釧網《せんもう》本線の知床斜里《しれとこしゃり》駅までの区間だけになってしまいました。この区間にある浜小清水《はまこしみず》駅で猛吹雪《もうふぶき》で遭難しかけたことがあります。浜小清水のユースホステルに泊まるつもりで浜小清水駅に夕刻に降り立ちました。宿に何とかたどり着きましたが、近くの氷結している濤沸《とうふつ》湖《こ》側に出てしまうと遭難してしまうのだそうで、ユースホステルのペアレントさん（管理者）にしこたま叱《しか》られました。

学生時代の旅は、いつまでも記憶に残ります。とくに友人との思い出は一生ものですので、新たな生活を始める皆さんは、出会いを大切にしてください。

（二〇二〇年四月放送）

あとがき

本書は、ＮＨＫ「ラジオ深夜便」の放送用に作成した原稿をもとに、二〇一四年四月から二〇二〇年十二月までの放送内容を書籍としてまとめたもの。

「大人の旅ガイド」として始まった放送は「旅の達人　全国鉄道紀行」に変わり、担当のアンカーも石澤典夫アナウンサーから芳野　潔アナウンサーに受け継がれて、現在も毎月第三水曜日午後十一時台の生放送が続いている。

縁あって所属大学（東京理科大学）の生涯学習センターで、毎年夏休み前に鉄道旅の講演を続けていたところ、ＮＨＫ「ラジオ深夜便」の中村亮平ディレクターが来られて、出演を打診されたのが契機である。ラジオ放送にこれほど長く関われたのも、ＮＨＫ「ラジオ深夜便」の関係者各位のおかげである。ここに深く感謝申し上げたい。

放送で心掛けているのは、臨場感。車内や旅先での出会いや出来事、駅弁や車窓風景の描写には、とことんこだわってきた。「ラジオ深夜便」のリスナー（聴取者）には体の不自由な方やご高齢の方が少なからずいて、気軽に旅に出られないと伺っている。そのような方々も放送を聴くことによって、鉄道に乗り、駅弁に舌鼓《したつづみ》を打ちながら、移り行く車窓風景を疑似体験して楽しんでいただけたら、と願っている。

本書でも就寝前のひと時、床の中、そして夢の中で、鉄道の旅に出ていただけるかもしれない。一編一編は短いので、放送のない夜も楽しんでいただければ幸いである。床の中なので、「とことん」かな。

本書の出版にあたっては、潮出版社の南 晋三社長、北川達也氏、および編集関係者の皆さんに大変お世話になった。常にマイペースを崩さない筆者のわがままにも根気よく付き合っていただいたおかげで、本書は世に出る。

最後に、本書に登場する友人や先輩後輩、職場の同僚や学会でお世話になった先生方、放送を聴いて感想をお送りくださるリスナーの皆さん、そしてわがままを大目に見てくれた最愛の妻、関わった方々すべてに厚く御礼申し上げる。

二〇二一年七月一日

宮村一夫

宮村一夫 (みやむら・かずお)

1956年東京都生まれ。東京理科大学理学部化学科教授。工学博士。元日本分析化学会副会長、現日本化学会化学遺産委員会委員長。幼児期から小中学校時代を米国・英国で過ごす。東京大学工学部卒業。82年東京大学工学部助手。同大講師を経て、98年に東京理科大学理学部助教授、2004年から現職。15年から17年まで理学部第1部学部長を務めた。専門は錯体化学、分析化学。とくに分子配列の制御と観察を研究。モットーは「公平、淡々」。特技は「突然、行方不明になること」。通訳案内士の有資格者でもある。学生時代より鉄道の旅に目覚め、1998年にはJR全線、2011年には私鉄全線の「全線完乗」を果たす。2014年4月よりNHK「ラジオ深夜便」の月一回放送の「旅の達人　全国鉄道紀行」に出演中。

「乗り鉄」教授のとことん鉄道旅

2021年8月20日　初版発行

著　者　　宮村一夫
発行者　　南　晋三
発行所　　株式会社 潮出版社
〒102-8110　東京都千代田区一番町6　一番町SQUARE
電話／03-3230-0781（編集）
03-3230-0741（営業）
振替口座／00150-5-61090
装　丁　　仁川範子
本文組デザイン　水野拓央（PARALLEL VISON）
協　力　　NHKサービスセンター
印刷・製本　中央精版印刷株式会社

ISBN978-4-267-02303-3 C0095

---

www.usio.co.jp